本书系贵州省高校乡村振兴研究中心成果，系贵州省2022年度哲学社会科学规划课题"贵州省土地要素市场化配置改革的政策支持体系及实施效果评价（22GZYB54）"、贵州乡村振兴2011协同创新中心（黔教合协同创新字〔2021〕02号）、贵州省高校人文社会科学重点研究基地、贵州省哲学社会科学2021年度十大创新团队、贵州省人文社科示范基地、安顺市科技计划项目"安顺市国土空间规划与资源高效利用科技创新人才团队"（安市科人〔2022〕4号）、安顺学院科研项目"巩固脱贫攻坚成果与乡村振兴有效衔接的路径研究（合同编号：asxyxc（202201）号）"、安顺学院博士基金项目"农村土地整治项目降碳减排效应核算及提升策略研究（合同编号：asxybsjj（202206）号）"等相关项目资助。

农村土地整治助推乡村振兴研究

——以西南山区为视角

李晓华 著

光明日报出版社

图书在版编目（CIP）数据

农村土地整治助推乡村振兴研究：以西南山区为视角 / 李晓华著. -- 北京：光明日报出版社，2023.9
ISBN 978-7-5194-7508-6

Ⅰ.①农… Ⅱ.①李… Ⅲ.①农村—土地整理—研究—中国 Ⅳ.①F321.1

中国国家版本馆 CIP 数据核字（2023）第 185192 号

农村土地整治助推乡村振兴研究：以西南山区为视角
NONGCUN TUDI ZHENGZHI ZHUTUI XIANGCUN ZHENXING YANJIU: YI XI'NAN SHANQU WEI SHIJIAO

著　　者：李晓华	
责任编辑：王　娟	责任校对：郭思齐　董小花
封面设计：中联华文	责任印制：曹　净

出版发行：光明日报出版社
地　　址：北京市西城区永安路 106 号，100050
电　　话：010-63169890（咨询），010-63131930（邮购）
传　　真：010-63131930
网　　址：http://book.gmw.cn
E - mail：gmrbcbs@gmw.cn
法律顾问：北京市兰台律师事务所龚柳方律师
印　　刷：三河市华东印刷有限公司
装　　订：三河市华东印刷有限公司
本书如有破损、缺页、装订错误，请与本社联系调换，电话：010-63131930
开　　本：170mm×240mm
字　　数：302 千字　　　　　　　印　　张：16.5
版　　次：2024 年 3 月第 1 版　　　印　　次：2024 年 3 月第 1 次印刷
书　　号：ISBN 978-7-5194-7508-6
定　　价：95.00 元

版权所有　　翻印必究

贵州省高校乡村振兴研究成果系列丛书
编 委 会

总　编：陈云坤

编　委：（以姓氏笔画为序）

　　　　王　海　韦　璞　韦云波

　　　　从春蕾　吕善长　刘金新

　　　　杜成材　李晓华　陈　斌

　　　　邵晓贵

总 序

乡村振兴战略是党中央针对我国农业农村发展面临的新形势、新问题，着眼于实现全体人民共同富裕、全面建成小康社会做出的重大战略决策。实施乡村振兴战略是解决新时代我国社会主要矛盾、实现"两个一百年"奋斗目标和中华民族伟大复兴的中国梦的必然要求，具有重大现实意义和深远历史意义。

推出本套"乡村振兴"丛书，旨在主动承担助力当代乡村发展的高校责任。面对世界百年未有之大变局，休戚与共的人类命运共同体需要中国方案，中国需要高校担当。通过本套丛书，我们将深入探讨乡村振兴的内涵、外延和实施路径，梳理国内外乡村振兴的典型案例和实践经验，分析乡村振兴中面临的困难和挑战，提出针对性的政策建议和发展路径。

研究乡村产业，比较小国农业与大国农业、内陆国家与海洋国家、传统发达国家与发展中国家农业产业发展路径差异，研究城乡产业发展趋势与再布局、城乡一体化与县域综合发展、乡村旅游与康养产业，开展乡村产业发展调查，探索推广生态种养殖创新模式，从全产业链视角研究乡村产业发展的路径，助力农业良性发展、农民产业增收与农村产业升级，夯实乡村振兴基础。

研究乡村生态，面向国家乡村振兴战略实施过程中的乡村生态环境保护等重大战略需求，开展乡村生态、环境与健康、乡村环境治理等方面的理论研究、技术研发、系统集成和工程示范。研究喀斯特地貌生态与石漠化治理，研究土壤污染防治，研究西南高原山地生态修复，践行"绿水青山就是金山银山"的发展理念，将生态建设置于优先位置，使生态保护成为乡村振兴的共同价值与行为准则。

研究乡风文明，关注乡村精神面貌与文化生活、民风民俗传承、新"乡贤"与优良家风家训家教，我们必须抓住中国城市特有的乡村根脉——乡愁。"无乡愁，不中国。"鉴于当代中国城市的乡村根脉，传统国人的"彼处"羁绊与家国皈依，我们希望建立一种"在城有家""在乡有族"的城乡联系，在优秀传统文化融入现代文明的过程中实现城市"狂想曲"与乡村"田园诗"的二重奏。

研究乡村治理，聚焦乡村自治、乡村法治、乡村德治，通过研究基层党建与基层政权建设、传统乡村自治的地方经验、当代乡村聚落的现实困境、"城市病"语境下的农村问题、乡村生态治理与污染防治、农村"空心化"与"留守"现象等，丰富新时代乡村治理理论，服务乡村善治理想的实现。

中国现代化脱胎于传统农业社会，当代中国及世界城市化发展之路为我们反思现代性，反省城乡关系，重新认知乡村价值，推动城乡和谐发展提供了契机。实现中国协调发展，必须厚植乡村发展根基，在城乡关系中重塑中国人的生活秩序与精神状态。要实现中国式现代化，必须正视中国自身的历史与国情，厚植乡村发展根基，重塑城乡关系，建构新时代城乡共同发展秩序、价值与伦理，将现代性反思与传统中国的人文根脉相结合并融入国民日常的生活秩序与精神状态。

总之，本丛书将围绕乡村产业、乡村生态、乡村文化与乡村治理等诸方面展开深入研究和探讨。不仅注重理论探讨，还将结合实践案例，将理论与实践紧密结合。我们希望通过本丛书，能够为广大读者提供一种新的视角和思路，推动乡村振兴战略的实施和发展。

2023 年 9 月 15 日

前　言

　　我国农村地域辽阔，山地丘陵面积广大，为促进农村充分发展、解决"三农"问题、推进我国经济社会高质量发展，党的十九大提出了实施乡村振兴战略、党的二十大提出了全面推进乡村振兴，其核心目的在于实现乡村与城镇互促互进、共同发展，重构乡村生产、生活、生态、文化等功能，构建人口、土地、产业等多种发展要素的耦合格局，实现乡村的全面复兴。乡村振兴战略的重心是农村的建设和发展，而我国农业农村建设发展的主战场在广大的西部地区和西南山区。因此，加快乡村产业发展、人才培育、文化提升、生态保护、组织建设是我国新时期农业农村建设发展的长期任务。农村土地整治与农业农村发展相互促进、相互推动。通过对田、水、路、林、村的综合整治，改善农业农村生产生活条件、提升耕地产能和生态环境质量，这是发展现代农业产业、增加农民收入、提高农民生活质量的有效手段，深入开展农村土地整治是搭建统筹城乡发展的新平台，促进区域和谐发展是推进乡村振兴实施的有效举措。农村土地整治为乡村振兴战略的实施提供国土资源保障，土地整治要围绕"乡村振兴战略"的总要求拓展平台，加快弥补乡村在产业发展、生态保护、生活水平提高等方面的不足，形成城乡融合发展的格局，推进农业农村现代化。

　　乡村兴则国家兴，乡村衰则国家衰。2020 年，我国如期实现了农村贫困人口现行标准下的全部脱贫，取得了举世瞩目的伟大成就，因而，探索新的历史发展阶段的乡村振兴之路，探索农村土地整治推进乡村振兴的有效路径就成了新时期国内学界及各级政府关注的焦点和论题。学术界针对农村土地整治和乡村振兴开展了系列的研究，诸如农村土地整治模式、土地整治潜力评价、土地整治的工程设计、土地整治面临的关键问题、土地整治助推城乡融合发展等；乡村振兴的深刻内涵、乡村振兴的实施举措、乡村振兴与脱贫攻坚的衔接等内容，产生了一系列重要成果。现有研究成果和关注领域中，对农村土地整治推进乡村振兴的作用机理、如何在碳达峰、碳中和背景下开展农村土地整治和乡村振兴建设发展、在生态文明背景下土地整治助推乡村振兴实施的路径等问题的研究还较为分散、不系统，亟须进一步加强探索和研究推进。本书顺应时代发展的需求，坚持农村土地整治是乡村振兴的平台抓手，肩负着为乡村人口集聚、产业发展提供资源支撑的基础作用理念，以生态文明建设为引领，以西南山区农业农村发展为视角，较为细致地阐释了农村土地整治与乡村振兴的内涵外延、内在作用机理、西南山区农村土地整治推进乡村振兴的困境、诉求和双碳目标下的实施路径等内容，旨在为农村土地整治的推进和乡村振兴战略的实施探索一条有机融合、相互促进的有效路径。

本书着重从如下内容进行了研究和探索：一是双碳目标对农村土地的整治和乡村振兴的约束。双碳目标下农村土地整治须以低碳为导向优化区域土地利用结构和土地资源配置，赋能碳达峰、碳中和；夯实乡村振兴绿色生态发展新理念，补齐乡村"生产、生活、生态"短板，建构城乡融合发展新格局，响应碳达峰、碳中和；以农村土地整治项目碳效应测算作为项目立项、考核的重要依据；探索提出了生态文明背景下低碳土地整治和绿色乡村振兴的推进方向。二是农村土地整治推进乡村振兴的内在机理。一方面农村土地利用功能的核心在于满足区域经济社会发展在生产、生活、生态和文化领域的功能实现，而农村土地整治通过土地权属调整、质量提升、结构调整、空间布局和经营模式改变等路径影响农村土地利用功能的实现；另一方面，乡村振兴战略的实施需要优化区域土地资源的利用结构和合理配置加强多功能输入和协调，而新时期农村土地整治以实现乡村"要素→结构→功能"的转型为目标，通过农用地整治、农村建设用地整治、农村生态环境整治及生态修复等形式，有效满足乡村振兴增强生产功能、改善生活功能、提升生态功能的迫切需求。三是西南山区农村土地整治现状与乡村振兴战略推进。梳理了区域各省市制定、出台的系列发展和繁荣农村的措施，实践中的"村民自建"式、"先建后补"式等多种农村土地整治模式，以及农村土地整治实施结合区域特色不够、系统性生态修复整治体现不够等主要问题和现阶段推进乡村振兴战略取得的主要成效。四是新时期农村土地整治推进乡村振兴的困境识别和时代诉求。新时代下，乡村振兴实施需要增强生产功能、提升生态功能、完善乡村治理体系、推进人才队伍建设、提升基础设施水平；农村土地整治亟须向低碳土地整治转型、研判乡村振兴多元需求、推进实施综合整治会议、加强顶层系统设计等。五是双碳目标下提升农村土地整治推进乡村振兴效益的逻辑进路。基于西南山区农村土地整治推进乡村振兴效益的宏观分析，以推进农村土地整治、构建山水林田湖草生命共同体、推进西南山区乡村振兴战略实施的效益为目标，设计提出西南山区农村土地整治推进乡村振兴战略的路径和措施。

本书采用文献研究、调查、访谈、咨询、比较研究、多学科交叉和实证分析等研究方法，全书章节撰写遵循"问题提出—问题分析—问题解决"的逻辑思路，分成绪论、农村土地整治与乡村振兴的内涵与外延、农村土地整治的发展历程及重要作用、"双碳"目标对农村土地整治和乡村振兴的约束、农村土地整治推进乡村振兴的内在机理、西南山区农村土地整治现状与乡村振兴战略推进、西南山区农村土地整治推进乡村振兴的困境识别和时代诉求、"双碳"目标下西南山区农村土地整治推进乡村振兴战略的逻辑进路、研究结论与未来展望等九个章节，深入挖掘了农村土地整治和乡村振兴的历史使命和承载功能，探索研究了农村土地整治与乡村振兴的互馈机理，分析梳理了双碳目标下农村土地整治推进乡村振兴的效益评价指标体系建构的宏观思路，深化了农村土地整治和乡村振兴互馈机理认识，设计了提升农村土地整治推进乡村振兴的实施路径，推进了农村土地整治和乡村振兴的技术标准体系的进一步完善，在一定程度上丰富和创新了农村土地整治与乡村振兴研究的理论体系，为进一步完善农村土地整治和乡村振兴规划的技术方法、制定农村土地整治和乡村振兴实施的决策提供科学依据。

本书是贵州省高校乡村振兴研究中心成果，受到了贵州省2022年度哲学社会科学规划课题"贵州省土地要素市场化配置改革的政策支持体系及实施效果评价（22GZYB54）"、贵州乡村振兴 2011 协同创新中心（黔教合协同创新字〔2021〕02 号）、贵州省高校人文社会科学重点研究基地、贵州省哲学社会科学 2021 年度十大创新团队、贵州省人文社科示范基地、安顺市科技计划项目"安顺市国土空间规划与资源高效利用科技创新人才团队"（安市科人〔2022〕4 号）、安顺学院科研项目"巩固脱贫攻坚成果与乡村振兴有效衔接的路径研究（合同编号：asxyxc（202201）号）"、安顺学院博士基金项目"农村土地整治项目降碳减排效应核算及提升策略研究（合同编号：asxybsjj（202206）号）"等课题的共同资助，同时，本书编写得到了贵州省高校乡村振兴研究中心、安顺学院资源与环境工程学院土地资源管理专业团队的领导和老师们的大力支持，特此诚挚感谢。

  本书可作为土地资源管理、农业资源利用与环境保护、人文地理与城乡规划、农业经济管理、地理科学等专业人员学习和参考的资料，以及从事土地资源管理、乡村振兴、农村土地整治领域实践工作的人员参阅的资料。由于著者专业理论知识、实践技能和经验所限，书中难免尚存诸多不足和错误，敬请各位同仁和读者批评指正。

作者
2023 年 2 月 20 日

目 录
CONTENTS

第一章 绪论 ... 1
  第一节 研究背景与意义 ... 1
  第二节 研究内容、目标与方法 ... 6
  第三节 国内外研究现状与发展动态 ... 15

第二章 农村土地整治与乡村振兴的内涵与外延 ... 39
  第一节 乡村振兴的内涵与外延 ... 39
  第二节 农村土地整治的内涵与发展 ... 49
  第三节 农村土地整治与乡村振兴的关系 ... 60

第三章 农村土地整治的发展历程及重要作用 ... 65
  第一节 国外农村土地整治的发展历程 ... 65
  第二节 中国土地整治的发展 ... 70
  第三节 农村土地整治的主要形式及核心功能表现 ... 80

第四章 "双碳"目标对农村土地整治和乡村振兴的约束 ... 87
  第一节 碳达峰、碳中和战略的背景与意义 ... 87
  第二节 碳达峰、碳中和目标对农村土地整治的约束 ... 96
  第三节 碳达峰、碳中和目标对乡村振兴的约束 ... 109
  第四节 基于"双碳"目标的农村土地整治碳排放效应评估方法 ... 118
  第五节 生态文明建设背景下农村土地整治和乡村振兴的推进方向 ... 142

第五章　农村土地整治推进乡村振兴的内在机理 **154**
　第一节　农村土地资源对乡村经济社会发展的重要作用 155
　第二节　农村土地整治对农村土地资源利用的影响 160
　第三节　乡村振兴实施对农村土地资源的多功能需求 166
　第四节　农村土地整治推进乡村振兴战略实施的机理 170

第六章　西南山区农村土地整治现状与乡村振兴战略推进 **179**
　第一节　西南山区农村土地整治工作开展情况 179
　第二节　西南山区农村土地整治主要模式分析 193
　第三节　农村土地整治实施推进面临的问题 203
　第四节　西南山区乡村振兴战略实施推进现状 206

第七章　西南山区农村土地整治推进乡村振兴的困境识别和时代诉求 **217**
　第一节　西南山区乡村振兴实施的困境与时代诉求 218
　第二节　西南山区农村土地整治推进乡村振兴实施的困境识别与诉求 224

第八章　"双碳"目标下西南山区农村土地整治推进乡村振兴战略的逻辑进路 **232**
　第一节　西南山区农村土地整治推进乡村振兴效益的宏观分析 232
　第二节　西南山区农村土地整治推进乡村振兴战略的路径设计 237

第九章　研究结论与未来展望 **245**
　第一节　研究结论 245
　第二节　研究特色 248
　第三节　未来方向 249

第一章

绪 论

第一节 研究背景与意义

党的十九大报告指出，当前我国社会的主要矛盾是人民日益增长的美好生活需要和不平衡不充分发展之间的矛盾。为推进城乡有机融合、解决"三农"问题、实现农业农村的高质量发展，党中央提出了实施乡村振兴战略。乡村振兴战略的重心是农村的建设和发展，而农业农村建设发展的主战场在我国的西部地区和西南山区。现阶段，伴随着我国社会经济的持续发展和生活质量的进一步改善，各项建设和发展对土地资源的需求和生态环境的建设与保护赋予了更高的要求，土地资源作为社会经济活动的重要物质载体，承载的压力日益增大。新的历史时期，中国作为负责任的大国，向国际社会承诺力争在2030年前实现碳达峰、2060年前努力实现碳中和的目标，为全球应对气候变化和温室气体减排贡献中国力量，充分体现了大国的责任担当。"双碳"目标下，传统的城镇化、工业化发展模式将向新型城镇化和绿色低碳工业发展转型。经济社会尤其是城镇和工业的快速发展，使耕地资源被大量占用，多年来各地大力开展土地整治使可开垦为耕地的后备土地资源已经十分有限，从而造成了我国的耕地保护和生态环境持续协调发展面临严峻形势的局面，因此，推进城乡土地资源的节约、集约利用和推进土地资源的开源、节流是实现国务院提出的耕地总量动态平衡目标的重要途径和有效举措。多年来，农村土地整治作为我国耕地质量提高、耕地数量增加、生产条件改善和生态环境保护的重要手段，对于我国经济社会发展必需的土地资源承担了"开源"的重任。

一、研究背景

我国是一个以农业地域为主的国家,农村地区面积辽阔,由于多年来我国城镇化的快速推进、工业化的持续发展和农业生产比较效益不高的现实,导致农村区域土地废弃、闲置、浪费及低效的现象较多,诸如因人均使用的宅基地面积超过国家村镇规划的最高标准、房屋空置、居民点零星分散、外出务工等原因导致的耕地撂荒、田坎面积比重过大、灾毁土地得不到治理和利用等问题,造成农村土地资源利用效益较低。同时,农村人居环境脏乱差、城乡差距突出、生产生活不便、农民生活水平较低、生态环境破坏等状况依然不同程度地存在,因此,结合区域发展和实际需求,深入推进农村土地整治,深度挖掘农村土地利用潜力,优化农村土地利用结构,进一步加强农村农田水利、农村道路等基础设施建设,提高整治区域土地资源尤其是耕地的质量和生产力水平,改善农村人居环境和生产生活条件,贯彻"绿水青山就是金山银山"的发展理念,保护和建设良好的农业农村生态环境,提高农民生活质量,是乡村振兴战略的内在要求,也是"双碳"目标下乡村振兴战略实施的必然路径。

2020年,中国如期实现了农村贫困人口现行标准下的全部脱贫,取得了举世瞩目的伟大成就,新的历史阶段,党和国家作出了推进实施乡村振兴战略的重大决策部署,其对国家经济社会发展的战略意义可谓重大而深远。党的十九大报告指出,新时期我国社会的主要矛盾已经转化为人民日益增长的美好生活需要和不平衡不充分发展之间的矛盾。城乡之间发展的不平衡是最大的不平衡,广大农村发展的不充分是最大的不充分,这是不平衡不充分的集中体现[1]。不平衡不充分发展源于我国多年以来城乡二元结构的现实国情,城乡二元分制体制造成了"农村空心化""农业边缘化""农民老龄化"等新"三农"问题[2-3]以及"城进村衰"的困境,并成为推进我国城乡融合发展的短板[4-5]。改革开放以来,我国农村一直以经济发展为主要目标,经济社会发展水平得到较大提高,但也导致了耕地破碎化、环境污染和空心村等"乡村病"。城乡收入差距上,从国家层面看,国家统计局发布的历年数据表明,2002—2009年城乡收入差距逐渐增大,2010—2020年逐渐缩小;其中,2017年我国城乡居民收入差距尚有2.71∶1的倍差[6],2018年降为2.69∶1,2019年是2.64∶1,2020年进一步降低至2.56∶1。国家统计局于2022年10月11日发布的党的十八大以来经济社会发展成就系列报告中的数据显示，2021年我国全国居民人均可支配收入为35128元，比2012年增加18618元，扣除价格因素，年均实际增长6.6%，2021年城乡居民人均可支配收入的比值为2.50∶1，相较2012年该比值下降0.38，表明了我国城乡居民收入相对差距持续缩小，但是，城乡收入差距总体上依然较大。从全国区域之间的情况看，东部地区的浙江农民收入水平高，天津近几年城镇居民收入增长缓慢；东北地区由于农业产业比重较大，因此城乡收入差距较小；而我国西部地区，如贵州、云南、重庆、四川等地的不少地方农业薄弱，农民收入一直较低，因而城乡之间差距较大。较大的城乡收入差距，反映了我国城乡之间发展不平衡、农村发展不充分的经济社会发展现实。加快城乡之间融合发展、有效缩减城乡之间的差距、推进城乡之间要素的自由流动与合理分配，是我国乡村振兴战略实施中必须解决和理顺的重要课题，农村土地整治在助推乡村振兴、促进城乡融合发展中将成为有力的抓手和重要的平台。

乡村兴则国家兴，乡村衰则国家衰。为破解城乡发展不协调问题、缩小城乡收入差距、改善农村人居环境和缓解新时期的主要矛盾，党的十九大提出实施乡村振兴、促进城乡融合发展的国家战略，这是在反思传统城镇化过程中城进村衰等问题基础上对农业农村发展政策进行全面调整而提出的、旨在推动乡村地区全面复兴的战略，其核心目的在于实现乡村与城镇互促互进、共同发展，重构乡村生产、生活、生态、文化等功能，构建人口、土地、产业等多种发展要素的耦合格局，实现乡村的全面复兴[7]。

土地资源是经济社会发展的物质基础，是农业发展的根基。现阶段农村土地整治已成为国家保发展、保红线、促转变、惠民生的重要助手和基础平台，已成为应对资源环境约束不断强化的有效手段，已成为推动农业现代化和新农村建设的主要抓手、促进区域和城乡协调发展的重要平台和落实节约优先战略、建立"两型"社会的基本途径。连续几年的中央一号文件和政府工作报告，都对大力推进农村土地整治提出了明确要求。深入开展农村土地整治工作，能有效地为西部地区新农村建设和城乡统筹发展搭建新平台[8]。城乡融合是乡村振兴的强劲驱动，农村土地整治为乡村振兴战略的实施提供国土资源保障，土地整治要围绕乡村振兴战略的总要求拓展平台，加快弥补乡村在产业发展、生态保护、生活水平等方面的不足，形成城乡融合发展的格局，推进农业农村现代化。农村土地综合整治可以置换城乡建设用地，支持城镇发展的用地需求，拓展城镇发展空间，加强农村基础设施和公共服务设施建设，促进城乡均衡发展，搭建城乡统筹和一体化发展的平台，助推乡村振兴战略的实施和实现。

二、研究目的

农村土地整治与农业农村发展紧密相连，相互促进、相互推动，社会主义新农村建设、美丽乡村建设、乡村振兴等重大战略的提出和实施旨在解决我国多年存在的"三农"问题和持续推动城乡融合发展。农村土地整治是针对农村地区低效利用和不合理利用的土地，通过田、水、路、林、村、房的综合整治，增加有效耕地面积，提高耕地质量，改善农村生产生活条件和生态环境的土地利用活动，是发展现代农业产业、增加农民收入、提高农民生活质量的有效手段，是党中央坚持以人民为中心做出的重大决策。深入开展农村土地整治有利于搭建统筹城乡发展的新平台、探寻促进区域和谐发展的有效方法。

当前，学术界对农村土地整治和乡村振兴战略都开展了较为系统的研究和探索，取得了丰硕的研究成果。主要内容包括农村土地整治模式，土地整治潜力评价，土地整治工程设计，存在的问题，助推城乡融合发展与乡村振兴，乡村振兴的内涵要义、实施路径与巩固脱贫攻坚成果的衔接等。但针对农村土地整治与乡村振兴之间的内在作用机理、农村土地整治助推乡村振兴发展路径与新时期双碳目标、降碳减排目标相结合的研究还比较零散，不够系统。本研究以推进生态文明建设为引领，以西南山区为宏观研究对象，秉持农村土地整治是乡村振兴的平台抓手，肩负着为乡村人口集聚、产业发展提供资源支撑的基础作用理念，阐释农村土地整治与乡村振兴的内涵外延、内在作用机理、西南山区农村土地整治推进乡村振兴的困境、诉求和双碳目标下的实施路径等内容，为农村土地整治的推进和乡村振兴战略的实施探索出一条有机融合、相互促进的有效路径。

三、研究意义

党的十七大，中央作出了建设社会主义新农村和统筹城乡发展的战略决策，强调了建设社会主义新农村的实践意义。其中，农村土地综合整治作为新农村建设的重要内容，是中共中央十七届三中全会做出的重大决策，写入了中央一号文件。农村土地综合整治的提出，阐明了从单纯的土地开发整理向土地综合整治转型的新思路，为破解城乡建设用地和新农村建设指明了新的发展方向。通过推动田、水、路、林、村、房的综合整治，促进农业用地规模经营、农村人口集中居住和产业集聚发展，在严守耕地红线的同时，积极破解新农村建设和产业集聚区发展等用地难题，最终推动城乡统筹发展。农村土地综合整治旨在通过土地整理、拆院并院、城乡建设用地增减挂钩等方式，全面提高农业生产能力，明显改善农民居住条件，提升农村公共服务设施水平，促进社会主义新农村建设。显然，土地整治作为促进新农村建设、城乡统筹发展、优化城乡建设用地布局和结构、调整土地权属关系和利用结构的有效手段，对优化区域土地利用结构与布局、改善生产生活环境条件和提升土地节约集约利用水平的作用会逐步增大，是当前和未来时段社会关注的重心。党的十九大提出了乡村振兴战略，十九大报告指出，农业农村农民问题是关系国计民生的根本性问题，必须始终把解决好"三农"问题作为全党工作的重中之重，实施乡村振兴战略。中共中央、国务院连续发布中央一号文件，对新发展阶段优先发展农业农村、全面推进乡村振兴做出总体部署，为做好当前和今后一个时期"三农"工作指明了方向。可见，乡村振兴战略与农村土地整治的目标紧密衔接，都是为了推进和实现农业农村的高质量发展。因此，探讨和研究新时期西南山区农村土地整治助推乡村振兴的路径和策略具有重要的理论和现实意义。

（一）理论意义

农村土地整治和乡村振兴研究起步晚，成果不成体系，在理论基础、作用机理、效益评价等方面的研究尚较欠缺。本研究通过挖掘农村土地整治和乡村振兴的历史使命和承载功能，探索互馈机理、构建效益评价指标建立的思路，丰富和创新了农村土地整治与乡村振兴研究的理论体系，弥补了现有研究的缺失。一是深入挖掘了农村土地整治和乡村振兴的历史使命和承载功能；二是探索研究了农村土地整治与乡村振兴的互馈机理；三是分析梳理了双碳目标下农村土地整治推进乡村振兴的效益评价指标体系建构的宏观思路。

（二）实践意义

研究厘清了农村土地整治和乡村振兴的内在逻辑联系，以研究区进行案例分析，为进一步完善农村土地整治和乡村振兴规划的技术方法，制定农村土地整治和乡村振兴实施的决策提供科学依据。一是深化了农村土地整治和乡村振兴互馈机理认识，设计了提升农村土地整治推进乡村振兴的实施路径；二是推进了农村土地整治和乡村振兴的技术标准体系的完善。

第二节 研究内容、目标与方法

本研究基于西南山区地域实际探讨阐释了农村土地整治推进乡村振兴战略实施的内在机理与逻辑路径。全书从研究背景与目的意义分析出发，梳理了农村土地整治与乡村振兴的国内外研究成果，界定了核心概念和内涵外延，分析了农村土地整治与乡村振兴战略的研究现状和面临问题。然后结合农村土地整治和乡村振兴的历史使命、主要内容、实践探索，分析逻辑联系，以研究区实践为案例，精准识别实施中的问题、困境，剖析对新时代乡村振兴和农村土地整治的相互需求，研判农村土地整治推进乡村振兴的结合点，解析其作用机理。最后，基于农村土地整治与乡村振兴战略的逻辑联系、现实困境、相互作用机理，开展了农村土地整治推进乡村振兴效益的宏观分析，基于分析结果和研究区实际设计了提升推进研究区实施效益的逻辑路径和政策建议。

一、研究的主要内容

（一）双碳目标对农村土地整治和乡村振兴的约束

1. 碳达峰、碳中和目标对农村土地整治的约束

践行农村土地整治新目标，探索以低碳为导向优化区域土地利用结构和土地资源配置，赋能"碳达峰""碳中和"。基于土壤碳库、生物质碳库与土地利用的密切关系，农村土地整治从如下内容探索实现低碳土地整治：一是土地利用格局变化的影响，导致不同土地利用类型的碳排放变化；二是物质循环变化的作用，通过农业基础设施的改善，促进农业生态系统提高碳汇能力；三是农业生产条件变化的作用，通过降低能耗实现碳排放量。

2. 碳达峰、碳中和目标对乡村振兴的约束

夯实乡村振兴绿色生态发展新理念，补齐乡村"生产、生活、生态"短板，建构城乡融合发展新格局，响应碳达峰、碳中和。围绕"产业兴旺、生态宜居、乡风文明、治理有效、生活富裕"总要求，拓展平台打造抓手。双碳政策目标为

乡村发展模式提出了更丰富的要求：一、建立符合双碳政策目标的产业兴旺模式。实现农业经济收入增长与碳排放的"脱钩"发展模式。二、结合双碳目标和生态环保理念，建立乡村地区生态宜居的低碳发展模式。增强乡村林地、草地、农林等生态系统的碳汇功能，增加土壤碳库功能。三、将双碳政策目标和低碳生活理念根植入乡村文化，焕发低碳乡风文明。加强农村低碳价值观建设。四、将双碳政策和管理措施深入乡村基层治理工作，构建实施双碳目标的乡村治理新体系。建立"低碳村庄""零碳村庄"的标准体系。五、结合双碳目标，优化乡村振兴人才支撑。为乡村振兴培养一批具备"低碳头脑"的新兴职业农民。六、开拓绿色投融资渠道，强化低碳乡村振兴投入保障。优先扶植符合双碳目标的乡村振兴建设发展项目，切实落实符合双碳目标的乡村振兴建设发展模式。

3. 基于"双碳"目标的农村土地整治碳排放效应测算

为深入掌握农村土地整治的实施对区域碳平衡、碳循环的效应大小，拟以西南山地丘陵区的一个农村土地整治项目为案例，尝试农村土地整治项目碳效应的测算和计量方法，以便于对农村土地整治项目规划设计时作为项目立项、考核的重要依据，助力区域低碳目标下的乡村振兴和碳达峰、碳中和目标的实现。结合农村土地整治的全过程、全环节，梳理出农村土地整治应当基于三个主要环节探索实现低碳土地整治：一是土地利用格局变化的影响，导致的不同土地利用类型的碳排放变化；二是物质循环变化的作用，通过农业基础设施的改善，促进农业生态系统提高碳汇；三是农业生产条件变化的作用，通过降低能耗实现碳排放量。对农村土地整治项目的碳效应测算，也从以上内容展开分析。

4. 生态文明背景下农村土地整治和乡村振兴的推进方向

在生态文明建设、绿色低碳发展的背景下，我国及各区域开展农村土地整治的趋势和方向：一是推进人地协调型农村土地整治模式；二是推进生态型农村土地整治模式；三是推进低碳型农村土地整治模式。生态文明建设背景下乡村振兴战略的推进：一是坚持生态文明发展方向，深入解决乡村突出的生态环境问题；二是发展循环经济，推进绿色产业，实现乡村产业振兴；三是加强生态文明宣传教育，提高乡村居民的生态文明素养，推进乡风文明建设。

（二）农村土地整治推进乡村振兴的内在机理

1. 农村土地资源对乡村经济社会发展的重要作用

土地利用是一个复杂的系统，不同的土地利用类型是土地利用系统的基本构成要素，土地利用功能的实现依赖于区域土地利用结构，外在地表现于多样化的土地利用类型。农村土地利用的功能核心在于满足区域经济社会发展在生产、生活、生态（"三生"）和文化领域的功能实现。生产功能是为区域农民提供从事农业、工业等生产的机会；生活功能是为居民提供居住、便利设施和公共服务等条件；生态功能由林地、水域、农田等自然环境提供；文化功能由庙宇、文化遗产等人文景观产生。

2. 农村土地整治对土地资源利用的影响

农村土地利用类型包含农用地、农村建设用地和未利用地三大类别，而农村土地整治是综合性整治、全域土地整治，包含农用地整治（以耕地为主要对象）、建设用地整治（以农村居民点为主要对象）以及未利用地开发（以未利用土地为主要对象）。农村土地整治土地权属调整、质量提升、结构调整、空间布局和经营模式改变等路径影响农村土地利用功能的实现，从而加强农村区域农业生产、工业生产、居住就业、人居环境、乡土文化、公共服务等多功能的供给。

3. 乡村振兴实施的土地资源利用的多功能需求

乡村振兴战略实施的目标在于实现乡村地域社会、经济、环境等要素之间的协调发展，需要通过优化区域土地资源的利用结构和合理配置加强多功能输入和协调来实现。以生产功能增加农村收入实现产业兴旺和生活富裕；以生活功能实现和谐发展推进生活富裕和乡风文明，以生态功能提升乡村人居环境实现生态宜居；以文化功能实现乡村文化繁荣和乡风文明。乡村振兴实现的目标之中，"治理有效"是确保"产业发展、生态宜居、乡风文明、生活富裕"目标实现的基础和有效保障。

4. 农村土地整治推进乡村振兴战略实施的机理

（1）新时期乡村振兴战略实施的现实需求

新时期乡村振兴以实现"产业兴旺、生态宜居、乡风文明、治理有效、生活富裕"为总方针，核心目的是系统构建人口、土地、产业等多种发展要素的耦合格局。产业兴旺需要农业用地支撑，生态宜居与治理有效需要生态用地建设，生活富裕和乡风文明需要优化农业用地布局和资源配置，如此诉求与农村土地整治中的农用地、建设用地和生态环境整治完全对应。乡村振兴战略实施面临耕地资源破碎分散、数量减少、质量降低、产业结构不完整、产值低等生产要素问题，宅基地闲置浪费、村庄空心化、基础设施及公共服务缺失等生活要素问题,农村生活垃圾、生产污染、工业污染等生态要素问题,因而,乡村发展的生活空间有限、生活空间受损、生态空间污染、人居环境破坏,亟须增强生产功能、改善生活功能、提升生态功能,从而驱动农村土地整治的发展。

(2) 新时期农村土地整治的有效供给

新时期土地整治在乡村振兴过程中肩负着为人口集聚、产业发展提供资源支撑的基础性作用。农村土地整治是以土地作为中心元素,以"山水林田湖草"为对象,以实现乡村"要素→结构→功能"的转型作为目标,通过农用地整治、农村建设用地整治、农村生态环境整治及生态修复等形式,实现对乡村资源、环境、生态的全面综合性治理(图1)。农用地整治,促进耕地集中连片,增加耕地数量提升耕地质量,完善农村产业发展链条结构提升产值,实现生产空间的重构,推进区域生产功能增强,助力产业兴旺、生活富裕;农村

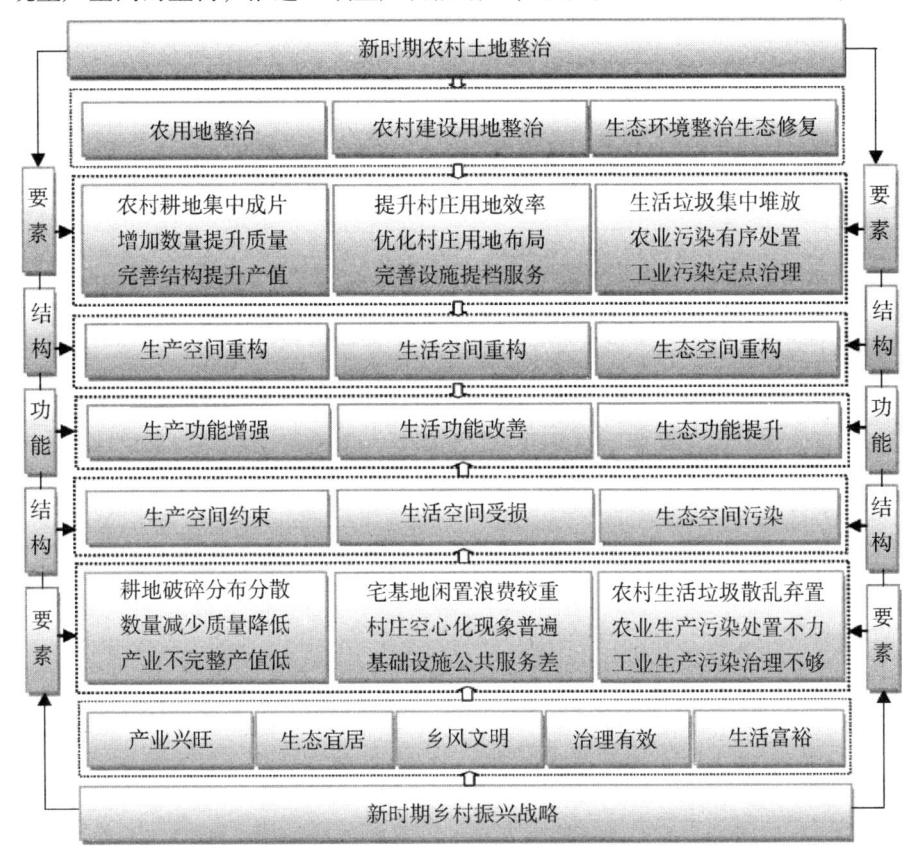

图 1 农村土地整治推进乡村振兴战略实施的机理示意图

建设用地整治，治理农村人居环境，完善配套基础设施和公共服务，提升农村宅基地节约集约利用水平，优化村庄用地功能布局，实现生活空间的重构，改善区域生活功能，助力生活富裕、乡风文明；农村生态环境整治及生态修复，治理生活垃圾、农村生产污染、工业生产污染，强化生态功能，改善区域环境，实现乡村生态功能重构，提升区域生态功能，做到生态宜居。

（三）西南山区农村土地整治现状与乡村振兴战略推进

1. 西南山区农村土地整治工作开展情况

西南地区省、市、县各级政府十分重视西南山区农村的发展，制定、出台了一系列措施发展和繁荣农村，其中，各省、市、县在不同阶段制定发布的区域农村土地整治的政策举措和农村土地整治活动的广泛开展就是十分典型的案例。

2. 西南山区农村土地整治的主要模式分析

农村土地整治的主要模式包括"村民自建"式、"先建后补"式、"高标准基本农田建设"式、西南山区边疆"兴地睦边"式、"增减挂钩+地票交易"式、西南丘陵山区特色式、西南山区喀斯特区绿色式、西南山区全域式等。

3. 农村土地整治推进面临的问题

农村土地整治实施的过程中，存在一些区域性的或主观或客观的问题：一是农村土地整治目标依然较为单一，系统性生态修复整治体现不够；二是农村土地整治实施结合区域特色不够，实施形式有待丰富；三是农村土地整治项目规划设计工作不扎实细致，实施方案变更频繁；四是村民参与项目设计、参与项目实施不够，公众参与不到位；五是农村土地整治项目的后期管理滞后，项目后续持续效益发挥不够好；六是农村土地整治项目的资金投入机制有待完善，须避免交叉、重复投入。

4. 西南山区乡村振兴战略实施推进现状

西南山区各省市政府高度重视，围绕乡村振兴的主要目标，加强顶层设计，乡村振兴成效突出。乡村振兴战略推进中，立足山地资源特色，推进乡村产业振兴；各地探索农村治理体系改革，推进乡村组织振兴。积极吸纳和培训乡村建设者，推进乡村人才振兴。注重挖掘乡村文化资源、传承乡土文化，推进乡村文化振兴。充分利用区域优势资源，加强宜居乡村建设，推进乡村生态振兴。

(四) 新时期农村土地整治推进乡村振兴的困境识别和时代诉求

1. 乡村振兴实施的困境与时代诉求

(1) 面临困境：生产空间约束、生活空间受损、生态空间污染；内生动力不足；农村土地制度困境；政府资金支持不足；乡村文化缺失；农业产业链条不完整；内部发展不平衡等。

(2) 时代诉求：增强生产功能、改善生活功能、提升生态功能；加强组织领导；增强内生动力；完善乡村治理体系；推进专业人才队伍建设；提升基础设施水平。

2. 农村土地整治推进乡村振兴的困境识别和策略

(1) 面临困境：一是农村土地整治与区域自然经济及乡村特色结合不够；对区域城乡发展、生态环境建设和脆弱区生态修复的助推作用发挥不足；区域之间协同开展土地整治不够，不足以支撑区域城乡融合发展战略和乡村振兴。二是农村土地整治与乡村振兴对土地资源的需求和要求匹配度不高。三是农村土地整治目标仍较单一，与乡村振兴对农村土地整治需求的多元化矛盾凸显。四是农村土地整治资金投入不足，市场化作用微弱，土地整治保障机制需进一步完善。

(2) 时代诉求：向绿色低碳理念转型；加强顶层设计、完善政策法规体系；构建内容框架体系；研判乡村振兴多元需求，统筹区域土地整治布局；加强区域国土空间规划对农村土地整治的引领，深入研判土地整治专项规划，统筹土地整治项目布局，挖掘乡村优势资源发挥多元效益；实施"田水路林村湖草宅"生命共同体的整体保护、系统修复和综合治理，加强农村人居环境整治，建构有机融合的"三生"空间。

(五) 双碳目标下提升农村土地整治推进乡村振兴效益的逻辑进路

1. 西南山区农村土地整治推进乡村振兴效益的宏观分析

在低碳减排目标下，以"产业兴旺、生态宜居、乡风文明、治理有效、生活富裕"五大乡村振兴战略的目标为效益评价指标维度，结合国家乡村振兴战略规划提出的乡村振兴发展指标，以农村土地整治在乡村振兴目标下实现"生产空间集约高效、生活空间宜居适度、生态空间山清水秀"的主要功能以及通过土地整治实现的低碳减排成效，构建农村土地整治推进乡村振兴的效益评价指标体系。根据构建的评价指标体系，开展农村土地整治推进乡村振兴的效益评价实证分析，以检校构建的评价指标的合理性、科学性与可操作性，分析存在的问题并修正。

2. 西南山区农村土地整治推进乡村振兴战略的路径设计

研究以农村土地整治推进乡村振兴实施的效益分析思路为基本方向，以推进农村土地整治、构建"山水林田湖草"生命共同体、推进西南山区乡村振兴战略实施的效益为目标，贯彻低碳减排理念，坚持政府主导、国土空间规划约束和乡村高质量发展，提出西南山区农村土地整治推进乡村振兴战略的路径和措施。

二、研究的主要目标与拟解决的关键问题

（一）研究的主要目标

1. 厘清农村土地整治推进乡村振兴的作用机理

农村土地整治以"山水林田湖草"为对象，以实现乡村"要素→结构→功能"转型为目标，通过农用地整治、农村建设用地整治、农村生态环境整治等形式，促进耕地集中连片、村庄用地效率提高、生产生活环境改善，实现生产、生活、生态空间重构并提升功能，推进解决乡村振兴战略实施的困境。乡村振兴战略五大目标的实现，面临耕地破碎分布、村庄闲置浪费、生产生活污染等一系列问题，这导致生产空间约束、生活空间受损、生活空间污染，亟须增强和提升生产、生活、生态空间的功能，从而驱动农村土地整治的发展。

2. 厘清双碳目标下农村土地整治推进乡村振兴效益评价的基本思路

基本思路：以乡村振兴战略五大目标为效益评价指标构建维度，对接乡村振兴发展指标，以通过土地整治实现低碳减排成效和乡村振兴目标实现程度构建绿色生态产品比重，二、三产业收入占农民收入比重，农村居民可支配收入等推进效益评价的指标体系。

3. 识别西南山区农村土地整治推进乡村振兴的困境和诉求

结合西南山区地形地貌及远居内陆的自然地理环境和经济社会发展水平、新时期乡村振兴战略的主要目标、"三农"问题的解决、国家大力推进生态文明建设和双碳目标、当前我国社会面临的主要社会矛盾等方面，分析西南山区农村土地整治在推进乡村振兴的过程中面临的主要困境以及困境解决的基本诉求。

4. 设计双碳目标下农村土地整治推进乡村振兴效益提升的逻辑进路

基于农村土地整治推进乡村振兴效益评价，设计政府主导研制完善政策规章与评价验收标准、坚持国土空间规划引领精准研判土地整治综合区域、优化设计低碳土地整治发展模式、建构"山水林田湖"生命共同体、加强多方参与市场化运作等实施路径。

（二）拟解决的关键问题

1. 农村土地整治推进乡村振兴的作用机理

研究拟在农村土地整治的功能和乡村振兴的目标中建立链接点，在农村土地整治的内容和乡村振兴的困境中建立逻辑线，基于实现乡村"要素→结构→功能"转型的思路，研究农村土地整治推进乡村振兴的作用机理（图2）。

2. 双碳目标下农村土地整治推进乡村振兴效益提升的逻辑进路

研究拟基于农村土地整治推进乡村振兴的作用机理，以乡村振兴的二十字方针和五大内容及农村土地整治推进乡村振兴效益评价基本思路为依据，探索设计基于双碳目标的农村土地整治推进乡村振兴效益的路径和举措。

三、研究方法与技术路线

（一）研究方法

1. 文献研究

农村土地整治及乡村振兴是国家重大战略，且实施以来研究成果井喷式增长，国外研究早于中国。将从现有研究、实践中识别问题和研究主题，并将继续收集、整理研究成果，加大国外成果分析梳理。

2. 调查、访谈、咨询

课题以贵州省农村土地整治和乡村振兴实施情况为主要对象，选取自然资源、农业、乡村振兴、旅游、交通等不同部门，乡镇、村社村民，相关领域专家等为访谈、咨询对象和调查区域，深入调研，获取农村土地整治和乡村振兴现状、成效、问题、困境及建议等的第一手资料。

3. 比较研究

通过对国内外、贵州省内外农村土地整治和乡村振兴政策措施、技术规范、实施成效、面临困境及支撑作用等的全面比较，深入分析原因，梳理普遍性问题和亟须解决的难题。

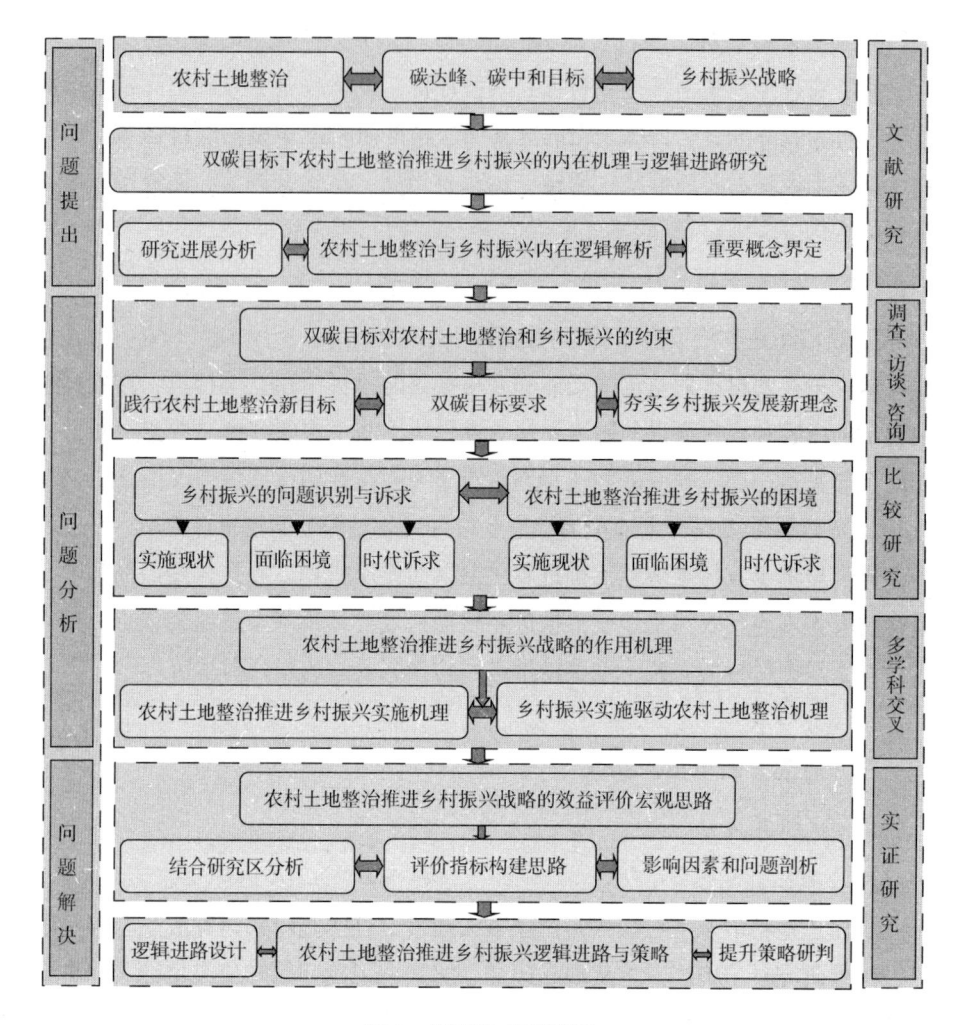

图2 研究技术路线图

4. 多学科交叉

将生态学、地理学、资源学等学科理论与研究方法融合，力求以综合性思维全面研判分析，使测度指标构建和研究结果更具科学性和操作性。

5. 实证研究

研究以西南山区农村土地整治为案例，将西南山区作为主要调查访谈区域，结合调查访谈成果，建构农村土地整治推进乡村振兴的效益评价指标，开展实证研究，研判和设计提升推进效益水平的实施路径和政策举措。

(二) 技术路线

研究遵循"问题提出—问题分析—问题解决"的逻辑思路：

第一，问题提出：从课题研究背景与价值分析出发，针对性研读农村土地整治与乡村振兴研究成果，界定核心概念和内涵，梳理研究的理论基础，分析研究现状、研究问题，结合调研、访谈、咨询及课题组研讨，拟定课题研究主题。

第二，问题分析：通过农村土地整治和乡村振兴历史使命、主要内容、实践探索，分析逻辑联系，以贵州省区域实践为案例，精准识别实施中的问题、困境，剖析对时代的需求，研判农村土地整治推进乡村振兴的结合点，解析其作用机理。

第三，问题解决：基于逻辑联系、现实问题、作用机理，构建农村土地整治推进乡村振兴效益评价的基本思路，精准设计提升推进水平的逻辑路径和政策建议（图2）。

第三节　国内外研究现状与发展动态

一、国内外农村土地整治研究

土地整治是一个综合性的概念，当前又称土地综合整治，包含土地开发、土地复垦、土地整理等诸多内容，国内外学者对土地整治开展了系列研究和探索，也产生了丰富的成果，主要是土地整治的内涵、土地整治的类别、土地整治模式、土地整治潜力、土地整治效益分析、土地整治工程设计等内容。传统意义的农村土地整治以工程属性为主，常被视为城市建设提供土地空间的一种方式，可以提高耕地质量、增加农田数量，优化村庄布局。而土地整治是协调人地关系的一种重要手段，为乡村振兴提供基础资源，具有保障粮食安全、统筹城乡发展、改善生态环境、重构乡村空间、挖掘资源潜力等多重功能，与乡村振兴互促互馈，是乡村振兴的重要平台和抓手。2000年以来，我国农村土地整治完成新增耕地6450万亩，建设高产基本农田6亿亩，推进了乡村资源的有效利用及集约水平，成效明显。国外研究较为成熟，为国内土地整治研究与实践提供了良好的借鉴和参考，现有研究领域重点集中于战略理论、整治潜力、整治绩效、整治工程、景观生态效益、规划设计等，而对低碳土地整治模式、推进乡村振兴的互馈机理与效益评价、多功能性、与乡村转型发展的关系等研究还不够。

（一）土地整治的基本内涵研究

土地整治源于13世纪欧洲国家的土地整理，内涵丰富，涵盖了土地整理的全部内容[9]。土地整治是指对土地资源的持续建设及优化配置，不同国家、不同时期、不同经济发展水平下有着不同的内容和要求[10]。其中，德国、法国、俄罗斯、荷兰、日本、瑞典、芬兰等国家是世界上土地整治活动和研究开展比较早的国家，关于土地整治的名称，在英语中有 Land Readjustment（土地调整）、Land Assembly（土地合并）、Land Replotting（土地重划）[11]、Land Consolidation（土地整理）[12-13]等不同名称，苏联、法国等称为土地整治，还有国家称为土地整备、土地调整等[14]。德国是世界上最早开展土地整治的国家，公元1250年在巴伐利亚州，为便于机械耕作和集中经营，将细小田块归并整理成大田块，这样能够减少人力且提高土地利用效率。德国还将其概念明确于国家法典并成立相应的政府机构负责具体实施，1953年颁布了《土地整理法》[15-16]。德国的土地整理措施是结合权属调整，重新规划，维修、新建灌排沟渠、农村道路等基础设施，持续改善农业生产条件和农村生活条件，实现土地整理与乡村建设一体化[17-19]。荷兰分别于1954年、1985年颁布了重点在于保护农业的土地整理条例。荷兰的土地整治与区域功能指向紧密对接，在土地整理活动中，通常依据流域、山体等所在的自然地理区域的自然条件划分土地整理项目区，实施中打破地块及权属界线并于整理后重新分配土地，通过项目区土地利用布局的优化和农业生产结构的调整，促进项目区农村土地的合理开发和全面发展目标的实现[20-22]。加拿大在农村土地整理活动实施中，高度关注改善项目区域土地利用基础条件，通过对项目区域居民土地权属关系的适度调整和土地整合，调整土地利用结构，拓展土地利用规模，将更多的土地改善成适于机械化耕作的，通过区域道路等基础设施改造建设，提升整理区域生产经营条件和人居环境，最大量地挖掘土地利用潜力，关注区域生态环境的协调与建设。政府制定政策约束建设用地的过度扩张，开展区域性发展规划，促进区域工农业生产和经济社会协调发展[23]。俄罗斯是世界上农村土地整治开展较早的国家,土地整治活动有明确的法律规定,通过各级政府组织实施土地整治工作,并授权特定政府机构组织开展土地整理工作,负责制定政策措施改善区域景观、保护土地资源,同时还通过生物工程系列措施人为营造生态景观,保持区域生态环境的和谐发展[24-26]。澳大利亚土地整理重点在土地复垦与治理,整理对象主要是区域铁矿资源开采产生的废弃土地和环境破坏问题。土地整理活动中,由国家成立专门机构——澳大利亚矿山复垦研究中心,成员是涵盖水土、矿山、农业、生物等多个行业的专业技术人员和管理人员,中心的重点任务是进行土地整理的战略和相关技术规程规范的制定,采取计算机模拟的方式开展研究(研究成果与区域实际土地整理项目的工程措施紧密结合),推进生态环境的保护和发展[27-30]。

亚洲国家对土地整治探索也比较早,对土地整治的发展做出了积极的贡献,如日本、韩国。日本的土地整治称为"土地整备、农田整备、田地整备"等,由于日本国土面积狭小,周边临海,土地盐碱化现象比较严重,土地整治的重点之一就是对临海区域盐碱地进行治理。土地整治的措施包含围海造田,建设农田水利、农村道路等农业生产基础设施,以便后来对区域开展整体规划和生态环境建设保护。为促进土地资源节约集约利用,将分散的居民点集中安排共享基础设施,节约的居民点用地通过整治增加耕地面积,增加农业产出,提升居民生活质量[31-35]。韩国称土地整治为土地调整,政府充分利用地租地价和土地经济学原理指导土地整治活动的实施,采取建设和完善整治区域道路等基础设施的措施提升土地的价值,利用地价差异调整整治区域土地利用结构、改变土地利用方式,提升土地利用整体效益[36]。总体上,国外的土地整治紧密对接社会主体的需求,不断调整深化,按照时间段大体上分为三个整治阶段:一是16世纪至19世纪末以农用地为主体的土地整理阶段,目标在于发展农业规模经营和管理,有组织计划地将小田块归并为大田块,适当调整权属,改变农业生产条件;二是20世纪初到20世纪50年代以城镇用地为主体的土地整理阶段,目标是为二战后新城市规划和基础设施建设提供土地,服务于国家工业发展和战后复兴;三是20世纪60年代以后以保护和改善生态环境为主体的综合土地整理阶段,目标是促进区域经济发展、缩小城乡发展差距、增加居民收入、改善生态环境,致力于解决在城镇化、工业化发展中导致的区域经济发展不平衡、生态环境的大量破坏等问题[37]。21世纪以来,各国土地整治转向生态景观设计和生态环境保护,力求社会、经济和环境的和谐统一,推进经济社会的可持续发展。各国依据本国的自然经济和社会条件，因地制宜地开展土地整治研究和探索，积累了一系列经验，逐步拓展了土地整治的内涵和外延，为国内的土地整治提供了很多有益的借鉴。

我国是世界上土地整治开展较早的国家，最早可以追溯至公元前1066年，学界普遍认为，西周时期大禹治水开创的井田制、秦汉时期的屯田制、南北朝时期的占田制、隋唐时期的均田制是土地整治的雏形[38-39]。从现代意义的土地整治而言，我国起步较国外晚，在国家发展的不同阶段，因为对土地的需求改变而使土地整治的内容和重点不断拓展和更新，开展了一系列土地整治的研究和实践，取得了丰富的理论和实践成果，建立了较为完善的土地整治管理制度、法规体系、技术标准，使土地整治活动规范、有序地开展。在四川盆地周边丘陵区、西南岩溶地区、长江中下游平原、新疆绿洲区、陕北黄土丘陵区等区域，依据区域自然禀赋和环境条件、经济发展水平，开展了多样化的土地整治典型示范活动，对全国土地整治实践起到了重要的指导作用。广东的"三旧"改造、江苏的"万顷良田建设工程"、浙江的"乡村全域土地整治"、三峡库区的"移土培肥"等建设工程都是我国土地整治的成功探索和实践。

（二）土地整治的模式类型研究

通俗地讲，模式是人们通过归纳在生产和生活实践中某一领域的知识和经验，将其提炼为一定的方法和理论，并在生产和生活实践中得以推广和验证的可行措施和策略。移植到土地整治领域中，土地整治模式就是通过不同地域的土地整治活动实践，归纳和提炼对土地整治工程设计、施工、运行资金筹集、整治质量把控、过程管理和后期管理等一系列问题进行有效解决并经过实践推广的策略和举措。土地整治模式一方面指向特定的土地整治地域，另一方面是在土地整治过程中的表现形式即土地整治的构成要素，两者缺一不可，有机组合便形成适宜于一定区域的土地整治模式，表现为工程项目设计模式、自己筹集模式、项目管理模式、工程承包模式、工程技术模式等多种形式，整体上具有地域性、系统性、阶段性等特征[40-45]。

国外的实践表明，土地整治是经过土地整理演化发展而来，在不同区域的特定自然和社会经济条件下的土地整治形式经过不断地研究、探索和推广，推进了各地土地整治的发展。国外的土地整治名称各异，但是土地整治的对象和内容保持一致。如1954年，荷兰颁布的《荷兰土地整理条例》主要服务于农业生产发展,明确规定其农村地区是荷兰唯一的农业生产区域。1985年,新的《荷兰土地整理条例》明确了土地整治程序,强调荷兰的土地整治项目由省级政府决策实施,与自然规划协调一致,尤其注重保障农民权益。走在全球土地整治前列的德国,注重土地整治过程中的公众参与,土地整治的方向以建设和改善区域基础设施条件为主,通过整治使地块集中以利于规模化生产,并且制定切实可行的土地整治方案。澳大利亚的土地整治采取矿山的复垦和治理并重的策略,注重矿山的可持续开发和保护。俄罗斯探索和研究了土地整治中的生态环境建设和改善的对策措施等[46-48]。

国内的研究实践表明,我国有学者从农村土地整治运作模式的角度研究提出了在东部经济发展水平高的地区实施综合性土地整治模式,在西部经济发展水平较为滞后的地区实施专项土地整治模式,集中力量解决土地利用某一方面的问题,认为土地整治模式是在特定历史阶段下的具有典型意义的组织模式、作业模式及资金投入模式的总称[49]。大陆地区土地整治模式偏重在土地整治的运作模式及类型模式,而针对土地整治不同构成要素有机组合规律的研究还较零散和不足,欠缺系统性。台湾地区的土地整治重在农地重划,力主解决农场结构发展中带来的对农业生产的不利条件,采取的整治措施主要是基于建设灌溉渠系、生产道路、开展农地标准化改造、修复和提升农业生产环境、提高农地的质量和生产力的农地重新规划调整[50-51]。张正峰利用层次分析法构建了一套包含4级评价指标的土地整理模式的分类方案,涉及土地整理指标、土地利用类型、土地整理的目标指向和土地整治运作方式的农村土地整治模式[52]。唐启湘等学者分析了影响村庄土地整治模式选择的因素,以武冈村为例,研判和选择了符合区域实际的集中成片建新村模式和整体搬迁建新村模式[53];陆守超等学者探索研究提出了包含现代农业发展型、基础设施改进型、适应城镇发展型、适应工矿发展型、生态环境治理型等基于城乡统筹发展的综合型土地整治模式[43]。吴刚、苑晓志等学者基于辽宁省的分析区域,提出了结合辽宁省区域分异实际的迁村并点式、整村搬迁式、基本农田改造式、特色农业式和生态保护式等农村土地整治模式[54]。陈玉福、刘彦随等学者深入研究了空心村问题,提出了土地整治模式研究的指导思想,即打造新型城乡关系和推进农村空间重构、集约用地和资源整合,充分考虑农民的意愿,划分了村内集约发展型、城镇化引领型、中心村建设型等农村建设用地整治类型[55]。张同信从宏观的研究角度提出了土地整治模式要紧密结合区域地域特点,考虑地形地貌等区域自然因素的差异,分解土地整治的各项工程,进行适当组合,并提出了低山区水土保持型农林复合整理模式、丘陵区节水与水土保持并举的整理模式、平原区节水型生态改良整理模式等多咱模式[56]。司振中、邱维理、郧文聚等专家学者考虑"城中村"的特征以及主城区规划边界内所具有的过渡性特征,分析提出了农村直接搬迁进城的土地整治模式,有助于避免"贴边建设"的产生并消除"城中村"形成的条件,避免"城中村"改造的巨大成本,有助于形成完备的城镇体系[57];陈雪骅等人通过对四川、重庆等省、市的土地整治模式的分析梳理,归纳了土地整治的"整村推进""整体搬迁、集中改造""缩村腾地""公寓化、社区化""空心村镇"等成功实践模式,使全国土地整治模式愈加丰富和符合区域自然和经济社会的现实特点。到20世纪90年代末期,学者们针对农村居民点空心化和土地资源的大量闲置浪费等现象产生的多元原因,又探索提出了建设新农村、旧村改造等农村居民点土地整治模式。

不同的学者开始了对农村居住区空心化现象的密切关注,并分析研究了农村居民点空心化和土地浪费闲置产生的社会、经济等方面的原因,提出了改造空心村、建设农村新村及旧村改造等农村居民点土地整治的模式[58-62]。

(三) 农村土地整治潜力评价研究

关于土地整治潜力,国内外学者开展了很多研究,在主要内涵及方法上取得了较为一致的认识和很多研究成果。借鉴学者们的研究成果,其基本内涵可以界定为:在一定地域、一定时期、一定技术经济条件下,通过一定的政策法规、工程技术手段等,提高农村土地利用效率,增加可资利用的农用地和农村建设用地面积,提高农用地和农村建设用地利用水平并改善区域生态环境的能力[63]。一方面,农村土地整治潜力具有综合性,包含面积增加、生产力提高、生态环境的改善等多方面内容。农村土地整治潜力从内容上主要有农用地整治潜力和农村建设用地整治潜力;另一方面,农村土地整治潜力具有相对性,是相对于某一区域土地整治现状条件和现有土地整治标准的[64];此外,土地整治潜力还具有约束性,是一定区域土地整治在经济技术条件和自然环境条件等可行条件下能够实现的潜力[65-66]。

农村土地整治潜力因区域自然和经济社会条件、土地整治的内容和整治目标各异而差异明显。土地整治潜力评价就是采取一定的技术方法对土地整治区域的土地利用潜在能力进行测算,并依据测算结果划分潜力等级的过程[67]。

罗明、张正峰等学者研究指出，依据潜力的可实现程度，土地整治潜力应包括自然潜力和现实潜力[68]。学者们研究认为，不同土地利用类型其整治潜力来源不同。农用地整治潜力来源于地块合并中田坎的减少、土地利用结构的优化、低效土地的整治以及改善基础设施条件和农业生产条件使土地生产力提高的措施[69-70]。农村建设用地的整治潜力产生于超标面积的缩减、闲置与废弃宅基地的复垦、公共设施用地的整理等[71]。

农村土地整治潜力评价研究的学者较多，早期以定性分析为主，现阶段已经发展为定量评价。国外关于农用地整治潜力的研究较少，主要体现在土地整治项目的目标、内容及可研之中。国内的研究成果较多，农用地整治潜力测算主要表现：一是以增加可利用的耕地面积体现整理潜力。如丁学智依据典型样区并结合区域实际，通过对山西省零星地物等的整理，测算出新增耕地潜力可达 $11.33 \times 10^4 hm^2$（170 万亩）[72]。二是以整治后的耕地产能的提高程度体现耕地整治潜力。如张洪业等在黄淮海平原划定中低产田范围并选择典型区抽样调查，测算出该区中低产田通过整治后耕地产能平均提升 $1500kg—2400kg/hm^2$，分析汇总得到黄淮海平原区耕地整治的产能潜力为 $300 \times 10^8 kg$ 粮食[73]。此外，还可以通过分析整治区域耕地的理论单位面积产量与实际单位面积产量之间的差值表示潜力的高低。农村建设用地整治潜力的评价，国外学者从不同角度进行了研究，重点关注农村居民点的布局和规划管理，如德国农村居民点整理实施必须服从居民点规划[74-76]；日本重点关注农村居民区生产条件、生活环境的整治，进一步促进城乡的和谐发展[48]；Musisi Nkambwe 等学者基于现代技术支撑监控特定区域土地利用的动态变化情况，并深入研究了案例区域农村居民点扩张的动态变化[30,77-78]。

国内学者研究总结的农村建设用地整治潜力评价的方法有：一是采用人均农村建设用地标准进行测算，众多学者在研究中采用此法。如宋伟、张凤荣等学者从自然和经济两个侧面探索建立了农村居民点整治潜力转化的 16 个限制性因素，并且建立了潜力分析和测算的修正模型，对研究区农村居民点整治潜力评价结果开展了实证测算[40]。二是采用户均农村建设用地指标测算潜力。主要的测算方法是调查分析和比较研究区域研究时段初期和末期人均建设用地面积及标准，其差值与研究评价时段末期的农村人口户数，即得出研究区农村建设用地整治潜力。胡道儒等学者以四川省德阳市为调查研究区域，通过本方法，测得评价时段末农村居民点整治潜力为 2.65 万 hm^2（≈ 40 万亩）[79]。此外,还有农村建设用地新增产能潜力测算法和农村居民点内部土地闲置率调查样本测算法等[80-82],对农村土地整治潜力测算研究及实践起到了积极作用。

(四) 农村土地整治效益评价研究

土地整治效益评价的内涵是指通过遴选适宜于评价区域特色的评价指标,对已实施的土地整治项目或区域予以全面、系统的测定,进而分析评价区域土地整治活动实施的经济效益、社会效益和生态环境效益[83]。国外土地整治效益评价的研究伴随土地整治内容的不断调整而逐渐重要,由注重经济效益向注重综合效益逐渐转变。德国较为重视土地整治效益评价,关注土地产出率的提升,也重视生态保护。荷兰土地整治效益评价,初期注重农业经济效益,后来转向经济、生态和社会效益并重,在开展土地整治效益评价时,建构了土地整治对国家的经济回报率作为经济指标,区域水质、抗御洪水能力等为生态指标,就业岗位的提供、农村休闲娱乐设施的改善等为社会效益指标,开展对区域土地整治项目的综合测算评价[21,84]。日本土地整治效益评价以实现农业结构改善的生态型土地整治为重心,目标在于实现粮食安全和稳定供给,推进农村高质量建设[85]。俄罗斯土地整治效益关注土地整理结果和土地的再分配,整治实施中采取对生态环境和自然景观的改进措施以及土地整治中景观、生态的土地整理设计理论和技术方法的研究和实践[86]。国外土地整治效益评价的研究开展较早,历经的时间较长,由注重经济效益向经济、社会、生态三效益相结合转变,现有研究以定量评价为主,但欠缺系统性,评价指标体系构建尚在探索和研究中,与国外开展较多的土地整治实践活动不相匹配。

国内关于土地整治效益评价的研究,在评价内容及评价方法上都取得了丰富的成果。从效益评价的内容上,王万茂先生提出应包括单向效益和综合效益[39];张正峰通过研究指出土地整治的综合效益应当包括经济效益、生态效益、社会效益和景观效益[83];范金梅等学者界定了土地整理的经济效益、生态效益和社会效益;[87]同时,陈薇等研究学者认为土地整治效益应当包括经济、生态和社会效益[88]。经济效益评价的内容主要是开展土地整理活动所取得的,可以在市场上交换活动的全部收益,包含动态收益分析法、静态收益分析法以及敏感性分析法,如李晶以北京市房山区土地整理为例,按照一定原则,选取一般技术指标和综合经济指标对其土地整理经济效益进行了评价[89]。社会效益体现在土地整治实施后生产条件的改善、生活质量的提高,指向于区域的可持续发展。社会效益的评价研究起步较晚，目前尚处于理论与实践的丰富和积累阶段。杨华均等学者借助于工程项目社会影响评价的研究成果，构建了土地开发整理社会影响评价理论体系[90]。土地整治项目的生态效益是指对区域生态环境及生态结构的改变和影响，景观格局的变化是生态效益评价的热点问题之一。如邓胜华等分别以模糊物元模型理论及相关方法进行生态效益评价，并认为利用该模型和方法进行土地整理的生态效益评价，具有广阔的应用前景[91]。从效益评价的方法上，学者们运用数学方法和模型的居多，各有研究的侧重点，多数学者采用构建评价指标的方式，通过层测分析法、主成分分析方法等设置指标的权重，再利用综合指数等方法计算评价结果，如林艳丽利用变异系数法确定客观型指标权重，并采用多指标综合评价法构建农村土地综合整治效益评价体系[92]。总体上，土地整治效益评价的研究成果还不是很多，尚未形成科学统一的评价模式，伴随着数学方法的逐步引入，土地整治效益评价的理论和方法得到了进一步的发展，但指标单一、客观标准欠缺依然是当前面临的主要问题。

二. 农村土地整治的碳效应研究

近年来，国家加大土地整治投资力度，年投资额约1000亿元，大规模推进土地整治[93]。根据《全国土地整治规划（2016—2020年）》，"十三五"期间，全国规划通过土地整治补充耕地133.33万hm^2（2000万亩），通过农用地整理改造中低等耕地1333.33万hm^2（2亿亩）左右，整理农村建设用地40万hm^2（600万亩）[94]。可以说，中国农村土地整治正以其前所未有的项目规模、推广范围和投资力度成为土地资源管理领域的重要议题和社会关注的焦点，并持续深入影响农村地区经济、社会、文化的发展[95]。在国家推进生态文明建设的新形势下，如此大规模的农村土地整治活动对农村生态环境的影响将显得尤为重要。作为典型的土地利用活动，农村土地整治项目联系着人类系统和自然系统，对自然界的碳循环过程有直接影响。然而，现阶段土地整治过程中工具理性思想仍然严重[93]，虽然逐渐认识到土地整治对生态环境造成的一系列影响，但受社会经济发展阶段、科学技术水平等局限，土地整治项目规划设计和施工时大多仍停留在水土流失、环境污染、景观格局等方面，项目实施的碳效应尚未得到实践重视。

目前学术界对农村土地整治的碳效应研究尚不够深入，仅有少数学者进行了有益探索[96]，关注到土地整治造成的土壤碳含量变化[97]及其生态补偿政策设计[98]等内容，但现有研究更多是对土地整治项目区碳库的"截面"实测或估算，揭示了"碳效应存在"的现象，而碳效应的产生机理研究有待深入，农村土地整治的全过程碳效应分析更是缺乏。由于农村土地整治符合了项目区自然条件和社会条件、土地利用结构变化、工程施工扰动等多种因素，其对项目区造成的碳效应十分复杂，有必要加强研究。因此，本研究拟从农村土地整治项目的实施流程出发，探讨农村土地整治项目实施前后对整个项目区造成的降碳减排效应，并分析其产生的原因，提出优化农村土地整治项目的策略措施。

（一）土地利用与碳库变化研究

全球变暖问题不断恶化，带来重大损失[99]，土地利用变化已成为仅次于化石能源燃烧的人类第二大碳源，在碳排放相关研究引起广泛关注的同时，国际地圈生物圈计划与国际全球环境变化人文因素计划联合提出了"土地利用与土地覆盖变化"（LUCC）研究计划，其中全球气候变化与土地利用覆盖之间的相互影响就是其研究的中心问题之一。

国外学者主要通过研究土地利用与碳排放之间的发生机理与方法来揭示土地利用与碳循环的关系，如碳循环专家Houghton认为陆地生态系统与土地利用碳汇机理主要分为两大类：一方面是影响光合作用，呼吸作用，生长和衰退速率的生理或代谢因素；另一方面是干扰和恢复机制，包括土地使用和管理的变化，影响森林的年龄结构和非森林生态系统中的碳量。[100] Campbell等研究表明陆地与大气之间碳的净通量主要取决于两个过程：一是土地利用和其他人类活动引起的地表覆被的变化；二是自然干扰过程，包含二氧化碳浓度的升高、氮沉降和气候变化等过程[101]。C. C. Leite等运用全球气候模型（GCM）发现土地覆被变化对碳平衡的影响，研究以巴西农场为对象，表明一方面自然生态系统作为濒危植物和动物的栖息地，保护全球水文循环的主要元素，使其储存碳；另一方面，农业和牧场对自然植被的占用导致向大气排放碳[102]。

近几年来，国内对土地利用与碳排放的关系研究逐渐增多，不同于国外注重土地利用碳排放发生机理和调控手段的研究，包括研究减排成本、减排机制以及各国合作方面，国内研究偏重于碳排放核算、低碳转型、土地利用结构优化和影响碳排放的因素方面。游和远等学者对我国中部地区、西部地区以及东部地区土地利用结构和碳排放进行关联测试，分析得出土地利用面积的扩大会导致显著碳排放的增加，并提出对策建议——需根据地类的特征进行增减浮动等调整土地利用结构[103]。Li 等依据 1990—2010 年 Landsat TM 遥感图像数据估算土地利用和碳储存变化的时空动态分布规律和碳排放效应，森林、草地和农田的管理会使碳储存发生相应变动[104]。碳土地利用模式主要从土地利用结构和规模、土地利用布局出发，实现土地利用低碳目标，促进土地集约节约利用[105]。黄蕊等基于 STIRPAT 模型对江苏省碳排放影响因素进行情景模拟分析，证实人口、人均 GDP、能源强度和城市化率的增加都会促进江苏省能源消费碳排放增加[106]。

（二）土地整治的降碳效应研究

由于土地整治是个综合性的开发过程，伴随着土地整治工程实施，物料投入和能源消耗的增长导致区域生态环境扰动影响显著[107]。国外对土地整治碳效应的研究主要集中在土地整治对能源碳排放的影响方面。Palat 等运用多目标抽样方法对土地整治项目在整治前后的能源消费碳排放进行了比较[108]。Hi-ironen J 运用替代成本法估算了芬兰土地整治项目整治后汽油消耗量减少导致的气体排放量减少的货币价值[109]。少部分学者提出土地整治有利于加速土地内的土壤再分配，对土壤有较好的固碳功能，精确使用 DEM 数据模型能更好量化土地整治过程中土壤再分配的空间格局[110]。Dong 通过对巨鹿和白乡的对比，实证分析了对碳储量的影响主要取决于土地利用转化所涉及的土地类型[111]。所以应制定政策措施以防止高碳储量的土地利用类型的转换，并在土地整治过程中采取措施努力减少挖掘量，减少化石燃料的消耗。Wu 从能源消耗的角度讨论了土地整治引发的碳排放研究方法，以河北江武城土地整治项目为例，不同的土地利用类型每单位面积的碳储量不同，导致该地区土壤和植被碳储量发生变化，所以土地整治项目的碳效应不容忽视[112]。Zhao 等从水—土—能—碳关系出发，探讨要提高能源效率，促进中国农业减碳，就应提高农业技术水平，实施土地整治，进行大规模经营[113]。

国内学者主要围绕土壤碳含量、能源消耗碳排放以及固碳功能和生态补偿等角度对碳效应进行研究。土地整治对项目区碳储量的影响不同可能造成植被和土壤碳储量的变化，这也与不同的土壤条件、作物种类和工程项目的扰动程度有关[114]。谭梦等通过比较江苏省三个土地整理区农田土壤碳含量变化，研究得出水田和旱地不同的土地利用方式对土壤有机碳的积累有不同的效果，农田土壤碳含量的变化是由于位置的差异、土壤质地的差异以及整理工期和施工方式的差异[115]。张中秋等建立土地整治项目与能源碳排放及其碳足迹的定量关系，分析出调整优化项目实施规模能够很好地控制其碳排放强度[116]。董玉红等运用 InVEST 模型对吉林西部大安市土地整治前后进行生态风险评价，结果表明土地整理造成的景观格局的变化会导致固碳功能的改善，整理区碳储量服务变化与生态风险变化呈负相关关系[117]。

（三）土壤碳排放影响因子研究

土壤碳排放是一个非常复杂的不间断理化反应过程，它受诸多因素的影响[118]。土壤温度主要通过改变土壤微生物活性和根系生长来影响土壤碳排放，随着温度的升高，土壤微生物活性增加，土壤就会释放出更多的二氧化碳，土壤碳排放也会随之增加[119]。但至今没有统一的模型来表达土壤碳排放与温度间的关系，大部分研究表明，在一定条件下，土壤碳排放随温度增加呈指数增长[120-122]。另有部分研究指出，二者之间的关系可用线性[123]、二次方程[124]或幂函数[125]进行模拟。需要指出的是，土壤碳排放不可能随土壤温度的升高而无限增加。大部分研究表明土壤碳排放与土壤 5cm[126]或 10cm[127]土层的温度相关性最高；宋秋来将不同土层温度与土壤碳排放相关性比较，均为 20cm 土层温度的相关性最高，5cm 土层温度相关性最低[128]。土壤湿度从另一方面影响着土壤二氧化碳的排放。土壤湿度强烈影响着土壤通气状况、作物根系生长及土壤微生物活性，因此土壤湿度的变化势必影响土壤根系碳排放及微生物碳排放进而导致土壤碳排放的剧烈变动[129]，土壤含水量与土壤碳排放之间存在显著的正相关线性关系[130]。植被类型、根系生物量、耕作措施和土地利用方式也影响土壤碳排放。植被类型的不同意味着土壤温度、湿度和 pH 等的差异，最终也造成了土壤碳排放强度的不同[131]。根系生物量在一定程度上代表了根系的活力，它通过改变根系碳排放进而影响土壤碳排放。耿元波等的研究发现，根系生物量与土壤碳排放之间存在极显著的相关关系[132]。耕作可显著增大土壤的孔隙，进而影响土壤的温度及湿度状况最终改变土壤碳排放。

（四）国内外研究述评

从现有文献来看，学界对农村土地整治的降碳减排效应研究还不够深入，现有的研究主要集中在土壤和植被碳储量、能源消耗碳排放、碳量损失与生态补偿这几个方面，并且较为单一地侧重于研究工程施工整治和土地利用结构变化，农田生态系统碳效应的探索较为少见，同时在关于这几个部分碳排放的定量测算方面有待于成熟优化，相关理论分析方法和实践探索较为薄弱，且缺乏土地整治全过程综合性的碳效应分析。由于农村土地整治是综合性的开发过程，符合项目区土地利用结构变化、工程施工、农田生态系统和农业生产等多种因素，碳汇碳源的机制也非常复杂，为了进一步探索土地整治低碳发展战略，加强土地整治碳效应的研究是很有必要的。

三、乡村振兴战略研究

乡村兴则国家兴，乡村衰则国家衰。为解决城乡发展不协调问题、缩小城乡收入差距、改善农村人居环境和缓解新时期的主要矛盾，党的十九大提出实施乡村振兴、促进城乡融合发展的国家战略，是在反思传统城镇化过程中城进村衰等问题的基础上对农业农村发展政策进行全面调整而提出的旨在推动乡村地区全面复兴的战略[133]，核心目的在于实现乡村与城镇的互促互进、共同发展，重构乡村生产、生活、生态、文化等功能，构建人口、土地、产业等多种发展要素的耦合格局，实现乡村的全面复兴。中国的乡村振兴不能照搬国外发达国家完全依附于政府强大的财政供给或者农村剩余劳动力全部转移的转型发展道路，必须立足中国自身的实际国情、乡村现状，探索具有中国特色的乡村振兴与城乡融合发展之路，而城乡融合、新型村镇建设等是实现新时期中国乡村振兴战略的解决方案[134]。

自党的十九大提出乡村振兴战略以来，乡村振兴战略便成了学界研究的热点，研究的主要内容包括乡村振兴的科学内涵、实施主体、理论支撑、典型案例、政策体系等内容。周良书等学者指出，乡村振兴应推进农村全面发展，加快农村现代化进程，当前农村发展面临着缺乏产业的有效支撑，农村青壮年劳动力流失严重等不同问题。这种现象表明，农村已有的产业项目对农民的吸引力不足，但同时进城务工的青壮年农民也拓展了视野，提升了技能，增长了见识，综合素质得以不断提高[135]。刘合光等人研究显示，乡村振兴战略的实施，必须牢牢抓住"人、地、钱"三大关键要素，并紧紧围绕"机制创新、产业发展、科技创新、人才培育"四大路径[136]。廖彩荣等人分析了乡村振兴战略的新战略、新部署、新要求，从乡村振兴政策参与主体和受益主体等角度，研究提出了实施乡村振兴战略,应当坚持以人民为主体,让广大农民受益,并依靠广大农民,要坚持顶层设计、科学规划,统筹推进农业改革,推动乡村振兴战略行稳致远。乡村振兴战略的实施,应当充分调动农民参与的积极性和热情,不断提高农民在农业经营、农村管理、产品营销等方面的综合素质,从而更好地促进农村事业的发展[137]。国外同样存在农村或乡村的衰落,与乡村振兴战略相对应的是农村现代化,国外学者也十分关注乡村的发展。C. H. Gladwin 主张乡村发展的关键之一在于农民在农村的创业,在于农民具有创业精神,因此,应积极培育和引导农民对农村创业的主观愿望和意识,培育和提升农民的技术技能,增强创业的基本能力[138]。郭亨孝分析了加拿大农村现代化发展之路的主要经验做法,重视农业与其他产业间的联系,如注重农业与食品工业和贸易的紧密结合[139]。Cristobal Kay 从产业融合发展角度研究提出,要实现农村现代化和消除城乡贫困的目标,应当制定和实施农业与工业与其他产业之间的协同发展战略[140]。

乡村振兴的核心目的是系统构建人口、土地、产业等多种发展要素的耦合格局[141-142]。西方发达国家对乡村贫困、衰退治理与乡村振兴的研究远早于中国及发展中国家,各国都重视制定符合国情的对策措施,通过各层次规划引领、支撑城乡统筹和乡村发展。国外乡村振兴主要通过对乡村贫困与衰退的治理,重振乡村发展、重塑乡村文明,实现城乡统筹发展。乡村衰退已成为普遍现象和趋势,美国、澳大利亚、日本等发达国家实施乡村复兴、造村运动、新村运动、社区间合作等措施,它们均成为乡村振兴关键因素[143-144]。我国的乡村振兴战略是脱贫攻坚取得胜利后"三农"工作重心的历史性转移,是为应对乡村内部等要素的流失与衰退,通过经济、政治及文化建设等手段激发内部动力和吸纳外部资源,重新组合乡村人口、土地和产业等发展要素,实现城乡融合发展新格局的过程,是包含产业、生态、文化等领域的全域振兴[145-146]。意义在于解决"建设怎样的乡村"和"怎样建设乡村"等重大理论和实践问题,核心任务是实现国民经济的高质量发展与打造良好的生态环境,目标是助推农村高质量发展、农业农村现代化,解决城乡发展不平衡和农村发展不充分等问题,为新时期破解"三农"问题指明方向。

四、农村土地整治与乡村振兴的相互促进研究

土地是经济社会发展的物质基础,是农业发展的根基。城乡融合是乡村振

兴的强劲驱动[14],农村土地整治为乡村振兴战略的实施提供国土资源保障,土地整治要围绕乡村振兴战略的总要求拓展平台,加快弥补乡村在产业发展、生态保护、生活水平等方面的不足,形成城乡融合发展的格局,推进农业农村现代化[15],农村土地综合整治可以置换城乡建设用地,支持城镇发展的用地需求,拓展城镇发展空间[16],加强农村基础设施和公共服务设施建设,促进城乡均衡发展[17],搭建城乡统筹和一体化发展的平台[18]。农村土地整治是乡村振兴的重要平台和抓手。现有研究对其互馈互促作用研究不够,对农村土地整治推进乡村振兴的作用机理、效益评价、现实困境、多功能性、低碳模式及与乡村振兴的需求和匹配等研究尚不多见,有待深入探索。

本研究借鉴地理学、生态学和资源学理论原理,采用文献研究、调查访谈等方法,基于新时期乡村振兴发展背景,围绕农村土地整治和乡村振兴内涵、外延挖掘其历史使命和承载功能,剖析农村土地整治实践中的短板和存在的突出问题,剖析新时期实施乡村振兴面临的困境和时代需求,探索农村土地整治推进乡村振兴的作用机理,精准识别农村土地整治助推城乡融合发展的现实困境,建构双碳目标下农村土地整治推进乡村振兴的效益测度指标并予实证,探索设计提升农村土地整治推进乡村振兴的逻辑进路,进一步丰富乡村振兴理论体系,并为地方政府制定土地整治、乡村振兴、实施相关政策措施提供借鉴和依据。

参考文献

[1] 李晓华. 基于乡村振兴战略的农村人才资源困境及提升路径探析[J]. 农村经济与科技, 2022, 33 (09).

[2] 龙花楼, 屠爽爽. 乡村重构的理论认知[J]. 地理科学进展, 2018, 37 (05).

[3] 杨忍, 刘彦随, 龙花楼. 中国环渤海地区人口—土地—产业非农化转型协同演化特征[J]. 地理研究, 2015, 34 (03).

[4] LIU Y S, LI Y H. Revitalize the World's Countryside [J]. Nature, 2017, 548.

[5] LONG H L, TU S S, GE D Z, et al. The Allocation and Management of Critical Resources in Rural China under Restructuring: Problems and prospects [J]. Journal of Rural Studies, 2016, 47.

[6] 徐亚东, 张应良. 城乡收入差距对农村居民消费的影响:"抑制效

应"还是"示范效应"[J]. 农村经济, 2021 (08).

[7] LI Y H, HANS W, ZHENG X Y, et al. Bottom‐up Initiatives and Revival in the Face of Rural Decline: Case Studies from China and Sweden [J]. Journal of Rural Studies, 2016, 47.

[8] 徐绍史. 深入开展农村土地整治, 搭建新农村建设和城乡统筹发展新平台 [J]. 国土资源通讯, 2009 (08).

[9] LEKSONO B E, SUGITO N T, AHMADI A R, et al. Land Consolidation in Rural Area for Increasing Enviromental Quality [J]. FIG Working Week, 2016 (09).

[10] 毋晓蕾. 土地综合整治效益评价研究——以河南省陕县为例 [D]. 开封: 河南大学, 2010.

[11] COLWELL P F, MUNNEKE H J. Land Prices and Land Assembly in the CBD [J]. The Journal of Real Estate Finance and Economics, 2000, 18 (02).

[12] GOODALE M R, SKY P K. Owners' Relationships to Property and Land Consolidation: A Social Approach [J]. Kartog Plan, 1998, 58 (05).

[13] DE V W, ROSMAN F B. The Development of Instruments for Land Consolidation Projects, in: Proceedings of the 2nd Dutch-Polish Symposium on Geodesy [J]. Delft, 1991.

[14] 叶剑平, 张有会. 一样的土地, 不一样的生活 [M]. 北京: 中国人民大学出版社, 2010.

[15] GIEDRIUS P, VIDA M. Towards Sustainable Development in Central and Eastern Europe: Applying Land Consolidation [J]. Land Use Policy, 2010.

[16] BRIAN H. Rearrangement of Botmdarie StO Facilitate Beneficiate Ajustment in Primary Industries [J]. Queensland University of Technology, 1995.

[17] 徐建春. 联邦德国乡村土地整理的特点及启示 [J]. 中国农村经济, 2001 (06).

[18] 魏斯. 联邦德国的乡村土地整理 [M]. 贾生华, 译. 北京: 中国农业出版社, 1999.

[19] 徐雪林, 杨红, 肖光强, 贾文涛, 等. 德国巴伐利亚州土地整理与村庄革新对我国的启示 [J]. 资源与产业, 2002 (05).

[20] 张晋石. 荷兰土地整理与乡村景观规划 [J]. 中国园林, 2006, 22(05).

[21] 廖蓉, 杜官印. 荷兰土地整理对我国土地整理发展的启示 [J]. 中国国土资源经济, 2004, 17 (09).

[22] 罗明, 曹著, 何雄飞. 荷兰土地整理研究及借鉴 [N]. 国土资源报

（土地版），2000-04-13.

［23］曲福田.典型国家和地区土地整理的特点及启示［J］.资源与人居环境，2007（20）.

［24］严金明，钟金发，池国仁.土地整理［M］.北京：经济管理出版社，1998.

［25］王邻孟.土地制度变革中俄罗斯的土地整理［J］.中国土地科学，1997，11（S1）.

［26］吴大琴.苏联的土地整理［M］.中国人民大学农业经济教研室，译.北京：中国人民大学出版社，1954.

［27］THORPE E. New Forms for Old Farms［J］. Australia Planner，1988.

［28］JENKANEN A. Environmental Aspects of Land Consolidation［R］. Melbourme：Proceedings of Coremission 7 for the FIGXX Congress，1994.

［29］张保华，张二勋.农村居民点土地整理初步研究［J］.土壤，2002（03）.

［30］NOORT P V D. Land Consolidation in the Netherlands［J］. Land Use Policy，1987，1（04）.

［31］LEPPIKANGAS A. Changing Ways of Lauriching Land Consolidation Projects［R］. Melbourme：Proceedings of Commission 7 for the FIGXX Congresas，1994.

［32］CARLOS Z, KEITA Y. Impacts of Land Reclamation on the Landscape of Lake Biwa, Japan［J］. Procedia Social and Behavioral Scieces，2011.

［33］建设部赴日村镇建设考察团.建设部村镇建设代表团赴日考察交流［J］.小城镇建设，2005（04）.

［34］TAKESHI S. Economic and Geographic Backgrounds of Land Reclamation in Japanese Pors［J］. Marine Pollution Bulletin，2003.

［35］刘志仁.日本推进农村城市化经验［J］.中国农村经济，2000（03）.

［36］陈正俊.土地整理项目规划设计研究——以尧都区土门镇土地开发整理项目为例［D］.北京：中国农业大学，2005.

［37］MA L Q, LI Z C. The Status and Developing Trend of Land Consolidation in China and Abroad［J］. M&D Forum，2017（10）.

［38］高向军.土地整理理论与实践［M］.北京：地质出版社，2003.

［39］王万茂.土地整理的产生、内容和效益［J］.中国土地科学，1997（S1）.

［40］宋伟，张凤荣，孔祥斌，等.自然经济限制性下天津市农村居民点整理潜力估算［J］.自然资源学报，2006，21（06）.

［41］姬鸿飞.基于农用地分等的耕地开发整理潜力研究［D］.保定：河

北农业大学，2008.

［42］OGRIN D. Landscape Architecture and its Articulation into Landscape Planning and Landscape Design［J］. Landscape and Urban Planning，1992，30.

［43］陆守超，付光辉. 统筹城乡发展下的土地综合整治模式及策略选择［J］. 江苏农村经济，2010（06）.

［44］蒋一军，罗明. 城镇化进程中的土地整理［J］. 农业工程学报，2001（04）.

［45］HENRY SHIPLEY FLI，MRT1PI. The Evolution of Derelict Land Reclamation within the United Kingdom：A Localgovernment Perspective［C］. Addresssecto Main Land Reclamation and Ecological Restomation for the 21 Century-Beijing International Symposimn on Land Reclamation，2000.

［46］高明秀. 土地整理与新农村建设耦合关系及其模式创新研究［D］. 泰安：山东农业大学，2008.

［47］COELHO J C，PINTO P A，SILVE L M. A System Approach for the Estinmation of the Effects of Land Consolidalion Projects（LCPS）：A model and Its Application［J］. Agricultural System，2001（68）.

［48］有田博之，王宝刚. 日本的村镇建设［J］. 小城镇建设，2002（6）.

［49］闫艳伟. 新农村建设土地整理潜力评价与模式研究［D］. 郑州：河南农业大学，2009.

［50］黄道远，刘健，谭纵波，万涛. 台湾地区的土地整理模式及其对大陆农村地区的启示［J］. 国际城市规划，2017，32（03）.

［51］杨庆媛. 土地整理目标的区域配置研究［J］. 中国土地科学，2003，17（01）.

［52］张正峰. 我国土地整理模式的分类研究［J］. 地域研究与开发，2007（04）.

［53］唐启湘，于礼. 武冈市村庄土地整治模式研究［J］. 经济研究导刊，2010，（27）.

［54］吴刚，苑晓志. 辽宁省农村土地整治模式及政策思考［J］. 国土资源，2009，（11）.

［55］陈玉福，孙虎，刘彦随. 中国典型农区空心村综合整治模式［J］. 地理学报，2010，65（06）.

［56］张同信. 土地整理模式初探［J］. 国土资源情报，2009（10）.

［57］司振中，李貌，邱维理，等. 避免"城中村"出现的土地整治模式

初探 [J]. 国土资源情报, 2009 (09).

[58] 陈雪骅. 土地整治模式纵览 [J]. 国土资源导刊, 2009 (08).

[59] 袁可林. 中原兴起"空心村"治理热 [J]. 河南国土资源, 2004(10).

[60] 王海兰. 农村"空心村"的形成原因及解决对策分析 [J]. 农村经济, 2005 (09).

[61] 张军英. 空心村改造的规划设计探索: 以安徽省巢湖地区空心村改造为例 [J]. 建筑学报, 1999 (11).

[62] 刘洪彪, 甘辉. 新农村建设中"空心村"的整治 [J]. 农业现代化研究, 2007, 28 (5).

[63] 杨伟. 基于区域特色模式的重庆市农村土地整治潜力评价研究 [D]. 重庆: 西南大学, 2013.

[64] 李建智. 土地整理理论基础与政策取向的探究 [J]. 南方国土资源, 2003 (08).

[65] 张慧. 农村土地整治产能潜力测算研究——以河北省肃宁县为例 [D]. 保定: 河北农业大学, 2011.

[66] 鹿心社. 论中国土地整理的总体方略 [J]. 农业工程学报, 2002(01).

[67] 冷疏影, 李秀彬. 土地质量指标体系国际研究的新进展 [J]. 地理学报, 1999 (02).

[68] 张正峰, 赵伟. 北京市大兴区耕地整理潜力模糊评价研究 [J]. 农业工程学报, 2006, 22 (02).

[69] 宋伟, 陈百明, 陈曦炜. 农村居民点整理潜力测算模型的理论与实证 [J]. 农业工程学报, 2008, 24 (S1).

[70] 郭聪丛. 开封市土地开发整理复垦潜力研究 [D]. 开封: 河南大学, 2010.

[71] 刘洋. 耕地整理潜力评价——以三峡重庆库区为例 [J]. 重庆工商大学学报 (自然科学版), 2006, 23 (03).

[72] 丁学智, 赵亚伟. 规范土地开发整理工作实现耕地总量动态平衡 [J]. 科技情报开发与经济, 2001, 11 (01).

[73] 张洪业, 黄荣金. 黄淮海平原中低产地和荒地资源类型与开发潜力的研究 [J]. 资源科学, 1999, 21 (01).

[74] RAFAEL C, CERLOS A, URBANO. Eeonomie, Social and Environmental Impact of Land Consolidation in Gaiiei [J]. Land Use policy, 2002 (19).

[75] ANDRASORENSEN. Land Readjustmen and Metropolitan Growth: An Ex-

amination of Suburban Land Develop Pmentand Urban Sprawl in the Tokyo Metro Politan Area [J]. Progressin Planning, 2000 (53).

[76] GARR D J. Expectative Land Rights, House Consolidation and Cemetery Squatting: Some Perspectives from Central Java [J]. World Development, 1996, 24 (12).

[77] WARD W A, DEREN B J, D'SILVA E H. 项目分析经济学：实践指南 [M]. 卢有杰, 译. 北京：清华大学出版社, 2001.

[78] ARCHER R W. Lessons from the PB Selayng land consolidation Medan Indonenia [J]. Land Use Policy, 1992 (10).

[79] 胡道儒. 开展农村宅基地整理是实现耕地总量动态平衡的有力保障 [J]. 国土经济, 1999 (04).

[80] 林常春, 李新旺. 农村居民点整理潜力测算研究——以河北省卢龙县为例 [J]. 河北农业大学学报, 2010, 3 (02).

[81] 李衡, 刘晓光, 苏安玉. 黑龙江省农村居民点用地调查与潜力测算 [J]. 国土与自然资源研究, 2007 (02).

[82] DOU J L, CHEN Y C, JIANG Y J, et al. A Web-GIS Based Support System for Rural Land Consolidation in China [J]. New Zealand Journal of Agricultural Research, 2007, 50.

[83] 张正峰, 陈百明. 土地整理的效益分析 [J]. 农业工程学报, 2003, 19 (02).

[84] LEENEN H. Land Consolidation in the Netherlands [J]. Land Use Policy, 1987, 4 (01).

[85] 张远索, 徐波, 张占录. 生态型土地整理实证分析——以日本家根合地区为例 [J]. 生态经济（学术版）, 2009 (02).

[86] 丁恩俊, 周维禄, 谢德体. 国外土地整理实践对我国土地整理的启示 [J]. 西南农业大学学报（社科版）, 2006 (02).

[87] 范金梅, 王磊, 薛永森. 土地整理效益评价探析 [J]. 农业工程学报, 2005 (Z1).

[88] 陈薇, 陈琪瑶. 土地整理效益分析评价的实证研究 [J]. 国土资源科技管理, 2007, 24 (04).

[89] 李晶. 土地整理经济效益评价研究——以北京市房山区土地整理为例 [J]. 资源与产业, 2003 (05).

[90] 杨华均. 土地开发整理项目社会影响评价研究 [D]. 重庆：西南大

学，2008．

［91］邓胜华，梅昀，胡伟艳．基于模糊模型识别的石碑坪镇土地整理社会生态效益评价［J］．中国土地科学，2009，23（03）．

［92］林艳丽，闫弘文．农村土地综合整治效益评价指标体系探究［J］．鲁东大学学报（自然科学版），2011，27（02）．

［93］吴次芳，费罗成，叶艳妹．土地整治发展的理论视野、理性范式和战略路径［J］．经济地理，2011，31（10）．

［94］国土资源部，国家发展和改革委员会．全国土地整治规划（2016-2020年）：国土资发〔2017〕2号，[EB/OL]．国家发展和改革委员会网，https：//www.ndrc.gov.cn/fggz/fzzlgh/gjjzxgh/201705/t20170517_1196769_ext.html. 2017-05-17.

［95］罗文斌，吴次芳．农村土地整理项目绩效评价及影响因素定量分析［J］．农业工程学报，2014，30（22）．

［96］张庶，金晓斌，杨绪红，等．农用地整治项目的碳效应分析与核算研究［J］．资源科学，2016，38（01）．

［97］费罗成，吴次芳，程久苗．农村土地整治的碳效应及政策响应［J］．资源科学，2017，39（11）．

［98］钟学斌，喻光明，何国松，等．土地整理过程中碳量损失与生态补偿优化设计［J］．生态学杂志，2006，25（03）．

［99］WALLACE J M, HELD I M, THOMPSON D W, et al. Global Warming and Winter Weather［J］. Science, 2014, 343（6172）.

［100］HOUGHTON R A. Magnitude, Distribution and Causes of Terrestrial Carbon Sinks and Some Implications for Policy［J］. Climate Policy, 2002, 2（01）.

［101］CAMPBELL C A, ZENTNER R P, LIANG B, et al. Organic C Accumulation in Soil over 30 Years in Semiarid Southwestern Saskatchewan-effect of Rotations and Fertilizers［J］. Canadian Journal of Soil Science, 2000, 80（01）.

［102］LEITE C C, COSTA M H, SOARES FILHO B S, et al. Historical Land use Change and Associated Carbon Emissions in Brazil from 1940 to 1995［J］. Global Biogeochemical Cycles, 2012, 26（02）.

［103］游和远，吴次芳，沈萍．土地利用结构与能源消耗碳排放的关联测度及其特征解释［J］．中国土地科学，2010，21（11）．

［104］LAI L, HUANG X J, YANG H, et al. Carbon Emissions from Land-use and Management in China between 1990 and 2010［J］. Science Advances,

2016, 2 (11).

[105] 赵荣钦, 刘英, 郝仕龙, 等. 低碳土地利用模式研究 [J]. 水土保持研究, 2010, 17 (05).

[106] 黄蕊, 王铮, 丁冠群, 等. 基于STIRPAT模型的江苏省能源消费碳排放影响因素分析及趋势预测 [J]. 地理研究, 2016, 35 (04).

[107] GUO B, JIN X, YANG X, et al. Determining the Effects of Land Consolidation on Themultifunctionlity of the Cropland Production System in China Using a SPA-fuzzy Assessment Model [J]. European Journal of Agronomy, 2015, 63 (05).

[108] PALAIT H E, MANAVBASI I D. Determining the Effects of Land Consolidation on Fuel Consumption and Carbon Dioxide Emissions a Rural Area [J]. Tarim Bilrmleri Iaergisi, 2012, 18 (02).

[109] HIIRONE J, RIEKKNEN K. Agricultural Impacts and Profitability of Land Consolidations [J]. Land Use Policy, 2016, 55 (22).

[110] CHARTIN C, EVRARD O, SALVADOR-BLANES S, et al. Quantifyng and Modelling the Impact of Land Consolidation and Field Borders on Soil Redistribution in Agricultural Landscapes (1954—2009) [J]. Catena, 2012 (110).

[111] DONG B, DONG Z, WU Y. Empirical Analysis of Carbon Emissions for Land Consolidation Project and Countermeasures for Low Carbon [C]. Atlantis Press, 2018 (05).

[112] WU Y, ZHOU GUO Y, et al, The energy emission computing of land consolidation, from the dualperspe clustering method [J]. Cluster Computing, 2017, 20 (02).

[113] ZHAO R, LIU Y, TIAN M, et al. Impacts of Water and Land Resources Exploitation on Agricultural Carbon Emissions: The Water-Land-Energy-Carbon Nexus [J]. Land Use Policy, 2018, (72).

[114] 赵荣钦, 黄贤金, 揣小伟. 中国土地利用碳排放的研究误区和未来趋向 [J], 中国土地科学, 2016, 30 (12).

[115] 谭梦, 黄贤金, 钟太洋, 等. 土地整理对农田土壤碳含量的影响 [J]. 农业工程学报, 2011, 27 (08).

[116] 张中秋, 胡宝清, 韦金洪. 基于能源与工料消耗的土地整治项目碳排放与碳足迹 [J]. 湖北农业科学, 2016, 55 (07).

[117] 董玉红, 刘世梁, 王军, 等. 基于景观格局的土地整理风险与固碳功能评价 [J], 农业工程学报, 2017, 33 (07).

[118] 黄懿梅，安韶山，刘连杰，薛虹. 黄土丘陵区草地土壤微生物 C、N 及呼吸熵对植被恢复的响应 [J]. 生态学报，2009，29（06）.

[119] 夏菲. 乌海荒漠植被草原灌丛化研究进展 [J]. 北京园林，2017，33（04）.

[120] 谢立亚，舒乔生. 沙棘林退化对土壤性质及水土流失的影响 [J]. 水土保持通报，2014，34（03）.

[121] 徐梦辰，刘加珍，陈永金. 黄河三角洲湿地柽柳群落退化特征分析 [J]. 人民黄河，2015，37（07）.

[122] 曹甲威. 贵阳市土地利用变化碳排放响应研究 [D]. 贵阳：贵州师范大学，2017.

[123] 王蕊. 渭北旱塬苹果园土壤呼吸温度敏感性的变化特征 [D]. 咸阳：西北农林科技大学，2015.

[124] 郭红艳. 石漠化对土壤碳库和碳排放的影响研究 [D]. 北京：中国林业科学研究院，2013.

[125] 庞蕊，刘敏，李美玲，等. 土壤碳排放组分区分的研究进展 [J]. 生态学杂志，2017，36（08）.

[126] 张滕，饶良懿，吕坤珑，等. 土壤呼吸影响因素研究进展 [J]. 广东农业科学，2012，39（08）.

[127] 赵宁伟. 不同复垦方式对矿区土壤呼吸影响的研究 [D]. 太原：山西大学，2012.

[128] 梁国鹏. 施氮水平下土壤呼吸及土壤生化性质的季节性变化 [D]. 北京：中国农业科学院，2016.

[129] 沈晨，范利超，韩文炎. pH 和肥料对茶园土壤基础呼吸的影响 [J]. 土壤通报，2017，48（05）.

[130] 田琴. 黄土丘陵区典型植被类型土壤微生物及异养呼吸特征 [D]. 北京：中国科学院研究生院，2017.

[131] LU W, YUE L J. Advances in Greenhouse Gases Emission in Farmland Soils [J]. Agricultural Science &Technology，2012，13（08）.

[132] 耿远波，章申，董云社，等. 草原土壤的碳氮含量及其与温室气体通量的相关性 [J]. 地理学报，2001，56（01）.

[133] 张军. 乡村价值定位与乡村振兴 [J]. 中国农村经济，2018（01）.

[134] 刘彦随. 中国新时代城乡融合与乡村振兴 [J]. 地理学报，2018，73（04）.

［135］周良书等. 乡村振兴问题专题研究［J］. 河南社会科学, 2018(02).

［136］刘合光. 推进乡村振兴战略的关键点、发展路径与参与主体［J］. 石河子大学学报（哲学社会科学版）, 2018, 32（01）.

［137］廖彩荣, 陈美球. 乡村振兴战略的理论逻辑、科学内涵与实现路径［J］. 农林经济管理学报, 2017（06）.

［138］GLADWIN C H, LONG B F, BABB E M, et al. Rural Entrepreneurship: One Key to Rural Revitalization［J］. American Journal of Agricultural Economics, 1989, 71（05）.

［139］郭亨孝. 加拿大农村现代化之路与中国农村发展［J］. 农村经济, 2006（12）.

［140］CRISTOBAL K. Development Strategies and Rural Development: Exploring Synergies, Eradicating Poverty［J］. Journal of Peasant Studies, 2009.

［141］龙花楼, 屠爽爽. 乡村重构的理论认知［J］. 地理科学进展, 2018, 37(05).

［142］龙花楼, 张英男, 屠爽爽. 论土地整治与乡村振兴［J］. 地理学报, 2018, 73（10）.

［143］HEDLUND M, LUNDHOLM E. Restructuring of Rural Sweden – Employment Transition and Out – migration of Three Cohorts Born 1945—1980［J］. Journal of Rural Studies, 2015, 42.

［144］NELSON P B, OBERG A, NELSON L. Rural Gentrification and Linked Migration in the United States［J］. Journal of Rural Studies, 2010, 26（04）.

［145］刘彦随, 周扬, 李玉恒. 中国乡村地域系统与乡村振兴战略［J］. 地理学报, 2019, 74（12）.

［146］龙花楼, 陈坤秋. 实现巩固拓展脱贫攻坚成果同乡村振兴有效衔接：研究框架与展望［J］. 经济地理, 2021, 41（08）.

第二章

农村土地整治与乡村振兴的内涵与外延

第一节 乡村振兴的内涵与外延

新的时期，我国经济社会发展的主要矛盾已经转变为人民日益增长的美好生活的需要与不平衡不充分发展之间的矛盾，其间，最大的不平衡是城乡之间发展的不平衡，最大的不充分是农村发展的不充分。改革开放40余年来，国家一直高度重视农业农村的建设发展，高度关注农民生活水平的提升，我国已经跃居为世界第二大经济体，2020年实现了现行标准下全部贫困人口如期脱贫的伟大创举，全面建成小康社会取得伟大的历史性成就，伴随新中国建立就已存在的"三农"问题经过改革开放以来的快速发展已经得到了很大的改善，农业、农村、农民工作持续迈上新台阶，城乡差距有序缩小。改革开放以来的不同时期，国家围绕以农民为中心、坚持利民为本的理念出台了一系列改革政策和发展战略促进农村不断发展，家庭联产承包责任制、土地制度改革、农村税费改革、西部大开发、统筹城乡发展、新农村建设、美丽乡村建设等政策和发展战略为"三农"问题的解决和国家的繁荣稳定做出了突出贡献，推进全国经济社会发展持续向好。当前，我国农村日益培育了包括乡村旅游、互联网+、农村生产性服务业等在内的农业农村新业态、新产业，农村发展形势良好。伴随着我国经济社会发展矛盾的逐步转化，农业农村改革开始进入了深水区。正当我国农业农村面临着未来如何发展、出路在何处、如何吸引各类人才投身农村、各种资金投入农村等多重矛盾交织的时候，党中央、国家精准研判了未来形势和发展需求，于党的十九大提出了乡村振兴重大战略，为农业农村农民问题的深度解决降下了及时雨，是加速推动我国从农业大国向农业强国迈进的重大国家战略，是新时期"三农"工作的根本遵循。因此，深入理解和探寻乡村振兴战略的内容、内涵及要义延伸具有重大的时代意义。

一、乡村振兴战略提出的时代背景

我国农业现代化生产水平落后于城镇现代化生产水平，农村经济发展水平滞后于城镇经济发展水平，农村居民生活水平和质量低于城镇居民生活水平是我国城乡发展的现实状况，是我国多年以来一直存在的突出的"三农"问题。实现共同富裕是社会主义社会的本质要求，城市与农村发展不平衡、破解地区之间差距大是我国当前构建社会主义和谐社会和推进高质量发展的重要障碍和重大制约。乡村振兴战略的提出是破解城乡发展不平衡、农业农村现代化水平较低、巩固脱贫攻坚成果、提高农民收入水平和生活质量的国家战略和必然要求。

（一）城乡分割的结构使乡村发展不平衡不充分

乡村兴则国家兴，乡村衰则国家衰。农业是国民经济发展的重要基础，是决定我国兴衰繁荣的重要因素，直接关系到国家社会经济的可持续发展。我国是一个历经5000多年发展的文明古国，农业的基础地位一直都很突出，农村的发展一直都备受国家的关注，这也是国家发展的难点。新中国成立之后，为尽快改变我国的落后面貌，摆脱贫困，国家实行计划经济并将发展的重点转向了工业发展和城市建设，城乡分割的经济结构便由此形成并且加剧。改革开放以后，国家开始高度重视推进农村的建设和发展，因此，开启了针对农村发展的阶段性改革并且制定了国家战略。改革之初，我国在农村实行了家庭联产承包责任制，从真正意义上确保了耕者有其田，解决了农村剩余劳动力的问题，广大农村村民基本解决了温饱问题，农村开始呈现一片欣欣向荣之景。进入21世纪以来，国家相继出台了旨在发展农村的支农、惠农、富农和强农政策措施，诸如农村税费改革、西部大开发、统筹城乡发展、新农村建设、美丽乡村建设等，逐渐形成了"以工促农、以城带乡"的发展局面，为农村发展注入了诸多活力，使农业农村也取得了长足的进步，生活水平明显提高。因此，国家推进乡村发展的政策和战略对乡村的崛起、繁荣具有至关重要的意义。

（二）乡村要素大量流向城市使广大乡村日趋衰落

与城市发展相比，乡村的发展依然面临诸多的困境和不平衡问题，农业农村的发展仍然明显地落后于城市。伴随着经济技术的进步，我国农村剩余劳动力逐步增多，也因为农业生产的比较效益低下，导致这部分剩余劳动力大量地流入东部和南部发达地区的城市务工，农业生产中青壮年劳动力的缺失使我国农村主要是广大西部地区的农村因劳动力不足而出现了不同程度的耕地撂荒和闲置不生产的状况，导致农业生产逐渐凋敝和衰落，乡村生产生活环境被破坏、恶化等现象。在重庆的三峡库区农村、渝东南少数民族地区、贵州喀斯特山区和少数民族地区，还有云南、四川等很多老、少、边、穷的农村区域贫困问题凸显，相较城镇地区明显地表现为农业弱、农村贫、农民苦的现实问题，城市和农村经济发展、生产生活水平日益分化，农村发展愈加不充分不平衡，"三农"问题进一步凸显，并日渐成为我国综合国力有效提升、经济高质量发展和建立社会主义和谐社会的障碍和困境，在一定程度上影响了我国社会的稳定发展。

（三）建设农业强国的需求使乡村振兴战略成为必然

2017年10月，党的十九大报告中，习近平总书记指出"中国特色社会主义进入了新时代"。农业农村的发展与经济复苏、科技进步、国际变革、社会发展等各种矛盾相互交织，脱贫攻坚和全面建成小康社会的目标日益临近，增加了"三农"工作的巨大压力。农业的发展、城乡之间的融合、乡村生产生活环境的改善以及进一步缩小城乡发展差距，让广大农村富起来、强起来，实现农业、农村同工业与城市的同频共振等就成了摆在党中央、国务院和各级政府面前的一道紧迫而又不可逾越的发展难题。面对复杂的时代背景，习近平总书记在2017年10月的十九大报告中提出了乡村振兴战略，这是中国共产党在新时代、在国家政策方面解决"三农"问题的进一步深化，对推进全面建成小康社会、构建社会主义和谐社会具有深远的历史意义，将成为未来一段时期党和国家治理和发展农业农村的指导方针。

二、推进乡村振兴战略实施的时代基础

乡村振兴战略的提出是党中央审时度势、深刻研判我国新时期面临的国际国内环境、现阶段的政治经济形势并充分考虑农业农村发展的现状和实际后经过深思熟虑而做出的重大发展战略，乡村振兴战略的形成有其深刻的历史发展背景，而乡村振兴战略的实施和推进，也有着独特的现实基础。

(一）新时期的历史方位提出了乡村振兴战略新的要求

党的十九大报告指出，中国特色社会主义进入了新时代，这是我国发展新的历史方位[1]。中国所处的特定历史阶段对深入巩固脱贫攻坚成果、全面建成小康社会和建设社会主义现代化强国提出了新的时代要求。乡村兴则国家兴，现代化强国离不开现代化乡村和现代化农业，建设什么样的乡村、发展什么样的农业、如何建设新时代的乡村、如何发展新时代的农业是推进乡村高质量发展必须回答的核心问题，党的十九大提出的乡村振兴战略正是解决乡村建设和发展问题的根本方略，新时代中国特色社会主义对乡村振兴提出了新的时代要求。

1. 中国的国情决定了我国未来发展的任何阶段城乡将会长期共存，乡村将一直存在，只有彻底解决"三农"问题，才能推动社会的全面进步和实现社会的高质量发展。改革开放以来40多年的发展，我国整体实力快速提升，很多领域取得历史性突破，成绩为世人共睹，但是农业、农村、农民的发展依然面临诸多突出问题：①农村经济发展上，农村以种植业为主、产业单一，农村的生产、经营体系尚未建立，农业生产效率低下，传统生产方式居多，现代化生产水平及市场化远低于城市，发展速度缓慢。②农村地区人居环境条件差，生活垃圾到处堆放，森林植被遭受破坏，耕地、饮用水、河流等受到不同程度污染，生态环境逐步恶化。③农村基层治理乏力，违规占地建房严重，宅基地闲置浪费量多面广，很多乡村衰退凋敝，"空心村""空巢村"、农村劳动力老龄化现象突出。④农村增收渠道狭窄、增收能力受限，农村就医难、求学难、住房破败，农民整体生活水平不高。党的十九大提出的乡村振兴战略，包含了产业兴旺、生态宜居、乡风文明、治理有效、生活富裕的全方位发展，因此，在中国特色社会主义新时代，坚持"抓重点、补短板、强弱项"，推进乡村全方位发展，彻底解决"三农"问题，是中国当前经济社会发展的重要任务。

2. 农业、农村、农民问题是关系国计民生的根本性问题，没有农业农村的现代化，就没有国家的现代化，乡村振兴战略是中国新时代解决"三农"问题的总抓手。当前，我国在农业生产市场发育不完善，阶段性地出现了农产品供给过剩和供给不足的状况，出现了农村基础设施建设滞后、农村人居环境总体较差、乡村治理体系和治理能力不足、农民适应市场竞争的能力不足、职业农民建设乏力、国家的支农体系及要素合理流动的体制机制尚待健全的问题。因此，在中国特色社会主义新时期，解决"三农"问题依然是党和国家工作的"重中之重"，乡村振兴战略是新时期农业、农村、农民工作的总纲和基本方略，需要地方各级政府坚持因地制宜、因地施策，结合本地的土地、劳动力、气候、水、交通等自然和经济社会条件制定合理可行的乡村振兴战略举措，需要各级党组织、各级政府带动全民积极参与，方能实现乡村的全面振兴，根治"三农"问题，解决乡村发展长期滞后问题，实现"农业强、农村美、农民富"的发展目标。

(二) 新时期的主要矛盾赋予了乡村振兴战略新的目标

党的十九大报告明确提出，当前，我国社会的主要矛盾已经由"人民日益增长的物质文化需要同落后的社会生产力之间的矛盾"转变为"人民日益增长的美好生活需要和不平衡不充分的发展之间的矛盾"[2-3]。社会发展的主要矛盾转化，要求党中央、国务院的各项战略设计、各项工作开展都围绕解决主要矛盾而展开，举全国之力去解决主要矛盾。城乡之间发展的不平衡和农村发展的不充分是当前我国社会发展面临的矛盾的焦点，归根结底，都涉及农业农村的发展。因此，新时代社会的主要矛盾变化赋予了乡村振兴战略新的任务目标和历史使命，即深入解决我国长期存在的"三农"问题，增加农民收入、改善农村人居环境、提高农民生活水平、推进城乡之间协调发展、缩小城乡发展差距。

1. 推进要素资源合理流动，缩小城乡发展差距，解决城乡发展不平衡问题是乡村振兴战略的首要目标。

经过多年的努力，我国农业农村的发展取得了长足的进步。根据国家统计局发布的统计公报及统计年鉴等数据，我国粮食产量连年增长，2010年54641万吨，2015年62144万吨，2021年68285万吨。第一产业增加值2010年40497亿元，较上年增长4.3%；2015年60863亿元，较上年增长3.9%；2021年83086亿元，较上年增长7.1%。农林牧渔业固定资产投资2010年3966亿元，较上年增长18.2%；2015年第一产业15561亿元，较上年增长31.8%；2021年第一产业14275亿元、较上年增长9.1%。城乡居民收入差距2010年3.23∶1，2015年2.73∶1，2021年2.50∶1。农村人均可支配收入，2010年6272.4元，2015年11421.7元，2021年18931元。但因历史欠账多，尚存城乡之间要素不对等交换、资源配置不均衡，资金、产业要素、人才等投入不够、基础设施建设缓慢等问题，尽管城乡差距呈缩小趋势，但差距依然较大，发展不平衡。因此，实施乡村振兴战略，建构和完善城乡统筹发展的体制机制，推进要素流动、优化资源配置，推进以城带乡、以工促农、城乡深度融合，进一步增加农民收入，有效解决面临的社会矛盾、缩小城乡发展差距是新时期的首要目标。

2. 坚持农业农村优先发展，实现农民生活富裕，解决农村发展不充分问题是乡村振兴战略的重要目标。

历史和现实表明，我国多年来一直存在农村发展不充分的问题。国家历来重视农业农村发展问题，采取了各种措施，即便在以工业化和城镇化发展为重的历史阶段也没放弃农村的建设和发展。十一届三中全会以来，为解决广大人民的温饱问题，国家首先推行了土地制度改革，实行了家庭联产承包责任制，农民的生活、农业生产、农村面貌均发生很大变化和进步，农民收入逐年增长，但现阶段相较于工业化、城镇化等发展，农业农村发展还是全面建成小康社会、实现共同富裕的短板和薄弱领域，因此成了我国社会新时期急需解决的主要矛盾。新时期的乡村振兴战略的实施，坚持农业农村优先发展，坚持农村产业、乡风文明、村域治理等共同推进，目标聚焦于乡村和农业的全面振兴，在国家和各级政府的各项工作中，将解决农村发展不充分问题置于经济社会发展的优先位置，紧抓"三农"工作的主要任务，集中力量彻底解决农村发展不充分的社会主要矛盾，方能全面建成社会主义现代化强国，实现中华民族伟大复兴。

（三）新时期的发展步骤为乡村振兴战略提供了新的路径

党的十八大以后，中国特色社会主义进入了新时代，国家的建设发展进入了新阶段。党的十九大根据条件和形势的变化，提出了在全面建成小康社会的基础上，以2020年为基点，再用30年左右的时间将我国建设成为社会主义现代化强国，并因此提出了"两步走"的战略发展步骤："第一阶段，从2020年到2030年，在全面建成小康社会的基础上，再奋斗十五年，基本实现社会主义现代化"；"第二个阶段，从2035年到21世纪中叶，在基本实现现代化的基础上，再奋斗十五年，把我国建成富强民主文明和谐美丽的社会主义现代化强国"[1]。推进农村快速发展，从根本上解决"三农"问题是党的十九大提出的"两步走"发展战略的重要任务，用30年左右的时间实现农业强国的建设目标为乡村振兴战略提供了新的路径。

1. 乡村振兴战略分"三步走"阶段性推进实施

2018年1月,党中央和国务院出台《中共中央国务院关于实施乡村振兴战略的意见》,按照党的十九大提出的"两步走"发展战略,对新时期乡村振兴战略的目标任务做了"三步走"分阶段推进的实施战略。一是到2020年,形成乡村振兴的制度框架和政策体系,农民增收渠道进一步拓宽,实现现行标准下农村人口的脱贫,解决区域性贫困问题,农村人居环境明显改善;二是到2035年,基本实现农业农村现代化,相对贫困进一步缓解,农业结构得到根本性改善,基本实现城乡基本公共服务的均等化,城乡融合发展机制体制更加完善,共同富裕迈出坚实步伐;三是到2050年,全面实现农业强、农村美、农民富,全面实现乡村振兴[4]。这是我国乡村振兴战略在全面建成小康社会之后的"两步走"实施发展目标。

2. 乡村振兴战略分"七个方向"整体性推进落实

乡村振兴战略不仅仅是战略目标,更是各级政府各个地区切实有效地落实于行动的指南。2020年12月28日至29日,习近平总书记在中央农村工作会议上强调,必须加强顶层设计,汇聚更大的力量全面推进乡村振兴落地见效:第一,加快发展乡村产业,顺应产业发展规律,立足当地特色资源,拓展乡村多种功能,推动乡村产业发展壮大;第二,加强社会主义精神文明建设,要加强农村思想道德建设,开展形式多样的群众文化活动,普及科学知识,注重农村青少年教育问题和精神文化生活;第三,加强农村生态文明建设,治理农业面源污染,健全草原森林河流湖泊休养生息制度,开展大规模国土绿化行动,发展节水农业旱作农业,推进农业农村减排固碳;第四,深化农村改革,加快推进农村重点领域和关键环节改革,稳慎推进农村宅基地改革,完善农村集体产权制度改革,完善农业支持保护制度,深化供销合作社综合改革,尊重基层和群众创造;第五,实施乡村建设行动,继续把公共基础设施建设的重点放在农村,加快补齐短板,持续推进城乡基本公共服务均等化,加强普惠性兜底性基础性民生建设,推进农村人居环境整治提升行动,先规划后建设,久久为功;第六,推动城乡融合发展见实效,强化以工补农、以城带乡,加快形成工农互补、城乡互补、协调发展、共同繁荣的新型工农城乡关系;第七,加强和改进乡村治理,以保障和改善农村民生为优先方向,巩固农村扫黑除恶专项斗争成果,深入推进平安乡村建设,用好现代信息技术、创新乡村治理方式提高乡村善治水平。如上七条,明确了乡村振兴战略的基本道路、方向及方法举措和目标。

三、乡村振兴战略的丰富内容

2017年10月18日，党的十九大报告明确指出，农业农村农民问题是关系国计民生的根本性问题，必须始终把解决好"三农"问题作为全党工作的重中之重，实施乡村振兴战略。十九大报告、中央一号文件、2018年3月5日李克强总理的《政府工作报告》《乡村振兴战略规划（2018—2022年）》等文件、报告、规划一致明确了乡村振兴战略的总要求，即20字方针——"产业兴旺、乡风文明、治理有效、生活富裕"。

乡村振兴战略的目标归结为"五大建设"。产业兴旺是经济建设的重要基础，重在资源整合、产业培育、经济转型与收入增长，其中发展现代农业是产业兴旺最重要的内容，产业兴旺要求大力发展以新型职业农民等为主要内容的现代农业，同时须推动农村三大产业有机融合，让农民有更多的就业和增收的机会。生态宜居是生态文明建设的首要任务，关键是农村景观优化、环境美化、人居环境质量改善，发展绿色生态新产业、新业态，保留乡土气息、保存乡村风貌，实现人与自然的和谐发展，从而提升乡村发展的质量。乡风文明是推进乡村文化建设的重要举措，关键是乡村文化传承、思想观念转变、和谐社会构建，努力实现乡村传统文化与现代文明的有机结合，实现乡风文明的与时俱进，增强乡村发展的软实力。治理有效是乡村政治建设的重要保障，关键是农村基层组织建设、民主自治、科学决策与机制创新，必须有效协调农户利益与集体利益、长期利益与短期利益，保证乡村和谐有序。生活富裕是中国特色社会主义建设的根本要求，关键是农村居民享有平等参与权利、共同分享现代化成果，保证农民收入较快增长，不断缩减城乡之间的贫富差距。

实施乡村振兴战略是新时代农业、农村、农民工作的总抓手，依据《中共中央国务院关于实施乡村振兴战略的意见》，乡村振兴战略的推进落实主要包含以下十大板块内容：

第一，提升农业发展质量，培育乡村发展新动能。要扎实推进农业生产基础能力建设，将中国人的饭碗牢牢端在自己手中。全面落实永久基本农田特殊保护制度、确保十四多亿人口的粮食安全，大规模推进农村土地整治和高标准基本农田建设，有效提升耕地质量，加强农田水利建设，改善农业生产条件，同时加快国家农业科技创新体系建设，不断深化农业科技成果转化和推广应用改革。建立健全质量兴农体系建设，深入推进绿色、优质、特色、品牌化农业建设，以质量提升导向农业发展。大力开发农业多种功能，构建农村一、二、三产业融合发展体系。

第二，推进乡村绿色发展，打造人与自然和谐共生发展新格局。生态宜居是乡村振兴的关键，营造优美的生态环境是在为农村创造宝贵财富。一是乡村建设中需要将"山水林田湖草"作为生命共同体进行整体性保护和统一修复，扩大耕地休耕轮作制度试点；二是实施农业绿色发展行动，开展农业面源污染防治行动，推进减量化农用品投入和清洁化生产，加强农村人居环境的综合整治，落实农村环境保护主体责任；三是加大重点生态功能区转移支付力度，探索建立生态产品购买、森林碳汇、生态保护补偿等多元化、市场化补偿机制；四是采取现代科技与管理手段，实现农村生态优势向发展生态经济优势转化，努力提供优质丰富的绿色生态产品和服务。

第三，繁荣兴盛农村文化，焕发乡风文明新气象。乡风文明是乡村振兴建设的保障。实施乡村振兴战略，须以社会主义核心价值观为引领，加强农村思想道德建设，推进诚信建设，提升农民的社会责任意识；应当立足乡村文明，在保护的基础上，不断赋予乡村文明以时代内涵，保护优秀农耕文化遗产，合理适度利用优秀农耕文化遗产；乡村建设宜推进公共文化资源重点向乡村倾斜，丰富农村文化业态，提升公共文化服务效能；同时，开展群众性精神文明创建活动，加强农村科普工作，不断提升农民文化科学素养。

第四，加强农村基层基础工作，构建乡村治理新体系。治理有效是乡村振兴战略的基础，必须坚持以基层基础作为固本之策。一是突出政治职能，夯实农村基层组织建设，面向贫困村建立选派第一书记工作长效机制，整治农村工作的不正之风。二是坚持基层自治，全面建立健全村务监督委员会，推动乡村治理重心下移。三是发挥村民道德规范的教化作用推动乡风民俗的创新发展，引导村民向上向善和自我管理，传播正能量。同时，必须坚持法治为本，引导农村守法意识，深入开展扫黑除恶专项斗争，坚决遏制重特大安全事故，建设平安乡村。

第五，提高农村民生保障水平，塑造美丽乡村新风貌。生活富裕是乡村振兴战略的根本。乡村建设首先应当建立以城带乡、城乡一体、均衡发展的义务教育发展机制，推进农村普及高中阶段教育，大规模开展农民职业技能培训，促进农民就业，提高就业质量。加快农村道路、供水供电供气等基础设施建设，推动农村基础社会提档升级。加强基本医疗保险、城乡社会救助体系、最低生活保障制度、农村残疾人服务等社会保障体系建设。同时，努力推进健康乡村建设，改善农村人居环境，推进宜居宜业的美丽乡村建设。

第六，打好精准脱贫攻坚战，增强贫困群众获得感。摆脱贫困是乡村振兴的前提，针对有劳动能力的贫困人口、易地搬迁人口、完全或部分丧失劳动能力的贫困人口等分类采取帮扶措施。全面改善贫困地区生产生活条件，集中力量对深度贫困区重点帮扶。坚持扶贫与扶志、扶智相结合，激发贫困人口的内生动力，实现可持续稳固脱贫。同时，加强扶贫资金管理、开展扶贫领域专项治理，强化脱贫责任和监督。

第七，推进体制机制创新，强化乡村振兴制度性供给。一是落实农村土地承包责任制政策稳定不变，完善农村承包地"三权"分置制度，平等保护农村土地经营权。二是逐步扩大农村土地征收、集体经营性建设用地入市、宅基地制度改革试点，深化农村土地制度改革；推动资源变资产、资金变股金、农民变股东三大变革，探索农村集体经济新的实现形式和运行机制，深入推进农村集体产权制度改革；以提升农业质量效益和竞争力为目标，完善农业支持保护制度。

第八，汇聚全社会力量，强化乡村振兴人才支撑。完善配套政策体系，建立职业农民制度，大力培育新型职业农民；建立县域专业人才统筹使用制度，提高农村专业人才的服务保障能力，加强农村专业人才队伍建设，支撑乡村振兴发展，鼓励高校、科研院所专业技术人员到乡村和企业挂职，实施农技推广服务计划，充分发挥科技人才的支撑作用；建立有效激励机制，吸引企业家、规划师、技能人才等各界的支持并投身乡村建设；建立自主培养与人才引进相结合的人才使用机制。

第九，开拓投融资渠道，强化乡村振兴投入保障。资金来源是乡村振兴实施的重要支柱，推进公共财政更大力度向农业、农村、农民倾斜，优化财政供给结构，确保财政投入持续增长，引导更多资金资源支持乡村振兴；严格控制未利用地开垦，集中力量推进高标准基本农田建设，调整土地出让收入适用范围，有效拓宽资金筹集渠道；健全适合农业农村特点的农村金融体系，提高金融服务乡村振兴的能力和水平。

第十，坚持和完善党对"三农"工作的领导。乡村振兴战略是国家的重大决策部署，必须推进党管农村工作落到实处，各级党委和政府坚持工业农业、城市乡村一起抓，坚持农业农村优先发展，落实地方党政主要负责人作为乡村振兴工作的第一责任人，五级书记齐抓乡村振兴，不断完善党的农村工作领导机制；将党领导农村工作的传统、要求等以党内法的形式确定下来，加强"三农"工作队伍建设，培养优秀管理人才；将行之有效的乡村振兴政策法定化，研究制定乡村振兴法，强化乡村振兴法治保障。同时，凝聚全党全国全社会乡村振兴的强大合力，建立乡村振兴专家决策咨询制度，促进乡村振兴国际合作交流，讲好乡村振兴的中国故事，积极营造乡村振兴的良好氛围。

如上十条，明确了乡村振兴战略的基本道路、方向、方法举措和目标。

第二节 农村土地整治的内涵与发展

1997年，《中共中央国务院关于进一步加强土地管理切实保护耕地的通知》指出，积极推进土地整理，总结推广土地整理经验，对田水路林村进行综合整治，搞好土地建设。2016年12月，国务院批复《全国土地整治规划（2016—2020年）》指出，牢固树立创新、协调、绿色、开放、共享发展理念，实施藏粮于地和节约优先战略，大力推进高标准基本农田建设和农用地整理，大力推进贫困地区土地综合整治，大力推进废弃、污染、损毁土地治理、改良和修复，促进土地资源永续利用。我国土地整治历经了从概念、内涵到外延、设计理念、整治模式、整治潜力与效益评价等内容的持续发展，农村土地整治在增加耕地面积、提高耕地质量、支撑耕地占补平衡、改善农村人居环境、保证粮食安全、助力脱贫攻坚等多方面成效明显[5-7]。国务院发展研究中心数据表明，2016年以来，我国共计建成高标准农田2.32亿亩，共计完成土地整理项目约8.7万个，补充耕地1827.98万亩，截至2020年9月，全国深度贫困地区跨省调出增减挂钩指标60多万亩，调剂资金超1800亿元，成为我国新的历史阶段支持贫困地区脱贫攻坚的重要手段[8]。中共中央、国务院于2017年印发的《关于加强耕地保护和改进占补平衡的意见》立足我国基本国情以及经济发展新常态的要求，针对耕地保护提出了推进数量、质量、生态"三位一体"的保护政策。同时，《中共中央国务院关于实施乡村振兴战略的意见》指出，我国农村基础设施建设和民生领域发展历史欠账多，农村人居环境和生态问题凸显，农业生产、农村建设、农民生活等面临着一系列新的社会经济状况。因此，新的发展阶段深入探索和明晰乡村振兴背景下农村土地整治的内涵与发展、整治内容、衍生的效益等问题，对有效推进乡村振兴、深度解决"三农"问题具有重要意义。

一、农村土地整治的内涵演进

土地整治是一个综合性的概念，我国现代意义上的土地整治起步比较晚，但是发展速度很快。综合现有学界的研究和土地整治实践的认识，其内涵较为丰富。土地整治是指在一定区域内，依据土地利用总体规划或城市规划、土地整治规划所确定的目标和用途，采取行政、经济、法律等技术手段，借助一系列工程、生物等措施，对田、水、路、林、村进行综合整治和调整改造，对利用不合理及闲置、分散、利用不充分的农村建设用地进行开发，以提高土地利用率和产出率，改善生产、生活条件和生态环境的过程。从广义的角度，土地整治包括土地整理、土地复垦、土地开发，具体涵盖农用地整治、农村建设用地整治、城镇工矿用地整治、土地复垦、未利用土地的开发，是当前提高土地节约集约利用水平、盘活存量土地、提高土地质量、实现耕地占补平衡和优化土地利用结构布局的重要技术手段[9-10]。

从现代意义上的土地整治来看，我国农村土地整治的发展大致经历了以下几个发展阶段：一是单一目标的农村土地整治初期阶段，农村土地整治以扩大农用地主要是耕地面积为目的，核心在于保护耕地、保障粮食安全而采取的工程技术措施；二是农村土地综合整治阶段，主要目标上兼顾耕地面积增加和整治区耕地质量改善，采取进一步完善区域农业生产基础设施并实施中低产田的改造等措施，从而实现提升区域粮食产量的目的；三是融入生态要素和景观要素的土地整治阶段，即生态型土地整治，实施中，为解决区域土地开发利用中出现的生态环境退化、生物多样性被破坏、景观单一化等问题，采取构建区域生态景观格局、生态环境检核和生态修复等工程措施；四是以农村土地整治推进新农村建设发展的阶段，通过农村土地整治活动改善区域农村人居环境、改善基础设施条件和村容村貌，公众积极参与，推进区域持续进步。此外，新的时期，乡村振兴背景下，2020年中央一号文件明确提出"破解乡村发展难题，开展乡村全域土地综合整治试点"，农村土地整治进入全域土地综合整治阶段，其内涵上进一步发展和完善。农村土地整治在整治目标上的变化发展历程，也是农村土地整治概念、内涵及整治模式日渐丰富和深化的过程，其发展随着社会经济发展而不断修正和丰富。

就现代意义的土地整治而言，我国起步较国外晚，在国家发展的不同阶段，因为对土地需求的改变而使土地整治的内容和重点不断拓展和更新，开展了一系列土地整治的研究和实践，取得了丰富的理论和实践成果。目前，土地整治已经由自然性工程转变为综合性社会工程，并逐步上升为国家层面的战略部署，对国家粮食安全战略、社会主义新农村建设战略、城乡统筹发展战略和节约优先战略起到了重要的支撑作用。近年来，伴随农村土地整治的理论研究和试点示范工程，如贵州省"全域土地综合整治+"试点工程、云南凤庆县万亩土地综合整治项目、重庆涪陵区大顺乡全域土地综合整治试点项目及四川省等西部山区系列农村土地综合整治试点工程、浙江省"千村示范、万村整治"等工程的发展推进，在农村土地整治的发展战略、多功能土地整治、土地资源的优化配置、土地整治战略导向及其与乡村发展转型的关系[11-15]等方面产生了很多理论和实践成果，土地整治的内涵与功能日趋丰富。

当前，我国经济社会正处于转型发展和推进实施乡村振兴战略的新阶段，社会主要矛盾发生了转变，围绕推进和解决新时期的主要矛盾，农村土地整治的内涵、目标、模式和功能等也需要拓展和创新。

二、农村土地整治的衍生效益

农村土地整治衍生的效益主要是指农村土地整治项目实施以后对整治区域经济、社会、生态等多方面产生的影响，即经济效益、社会效益、生态效益等。农村土地整治的经济效益是土地整治效益的核心内容，一般表现为整治后区域土地生产能力的提升、村民收入的增长、对生活的改善。农村土地整治的社会效益是整治项目实施后促进整治区"三农"等问题的解决，推进新农村建设、乡村振兴战略实施，促进区域和谐发展与可持续发展，这是农村土地整治的首要目的。农村土地整治的生态效益是指土地整治工程的实施对绿色、低碳、循环发展理念的贯彻，对区域自然环境的保护及与经济、社会发展保持平衡的状态，这是农村土地整治的基础和前提。

（一）经济效益

农村土地整治的经济效益是指在土地整治项目实施中通过投入一定量的资

金、劳动力、技术和物资等,改善整治区域土地利用的条件,增加耕地数量、提高耕地质量,进而提高整治区域土地的产能,并实现整治区域总体收益的增加和农民收入的增长。农村土地整治的主要目的就是通过生产要素的投入对区域土地进行改造,通过土地资源数量、质量的改变实现区域土地价值的提升,进而产生一定的经济效益,最终促进土地整治区域的经济发展。农村土地整治常会对整治区域的土地进行重组,使分散的土地变得集中,便于规模化经营和土地流转,还通过整治增加了区域灌溉设施、农村道路等农业基础设施,改善了生产条件推进区域农业产业化发展。

农村土地整治经济效益的产生源自如下因素:一是项目区农用地经过整理,地块更为平坦规整,地块相对更为集中连片,有助于规模化利用,更易于土地流转,产生土地利用的规模经济效益,增加项目区农民的经济收入。二是项目区农村建设用地经过复垦,将村域内一定数量闲置、低效和荒废的农村建设用地复垦为耕地,从而腾出建设用地指标用于解决城镇化发展中建设用地指标紧张短缺的问题,通过异地之间的指标周转获得整治区域建设发展资金,推进区域基础设施建设的发展,增加农民的收入。三是项目区基础设施经过整治得到较大改善,使项目区农村道路、灌排渠系增加,从而使生产条件得以改善,既提高了农民生产的积极性,又降低了农业生产成本,单位面积上增加了农作物产量,促进了整治区域村集体和农民收入的增长。据统计,我国"十二五"期间,因土地整治建成4.03亿亩高标准农田,实现补充耕地2767万亩,平均提高耕地质量1个等级,粮食单产提高10%~20%,共计新增粮食373.68亿公斤[16]。全国通过农村土地整治对农村投资1100亿元,为当地农民增加了大量的劳动就业岗位,受惠农民超过1亿人,土地整治项目农民人均年收入提高900多元[17]。同时,因农民收入增加带动了消费,拉动了内需,增加了农村的宜居性,推进了区域的城乡一体化发展。

(二)社会效益

农村土地整治的社会效益是指通过土地整治项目的实施对当地社会环境产生的一系列影响,通过土地整治项目的实施增加土地整治区域农村居民的就业机会,一定程度上推进了区域土地资源的优化配置,增加了单位土地面积农产品的产量和农产品的附加值,改善了农村人居环境,丰富了整治区域农民的生活,带动了整治区域居民消费的能力的提升,有效地促进了农村经济的良性发展。农村土地整治实施的主体是人，整治对象是土地，是一项调整区域人地关系的活动，社会性明显，通过建立新型的人地关系，促使人与自然、人与社会协调发展，保障整治区域农民的合法权益，提升农民耕种土地的积极性，拓展了农民的收入渠道，带动村域经济社会的发展。通过对农村闲置废弃建设用地的整理复垦，增加了耕地面积，为区域城镇发展提供了用地指标，一定程度上弥补了城镇建设的用地缺口，促进了城镇建设和产业发展，其社会性效益明显。

农村土地整治实施的社会效益主要有如下内容：一是通过整治区域农村土地权属的调整，明晰土地权属界线，减少农村村民之间土地利用的纠纷；二是通过土地整治增加一定数量和质量的耕地面积，腾出一部分农村建设用地，可以有效地减缓城镇、工业建设对耕地的占用，提高粮食产量，缓解人地矛盾紧张的问题，有助于区域可持续发展；三是通过土地整治，对闲置、废弃农村居民点宅基地进行复垦，对危旧宅基地进行修复和改建，优化土地利用布局和结构，改变农村人居环境脏、乱、差的状况，维护农村居民的安全稳定，提高农民的生活质量[18-19]；四是通过土地整治改善区域农村生产道路、灌溉排水设施，加强农机使用、农业生产技术使用等技术的推广，推进农村土地流转和产业化发展，提高农民就业的机会，增加了整治区域整体的社会效益。

（三）生态效益

农村土地整治的生态效益是指通过整治项目的实施对整治区域植被、土壤及生物等要素产生的有利或不利的影响，生态环境的保护和不受到破坏是农村土地整治的基本前提，将生态效益作为农村土地整治实施的约束，目的是求得整治区域生态系统的进一步优化，在经济效益和环境保护之间确保一个最佳的状态[20]。土地整治项目区开展植树造林、疏浚河道、完善水利设施等工程措施能够较好地提高森林植被的覆盖率、提高区域防洪抗旱能力、减少水土流失，提升生态环境质量，彰显农村土地整治的生态效益。

农村土地整治活动对农村地区的自然和生态系统产生了多方面的影响，工程实施应尽可能对整治对象区域生态环境产生积极影响。农村土地整治生态效益的主要内容：一是土地整治区域营造农田防护林的建设可以适度减小风力对农作物的危害，一定程度地涵养土壤水分，调节区域农田小气候。二是通过农村土地的标准化整治，区域用地路相连、田成方、树成行，较好地提升区域的景观价值和环保价值。三是通过对整治区域废弃土地的整理、散放垃圾的清理、灌排设施的兴建，减少水土流失，改善农田小气候，美化农村人居环境，建设美丽新农村。实践表明，农村土地整治实施中，因为施工不当，破坏了区域土壤层结构、减少了生物多样性，甚至以区域植被的破坏换取耕地数量的增加，这都是对生态环境带来的负面效应。"十二五"期间，我国通过土地整治治理水土流失面积413万亩，实施矿山土地复垦和生态环境修复，土地复垦率提升12.5%，种植农田生态防护林1.1亿株，建成农村土地整治区域田间道路886.8万千米，修建灌排沟渠867.4万千米[20-21]。

三、农村土地整治的减贫效应

土地资源是我国农村地区最基本的生存要素、生活要素和生产要素[22]，也是贫困地区、贫困农户最为珍贵的资源、资产和资本[23]。农村土地整治的减贫效应与功能在中国"十二五""十三五"期间大力推进农村扶贫工作、推进精准脱贫工作中体现得十分充分，农村土地整治一直承载着平台和抓手的重要功能。2011年12月，中共中央、国务院印发《中国农村扶贫开发纲要（2011—2020年）》，其中专项扶贫方式有易地扶贫搬迁、整村推进、产业扶贫等形式，在政策保障上，针对土地使用，提出"加大土地整治力度，在项目安排上，向有条件的重点县倾斜"，将农村土地整治与扶贫工作联系了起来。2013年11月，习近平总书记在湖南湘西考察时提出了"精准扶贫"的重要思想。2015年6月，习近平总书记到贵州省提出，扶贫开发"贵在精准，重在精准，成败之举在于精准"，精准扶贫因此成了各界热议的关键词。各级政府开始加快以土地整治为抓手推进国土资源行业扶贫的进程，学界开始针对土地整治助推精准扶贫的系列研究，并采取不同的方法产生了很多的经验总结、实施路径等成果，而成效评价等理论性成果还不够。

（一）农村土地整治的减贫属性

1. 农村土地整治对整治区域农户的扶贫、脱贫的效果突出，通过改善土地整治区域贫困居民的生产生活条件，降低产生贫困的因素，从而实现减贫的基本目标。

统计数据表明，我国在"十二五"期间，全国贫困地区共计安排专项土地整治项目5200多个，合计实施整治规模6100多万亩，国家投入土地整治专项资金940多亿元[24]，对贫困地区村容村貌、人居环境、农民收入都带来极大的改善和提升，减贫效应明显。实践表明，我国的精准扶贫在实施过程中，各地高度重视发挥土地资源的基础性作用，重视发挥土地要素在扶贫、脱贫、精准扶贫中对贫困农户的基础性生存资源和生产生活保障的关键作用，从国家层面和各级政府层面高度认可和肯定农村土地整治对农村扶贫、脱贫的重要性。例如，自然资源部继续将贫困地区尤其是国家级贫困县纳入土地整治的重点区域予以倾斜性安排，持续开展和推进土地整治专项扶贫工作。农村土地整治在我国扶贫、脱贫工作推进实施中，通过对贫困地区安排实施农村土地整治项目，提升和改善贫困地区的资源禀赋条件，既增加了规模可观的耕地面积，又较大地提升了整治区域的耕地质量，从而有效地增加了贫困地区的粮食产量，盘活了区域土地资源。

2. 农村土地整治的减贫效应具有多元的属性，从提升农户的收入、改善人居环境、增强农户的内生发展能力等多重角度实现对农户的减贫。

我国各地自然条件和经济社会条件差异很大，农村农户的贫困原因很多，如农村发展的内生动力不足、农村生产生活条件恶化、农村道路灌排渠道等基础设施建设滞后、农民缺乏就业机会、农村生态环境脆弱等诸多方面。而农村土地整治能够实现的减贫途径也很多。就国家的农村土地整治政策架构和整治项目实施落实情况看减贫效应：如我国于2004年10月出台的《国务院关于深化改革严格土地管理的决定》（国发〔2004〕28号）针对加强土地利用总体规划、城市总体规划、村庄和集镇规划的实施管理，提出了"鼓励农村建设用地整理，城镇建设用地增加要与农村建设用地减少相挂钩"的要求。2008年6月，原国土资源部印发《城关乡建设用地增减挂钩试点管理办法》（国土资发〔2008〕138号）的通知，对增减挂钩内涵、原则、实施办法、条件及管理等予以阐释。城乡建设用地增减挂钩政策的实施推行为农村地区发展资金的筹措提供了良好的政策支撑，通过增减挂钩项目的实施，将农村尤其是贫困地区的建设用地指标转移到相对发达区域，实现指标在区域之间的流动，为贫困区域赢得了发展资金，用于改善农民住房、公共设施条件和提升农村景观。以贵州省为例，黔东南州丹寨县同安顺市经济开发区签约城乡建设用地增减挂钩节余指标流转，交易指标144亩，单价每亩25万元，共计获取资金收益288万元，有效释放了丹寨县的土地活力，解决了当地农村"钱从哪里来"的问题；又如2018年，榕江县获得省自然资源厅下达的增减挂钩跨省调剂指标844.62亩，获得省财政厅支出预算资金5912.34万元；再如余庆县目前已经实施增减挂钩项目12个，共计面积8150亩，惠及人口43225人，产生结余指标周转交易2400亩，交易金额4.8亿元，同时将其生产指标3000亩用于工业园区及商业建设用地出让，收益合计6.0亿元，三年时间实施的增减挂钩项目获得的收益就达到10.8亿元；此外，赤水市从2010年开始，组织实施增减挂钩项目11次，复垦农村闲置、废弃宅基地等建设用地4458.26亩，获得收益农民25495人，实现指标周转4257亩，落实新区面积2350亩，促进了区域耕地的保护和生态环境的改善，极大地推进了贵州赤水市美丽乡村建设，良好地彰显了城乡建设用地增减挂钩项目的经济、社会、生态等综合效益[25]。

同时，农村土地整治项目实施过程中，对区域内的农村道路、农田水利设施等基础设施进行建设，对区域人居环境的改造完善，向贫困地区输入公共产品，向贫困农户提供均等化的公共服务，都能够有效地减缓区域的贫困问题。土地整治项目还为当地居民创造了一定数量的就业岗位，吸引当地农户积极参与农村土地整治的工程建设，他们能够通过参与建设获得一定量的劳务报酬，这增加了区域农户家庭的收入。在参与工程建设的过程中，农民通过知识技能的学习，也一定程度上提升了农民的技术技能，增强了贫困农户自我发展的能力。

（二）农村土地整治实现农户减贫的作用机理

新时期，我国农村土地整治的减贫属性和减贫效应日趋凸显，通过农村土地整治如低效农用地整理、农村闲置废弃建设用地整理复垦、宜农未利用土地开发、被破坏或被损毁生态环境修复等多种整治实践方式，让整治区域农民受益、农村发展、农业增收、环境改善、动能提升，多途径宽领域实现对贫困农民的扶持，农村土地整治是当前我国缓解贫困增加收入的重要措施，实施多年减贫成效显著。

不同的农村土地整治类型其实现的整治目标不同，对应解决贫困地区农民致贫不同的因素和现实困境。农村土地整治对农户减贫的作用机理（图1所示）探讨，着重从不同的农村土地整治活动增加农村收入和改善农民内生发展能力展开分析。

1. 农村土地整治活动通过有效增加农民收入实现减贫目标

通过农村土地整治活动增加农民的收入，主要源自被整治的土地本身、土

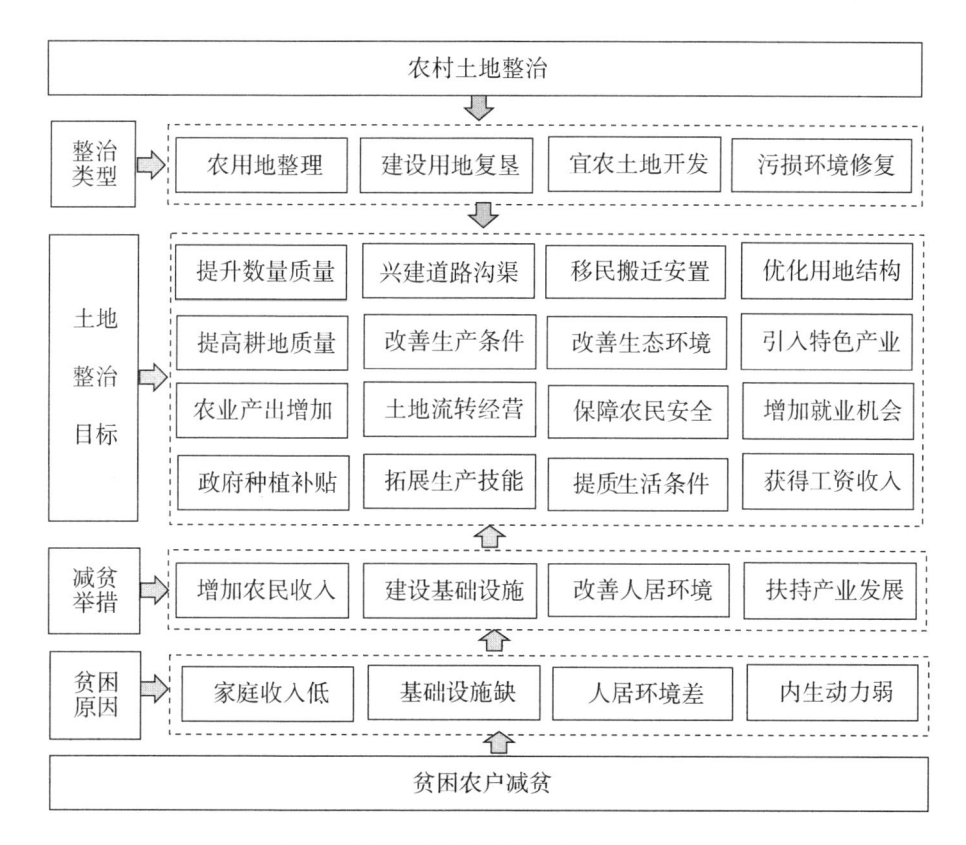

第二章　农村土地整治与乡村振兴的内涵与外延

```
                        农村土地整治
                             ↓
整治  →  农用地整理  建设用地复垦  宜农土地开发  污损环境修复
类型
                             ↓
土地      提升数量质量  兴建道路沟渠  移民搬迁安置  优化用地结构
整治  →  提高耕地质量  改善生产条件  改善生态环境  引入特色产业
目标      农业产出增加  土地流转经营  保障农民安全  增加就业机会
          政府种植补贴  拓展生产技能  提质生活条件  获得工资收入
                             ↑
减贫  →  增加农民收入  建设基础设施  改善人居环境  扶持产业发展
举措
                             ↑
贫困  →  家庭收入低    基础设施缺    人居环境差    内生动力弱
原因
                             ↑
                        贫困农户减贫
```

图1　农村土地整治对贫困户减贫机理图

地整治工程实施以及国家的政策支持。就被整治的区域土地本身而言：一是耕地面积增加；二是耕地质量提高引起粮食产量增加而使农民收入增加。农村土地整治区域耕地面积的增加，主要是由于农用地整理中实施对平整工程将小块分散的土地合并成大块地，减小了一定数量的田埂而增加了耕地数量，同时，通过对废弃沟渠、道路等的整理，通过对闲置废弃农村宅基地、院坝等进行复垦以及整治区域内的部分宜农土地施以开发活动，使整治区域内耕地数量增加。整治区域实施坡改梯工程、平整工程，降低地面坡度、提高保水保土能力，增加灌排设施提升了农耕活动的水源保障，修建农用道路方便农业生产等，可以有效提升耕地的质量。从农村土地整治工程本身看：农村土地整治中，工程施工、完成之后，项目区域的管理活动等都需要当地农村劳动力的大量参与，土地整治中的坡改梯工程、废弃沟渠整理、废弃道路整理、工程材料搬运与守护等都需要并优先使用当地村民，其间按照村民付出的劳动数量和强度发放劳务工资从而增加了村民的就业和务工工资收入。另外土地整治工程结束之后的项目区的后期管护，可以并优先安排村民尤其是贫困村民承担工作，获得相对稳定的劳务工资收入。在条件适宜的地方，因为农村土地整治后土地适宜规模化集中经营，村民可以将土地交给种粮大户或农业公司经营，流转土地后一方面获得经营收入，另一方面产生的剩余劳动力可以外出务工获得务工收入。从国家政策支持角度看：农村土地整治后、农村土地流转后可以获得流转土地的租金或者产业化发展的分红收入，农民还可以将自己的宅基地使用权予以出租获得租金收入，从而增加土地整治区域贫困户的财政性收入。此外，因为区域开展农村土地整治活动，导致村域耕地数量增多，农民特别是贫困户因为种植的耕地数量增多，还可以根据政府的支农政策获得相应数量的种植补贴，这增加了农户家庭的收入来源。

2. 农村土地整治活动通过提升农民发展能力实现减贫目标

农村土地整治对贫困农户的发展能力提升可以简单地从农户的生产、生活及发展等方面予以阐释说明。

首先，农村土地整治对贫困农民生活能力的提升主要在于通过整治增加了耕地数量、提高了耕地质量、增加了农民的粮食总产量，在较大程度上保障了农民基本的吃饭问题，通过对污染土壤及水源的修复治理、实施饮用水管道设施的安置建设，确保了贫困区域贫困农户饮用水的便利安全。相当一部分区域，在农用地整治活动中，对区域内的土坯房、茅草房等危旧房屋施以改造增加牢固性，为易地扶贫搬迁的农民提供基本的住房保障等，同时，通过对农村废弃、闲置的农民宅基地进行复垦等整治行动，交还给农民一定面积的住房或较好质量的耕地。采取上述措施，为农民解决了基本的生活和住房问题。通过土地整治中的农村道路的新建和原有道路的维修、田间生产道路的铺设等措施，方便了农民出行，方便了农民生产，增加了活动能力。

其次，农村土地整治对贫困农民生产能力的提升主要在于农业生产能力的提升，农村土地整治一方面增加了整治区域贫困农户的耕地占有数量、增加了贫困农民农作物产量；另一方面，因为整治区域耕地质量的提高、生产条件的改善，使单位耕地面积的生产能力提高而增加了农作物的产出。通过农村土地整治，贫困农户等全程参与土地整治工程建设和管理，对当地的土壤质地、土壤厚度、耕作条件、农地灌排等有了更深的认识和了解，便于以后更好地开展农业生产。如果条件适宜，农户对整治后的农地能进行有效流转，农民还可以成为农业公司的生产员工，便于学习和掌握更多的生产和管理技能。通过土地流转的方式，由流转企业统一组织生产、销售农产品，规模化的生产规避了小农模式的生产经营，在提高生产效能的同时，极大地减少了贫困农民农业生产经营的风险，得到了保障性的农地经营收入，降低了致贫因素的作用。

最后，农村土地整治对贫困农民发展能力的提升功效在于提升了农民自身发展的内生动力。一方面，农村土地整治可以在一定程度上增加贫困农民获得农业生产市场信息的途径，农村通信设施建设、公共交通设施对外连接度的提高以及农村建设发展中专业技术人员的增加等都会帮助整治区的农民获得更多的农业发展信息，促进农业生产。农村土地整治还给整治区域的农户特别是贫困农户提供了参加当地土地整治过程的机会，在过程中可以学习到国家关于土地整治的扶持政策，农业生产发展相关的国家政策如乡村振兴战略等，对农村土地整治项目的目标规划、生产道路的设计布局、灌溉排水沟渠的选线布设、整治工程的施工组织等知识、技能和国家举措的认知会进一步提高，增强了贫困农民的生存发展技术技能。

四、乡村振兴背景下农村土地整治的深刻内涵与延伸

自我国大规模实施土地整治以来，在国家经济的大力投入、社会不同主体的高度关注等多因素的共同驱动下，我国的农村土地整治的概念和内涵得到了不断的延伸和发展。农村土地整治演化过程中，从早期的增加耕地实现区域耕地占补平衡，到土地整治融入景观生态格局构建及生态环境保护，在内涵上日趋进步和发展，但是，农村土地整治一直未能纳入资源、环境、经济、社会协调发展的整体系统。而在乡村振兴背景下的全域土地综合整治是推进乡村发展、促进城乡融合和贯彻习近平生态文明思想的重要手段。

城市与乡村是一个生命共同体，两者相互依存、相互促进。乡村振兴的核心目的在于实现乡村与城镇互促互进，构建人口、土地等多种发展要素的耦合格局，实现乡村的全面复兴，在此背景下赋予农村土地整治激活人口、土地、产业等乡村发展关键要素，统筹物质空间振兴与精神内核提升，对接空间重构与乡村治理体系重构等新的内涵与功能[26]。而乡村振兴背景下的城乡融合发展的总体目标是缩小城乡发展差距与生活水平、实现城乡要素的自由流动及公共资源的合理配置等，这是实现城市与乡村共同繁荣和一体化发展的有效途径。特别关注城市与乡村双向融合互动和体制机制创新，重视城市与乡村的共建共享，推动形成城乡协调发展、共同繁荣、全面融合的新格局，推进实现农村现代化。因此，乡村振兴背景下的农村土地整治是包含田、水、路、林、村、湖、草、宅以及生产、生活、生态三大空间等内容的综合性土地整治，以改善农村生产、生活条件和农村人居环境为主要目标，着力促进农业规模经营、人口集中居住、产业集聚发展，推动实现城乡融合发展，实现城乡共同繁荣，缓解新时期面临的主要社会矛盾[27]。

新时期的农村土地整治是全域土地综合整治，是一个复杂的系统工程，遵循区域国土空间规划的指引，克服以前单一要素、单一手段的土地整治模式，强调土地整治协调、有序和动态发展实施，统筹推进农用地开发、低效建设用地整理和生态空间的修复，践行"绿水青山就是金山银山"的发展理念，助力推进乡村振兴战略。统筹考虑将全域空间纳入土地整治实施的空间范围作为全域土地整治的对象；全域土地整治的参与主体与受益主体包含政府机构、农村集体经济组织、区域农户和相关企业，土地整治参与主体具有广泛性，实现全部门参与；土地整治区域内的全部土地、资本、劳动力以及环境、社会、生物系统中的动植物、光热、大气等自然要素和经济社会要素都参与土地整治过程，实现全要素实施；同时，通过构建覆盖全面的调查、评价、规划、实施及监管机制，实现农村土地整治前、整治中、整治后的全周期实施管理，实现土地利用的长期良性循环。

新时期，乡村振兴发展背景下，以生态文明建设为约束，推进全域农村土地综合整治需要锚定实现城乡融合发展、农业农村现代化、生态文明建设的总体目标，依据乡村振兴20字方针总要求，对接"产业兴旺、生态宜居、乡风文明、治理有效、生活富裕"，优化农村生产、生活、生态等"三生"用地布局，推进区域农田集中连片，村庄集聚布局，调整、优化乡村土地利用格局和节约高效、生态宜居的土地利用空间结构。

第三节 农村土地整治与乡村振兴的关系

农业、农村、农民即"三农"问题是我国全面建成小康社会和现阶段经济社会高质量发展的短板,是新时期我国持续开展社会主义现代化建设和进一步提高国际竞争力必须逾越的一大难题。党的十九大指出,新时期我国社会的主要矛盾已经转向人民日益增长的美好生活需要和不平衡不充分的发展之间的矛盾,城乡发展不平衡、农村发展不充分是当前矛盾的焦点。深入解决存在多年的"三农"问题是我国实现中华民族伟大复兴和全面建成小康社会的重中之重。党的十九大提出的乡村振兴战略,是新时期缩小城乡发展差距、推进城乡融合发展、深度解决"三农"问题的国家战略,党中央和国家的各项工作、政策方针都将围绕解决社会发展的主要矛盾和破解"三农"问题而展开,坚持农业农村优先发展,持续推进农民增收,不断缩小城乡差距,举全国之力推进城乡发展的深度融合。近年来,我国实施工业化和城镇化优先发展的战略,造成了城乡要素流动的失衡,乡村要素大量流向城市,农村出现了要素非农化、乡村空心化,耕地保护压力变大,农村生态环境问题日益突出,人地矛盾日益尖锐的现象。农村土地整治通过采取工程措施和生物措施,开展对"田、水、路、林、村"的综合性治理,多年来为国家各项建设的用地需求提供了重要的用地保障,解决了发展建设中的土地资源不足问题,因而是实现土地资源合理利用的重要技术手段和措施,对盘活区域闲置、废弃和低效土地资源,提升土地节约集约利用水平,对区域城乡统筹发展、促进生态环境保护和建设起到了不可替代的作用。农村土地整治的功能与乡村振兴战略"产业兴旺、生态宜居、乡风文明、治理有效、生活富裕"的总要求高度契合,是推进区域城乡融合发展、美丽乡村建设和乡村振兴战略实施的重要抓手和平台。因而,农村土地整治和乡村振兴战略之间相互支撑、互相促进、共同发展。

一、乡村振兴战略与农村土地整治的耦合协调关系

新中国成立以来,我国就高度重视农村发展,关注农业、农村和农民问题,在国家历经的不同发展阶段,我国的农村因面临的社会主要矛盾和需要解决的发展困境不相一致,因而对农村土地整治提出的要求也随时代的需求而演进,相应地也形成了我国农村土地整治在不同历史阶段整治目标的发展更替。

如前所述,就现代意义上的土地整治发展,其整治目标随农村发展阶段的需求变化大致经历了三个阶段。第一个阶段,农村土地整治的主要目标是增加耕地数量,解决城市发展的用地问题。此期,国家集中力量发展工业和推进城镇化进程，增强国家的总体经济实力和国际竞争力，由于城市内部土地资源有限，部分企业在国家政策的推动下向城市郊区、农村地区转移，以减少生产成本。城镇化、工业化的推进使建设用地规模快速拓展，导致各地耕地被大量占用，耕地的占补平衡是建设发展中面临的重要制约因素，农村土地整治成为这个阶段缓解城市建设用地紧张的重要手段。第二个阶段，农村土地整治迈向综合发展阶段，主要目标聚焦于耕地数量增加与质量提高并重。由于工业、城镇发展的导向，农村地区道路、灌排等基础设施建设滞后，农村生态环境遭到了很大的破坏。因此，为了保证粮食安全，推进土地资源的可持续发展，农村土地整治甚为关注对农业生产条件的改善，重视农村生态环境的建设和保护等诸多方面。第三个阶段，农村土地整治紧密结合生态要素、新农村建设、乡村振兴战略的实施。此期，农村土地整治高度重视如何解决"三农"问题，破解经济社会发展的障碍，推进经济社会可持续发展，土地整治中，生产、生活、生态有机融合，围绕推进和解决新时期的主要矛盾，农村土地整治的内涵、目标、模式和功能等也需要拓展和创新。

因此，不同阶段农业农村的建设发展任务直接导致农村土地整治的主要目标随之调整和转变，土地整治在一定程度上支撑和促进了乡村的建设和发展。

二、乡村振兴战略与农村土地整治的互利互促关系

农村土地整治与乡村振兴战略之间是典型的互利互促关系。农村土地整治项目的合理安排和设计，有利于为区域乡村建设发展提供适时的耕地、建设用地指标、良好的农村生产生活环境、便利的道路与灌排等基础设施，并且能够有效地促进乡村振兴战略及项目的落实落地，促进区域经济社会的快速发展。因此，根据乡村振兴战略的实施需求，有针对性地开展农村土地整治，合理配置区域内的各发展要素，形成适宜区域特色的农村土地整治模式，有助于区域土地利用结构的进一步调整和优化、有助于乡村人居环境的有序改善，从而促进农村的发展，推进乡村振兴战略的落实。同时，在乡村振兴战略总目标的要求下，乡村振兴需要从产业、生态、文化、人才等多个领域切入，因而，农村土地整治相应地呈现出多元化的形式，多元化地对区域土地资源实施整治和开发利用，从而支撑乡村振兴的发展和推进。

参考文献

[1] 彭晓春. 深刻把握新时代我国发展新的历史方位 [EB/OL]. 中国共产党新闻网, 2017-11-23.

[2] 胡锦涛文选：第二卷 [M]. 北京：人民出版社, 2016.

[3] 中共中央党史和文献研究院. 习近平关于"三农"工作论述摘编 [M]. 北京：中央文献出版社, 2019.

[4] 中共中央 国务院关于实施乡村振兴战略的意见 [N]. 人民日报, 2018-2-5（01）.

[5] 丁庆龙, 叶艳妹. 乡村振兴背景下土地整治转型与全域土地综合整治路径探讨 [J]. 国土资源情报, 2020（04）.

[6] 吴次芳, 费罗成, 叶艳妹. 土地整治发展的理论视野、理性范式和战略路径 [J]. 经济地理, 2011, 31（10）.

[7] JIANG G H, ZHANG R J, MA W Q, et al. Cultivated Land Productivity Potential Improvement in Land Consolidation Schemes in Shenyang, China：Assessment and Policy Implications [J]. Land Use Policy, 2017, 68.

[8] 梁梦茵, 孔凡婕, 梁宜. "十三五"土地整治规划的回顾与反思 [J]. 中国土地, 2021（01）.

[9] 胡振琪. 土地整治学 [M]. 北京：中国农业出版社, 2017.

[10] 王万茂. 土地利用规划学 [M]. 北京：科学出版社, 2021.

[11] 严金明, 夏方舟, 马梅. 中国土地整治转型发展战略导向研究 [J]. 中国土地科学, 2016, 30（02）.

[12] 张绍良, 杨永均, 侯湖平, 等. 基于恢复力理论的"土地整治+生态"框架模型 [J]. 中国土地科学, 2018, 32（10）.

[13] 冯应斌, 杨庆媛. 转型期中国农村土地综合整治重点领域与基本方向 [J]. 农业工程学报, 2014, 30（01）.

[14] 吴诗嫚, 叶艳妹, 林耀奔. 德国、日本、中国台湾地区多功能土地整治的经验与启示 [J]. 华中农业大学学报（社会科学版）, 2019（03）.

[15] 孔雪松, 王静, 金志丰, 等. 面向乡村振兴的农村土地整治转型与创新思考 [J]. 中国土地科学, 2019, 33（05）.

[16] 张贵军,赵丽,张蓬涛,等.基于农用地分等的耕地资源安全评价及整治分区[J].农业工程学报,2017,33(16).

[17] 刘彦随.科学推进中国农村土地整治战略[J].中国土地科学,2011,25(04).

[18] 郑红玉,卓跃飞,吴次芳,等.基于减量化目标的农村宅基地整理分区及模式优选[J].农业工程学报,2017,33(12).

[19] 孟宪沛.土地整治综合效益研究[D].重庆:重庆理工大学,2022.

[20] 曹帅,金晓斌,韩博,等.从土地整治到国土综合整治:目标、框架与模式[J].土地经济研究,2018(02).

[21] 张冬妍,李江风,赵剑雄.基于PVW-Voronoi图的工矿废弃地复垦利用潜力评价——以湖北省县域为例[J].中国土地科学,2017,31(6).

[22] 钟文,钟昌标,马超.土地扶贫的减贫效应及实现路径分析——基于土地资源"三位一体"属性视角[J].农村经济,2018(11).

[23] 黄燕芬,夏方舟.土地精准扶贫路径探索——以全生命周期为视角[J].教学与研究,2017(11).

[24] 贺胜年,史志乐,王升.多维贫困视角下土地整治的减贫成效评价[J].农村经济,2019(04).

[25] 杨禹.城乡建设用地增减挂钩政策对民族地区乡村振兴的作用[J].贵州民族研究,2021,42(05).

[26] 龙花楼,张英男,屠爽爽.论土地整治与乡村振兴[J].地理学报,2018,73(10).

[27] 李晓华.农村土地整治助推城乡融合发展路径研究[J].安顺学院学报,2022,24(02).

第三章

农村土地整治的发展历程及重要作用

农村土地整治是一个较为综合的概念，经由早期的农村土地整理发展而来，内容丰富。农村土地整治是通过工程、生物等多种措施对农村土地资源的利用条件实施建设和改造，实现对整理区域农村土地资源的调整和优化配置，是世界上很多国家赖以解决经济社会发展中的土地利用问题的重要手段之一。在不同的年代和社会经济发展阶段、在不同的国家和地区，农村土地整治的内容和要求不尽相同，土地整治的形式也存在一定的差别。新时期的农村土地整治是涵盖了农村土地整理、农村建设用地复垦、农村未利用地开发、农村生态环境整治修复等一系列的内容，对增加整治区域农村耕地面积、提高土地质量、完善农村道路与灌溉排水条件、改善农村生产生活条件与人居环境、实现城镇建设与工业发展中的耕地占补平衡等方面都起到了至关重要的作用。新时期，农村土地整治是解决多年存在的农业、农村、农民问题的重要抓手和平台，对缩小城乡收入差距、实现城乡统筹发展和推进乡村振兴具有重要意义。时至今日，农村土地整治历经了较长的发展过程，学术界对农村土地整治开展了概念内涵、整治模式、工程设计、整治效益等多角度、多领域的研究，借助研究成果，也在国家和地区相关政策和规章的推动下，开展了丰富多样的实践并取得了程度不同的效果，现对国内外农村土地整治的发展历程及其在推进区域发展进程中的作用进行回顾和分析梳理。

第一节 国外农村土地整治的发展历程

国外农村土地整治的开展早于中国，其历史可以溯源至中世纪的欧洲，16世纪中叶至19世纪末期，农村土地整治在荷兰、俄罗斯等国相继开展，而德国则开始于 1250 年，是世界上最早开展土地整治的国家。尽管不同国家之间农村土地整治的侧重点、程序等有所差异，但其共同点在于都实施了土地利用空间布局和整治区域土地权属关系等的调整。

一、国外农村土地整治的阶段划分

梳理国外农村土地整治自其产生后的发展历程，可以依据土地整治发生的时间段、土地整治的主要目的、土地整治的形式等内容将国外农村土地整治发展划分为单一目标土地整治、服务建设需求土地整治和多目标融合土地整治三个主要阶段（表1所示）。

表 1 国外农村土地整治发展阶段及主要任务[1-3]

阶段划分	主要时段	主要实施形式	主要目的和任务
单一目标的农村土地整治	16世纪中叶至19世纪末	依规划实施地块归并、改善农业基础设施和生产条件、调整土地权属	抑制农地分散、破碎发展，促进土地集中和规模化经营，提升管理效率
服务建设需求的农村土地整治	20世纪初期至20世纪50年代	围绕城镇、工业发展和基础设施建设开展整治	顺应经济发展形势，为城镇、工业和基础设施建设提供用地需求，修复破坏土地
多目标融合的农村土地整治	20世纪60年代后	实施农地整治、基础设施建设、生态环境修复多元化整治	促进农民增收、推进城乡均衡发展、协调多元社会矛盾

第一阶段，单一目标的农村土地整治。本阶段是农村土地整治的起始阶段，历经的时间段在 16 世纪中叶至 19 世纪末期，也称简单农村土地整治阶段。农村土地整治的实施主要是制定整治规划，有组织有计划地将零星农地、分散地块整理归并成集中的较大地块，过程中适当调整农地权属关系，通过农村道路、灌排渠系的设计和兴建，改善农业的生产条件，提升农作物的生产量。通过土地整治，遏制和减缓因私有制土地制度和继承等原因造成的农村土地破碎化、分布散乱的利用现状，使农地集中，便于规模化经营，便于农业生产管理。

第二阶段，服务建设需求的农村土地整治。20 世纪初期到 20 世纪 50 年代左右，由于欧洲复兴计划的需求，西方发达国家工业化的发展和城镇规模的拓展，土地整治多数围绕工业、城镇发展中对基础设施建设等的需求，为城镇、工业、基础设施、住宅、商业等提供用地，对因各种建设而破坏的土地予以整治和修复。此期，农村土地整治服务于城镇、工业发展和基础设施建设的用地需求，同时，对生产建设中受到破坏的土地进行适当的修复。

第三阶段，多目标融合的农村土地整治。历经上一阶段的工业化和城镇发展，基础设施有所提升，在20世纪60年代之后，工业化和城镇化加速发展。在工业、城镇快速发展过程中，不少区域出现了环境污染和生态破坏等问题，经济、社会和生态保护之间出现了不同程度的不协调，由于国家发展的重心倾向城市，使得城乡之间差距逐步凸显，因此，此期的农村土地整治需解决的问题呈现多元化态势，实施形式主要是实施农地整治、基础设施建设、生态环境修复等多元化整治，农村土地整治向多目标融合、综合化发展。

二、国外土地整治的经验做法梳理

国外农村土地整治主要由政府组织实施，国家建构了较为完善的土地整治法规及政策体系，重视生态环境的保护，实施效果良好，其成功的经验和做法是我国农村土地整治的重要借鉴和参考。主要经验和做法有：

（一）具备较为完善的农村土地整治法规政策保障机制

发达国家农村土地整治的有效实施，在于其制定的完善的法规政策体系的支持。德国作为世界上最早实践土地整治的国家，制定并严格执行《土地管理法》，对土地整治项目的资金需求由联邦政府、州政府及市场其他主体按照一定的比例投入和进行效益分配，对一些如乡村水域治理等公共性工程的建设，政府投资一般超过75%，同时，通过制定相关的配套法规，如《法兰克福低产整理法》《联邦德国自然保护和景观保存法》，在国家层面构建对农村土地整治项目进行规模化管理的体系[4-5]，促进整治区域农村土地利用效率的提升，增加农村收入，缩减城乡差距，并制定了较为完善的农村治理制度体系，有力推动了土地整治的发展。

（二）由国家及各级政府投入农村土地整治资金

农村土地整治的实施需要良好的财政资金投入来保障，如欧洲发达国家英国依据《欧盟土地整治指导手册（2014—2020）》，构建了较为系统完备的土地整治财政投入机制保障农村土地整治的发展,针对乡村道路、农村土地测绘工程、生态景观建设项目、水域环境整治项目等公共性建设工程,分由各级政府承担80%以上的工程资金投入,如果是公私兼具的土地整治项目,则规定按照主体受益的比例承担工程投入资金,如农村土地改良类土地整治项目,由于受益的主体是农民,因此,农民个人需投入约30%的工程资金[6]。其政府资金投入等系统性的政策措施,保障了农村土地整治项目的资金来源,促进项目能够落地实施,同时,整治中,政府高度关注农村土地质量的提高以及生态环境的保护和改善。

（三）农村土地整治是区域农业农村发展的重要推动力量

国外农村土地整治,注重对分散细碎的农地整治建设成成片土地,并已实现规模化和现代生产机械化的耕作需求。例如德国,其初始目的在于将分散、破碎的地块进行整治合并,形成集中土地区域,通过田间道路灌溉排水系统等的修建改善整治区域农业、林业等生产条件,适应机械化生产的需求;耕地数量的增加、生产条件的改善、集中规模经营的实现,使区域农业、农村产出提高,推动了整治区域农村、农业的发展。又如,英国为了促进耕地集中便于机械化耕作,对于有意参与集中耕作的农户由政府补贴整治工程资金,并以合同的形式,约定统一建设灌溉系统等基础设施,推进农业生产的现代化转型发展,对于闲置、撂荒土地,选择比较好的土地银行等组织进行规模化改造,然后出租,从而提升农业用地的开发利用效率。

（四）农村土地整治重视生态环境保护

治理农村土地污染、实施乡村景观建设、改善农村生态环境是国外农村土地整治十分重视的内容。如世界上农村土地整治开展较早的国家荷兰坚决克服曾经的"先污染后治理"的老路,推行实施土壤修复工程,是欧洲地区率先开展土壤污染治理的国家。其主要的举措是完善法规政策等体制机制,出台《土壤修复暂行法》《土壤保护法》等法律,分类别制定土壤修复标准,各级省市政府与环境部等主体协同制定规范土壤治理的行政规章、防治土壤污染。又如日本,视水域生态系统的修复治理为农村土地整治工作的重要内容,通过制定规划和生物资源开发管制要求,尽量避免经济社会发展和工程建设等对区域海洋生态系统的破坏和影响[7]。荷兰还以欧盟在土地整治方面绿色发展的要求为约束,以有效保护耕地为前提,在适宜的区域划定自然保护区,旨在维护区域生物、生态系统的多样性，保护区域自然环境。通过建设乡村景观，与文化特色相融合，推进自然生态、经济、文化的协调统一[8]。

（五）农村土地整治实施过程中公众积极参与

广泛吸纳公众的意见，制定措施让公众全程参与到农村土地整治项目，是国外土地整治的一大特色，这确保了农村土地整治项目科学的规划设计，也推进了项目的顺利实施。德国、荷兰等国家都高度重视农村土地整治项目的公众参与性。荷兰在农村土地整治活动中，以明确的规章保障了公众参与的途径和方式，如在农村土地整治项目中，规定要经过3年以上的施工准备工作，尽可能多地征求实施整治区域内居民的意见，对具有共同性的问题和意见及时修改并在方案中完善，将此阶段的工作作为项目审批的一个重要依据。另外，荷兰市场经济发达，政府还明确了农民对土地整治项目的选择权，由整治区域内的农民根据当地生产发展需求和市场状况，提出实施的农村土地整治项目申请，并由多主体构成的管理委员会协同推进土地整治，项目的投资主要由政府承担，区域内的农民承担的比例低于30%[9-10]，从而提高了区域内的农民参与和实施农村土地整治项目的积极性，获得了良好的实施效果。

（六）土地整治实施有助于促进城乡协调发展

国外农村土地整治还重视农业、工业、城镇发展之间的结合，提升农业生产的附加值，增加农业收入，逐步缩小城乡收入差距。例如土地整治的先驱德国，力主推行工业反哺农业的发展政策，目标瞄向提升农业产品的附加值，实施中，通过对乡村土地的综合性开发利用、建设国际较为先进的农业产业示范园区，对农业成品实施深加工，还针对与农业全区规划布局配套的基础设施工程，建设打造农业高质量发展的中心镇区，目的在于促进区域农村生态宜居、生产集聚和交通方便，通过一系列政策促进政府管理部门、农业企业等进驻打造的高质量农业园区，为农业生产予以技术和方法指导，提供多方面的配套政策服务，促进整治区域内农民经济收入增长、生态环境改善，进一步缩减城乡之间的收入差距，推动区域城乡统筹、协同发展。

（七）土地整治实施过程中注重权属的调整和管理

欧洲、美洲等国家，土地制度为私有制，加上土地作为一种资产可以继承，因此，土地权属状况表现甚为复杂。通过农村土地整治项目的实施，将现状分散、零星、破碎的农村土地通过地块合并等方式集中成片和规模化发展，这必然打破农户的土地利用权属。如德国在农村土地整治实施过程中，十分重视公众的参与并提供法律保障，在其《土地整理法》第44条中明确指出，土地整治地块可以经过具有所有权的主体之间民主协商而实施，土地整理局给予优先政策支持，土地权属调整的规定贯穿明确土地整理区权属现状的项目立项阶段到权属调整前准备阶段、土地整理期间及土地整理后的土地变更登记阶段全过程[11-12]。又如日本，通过对分散土地的合并，由政府对耕地进行整治、改善生产条件，并依据《耕地整理法》的规定，对整理前后权属发生变化的土地进行交换、分割与合并处理，整治实施过程中，充分尊重土地所有者的意愿，由耕地整理合作组织实施耕地的整理[13]。

第二节 中国土地整治的发展

我国的农村土地整治缘起于殷周时期的井田制，距今3000多年，但现今意义上的农村土地整治形成于新中国成立之后，尤其是改革开放后才发展起来。

一、中国农村土地整治发展历程

我国的农村土地整治也是经由土地整理发展而来，早在公元前1066年的西周时代，井田制就是我国农村土地整治的雏形，后来陆续出现了屯田制、均田制等不同的土地整治实践活动形式，但早期的农村土地整治目标非常单一，就是为了便于农业耕作和管理。而现代意义上的农村土地整治应该从新中国成立初期开始算起，新中国成立后的70多年发展中，在不同的经济社会发展阶段，由于社会经济体制、经济发展水平、面临的社会主要矛盾各不相同，农村土地整治目标与任务、内容和形式都存在一定的差别[14]。

（一）农村土地整治发展的概况

新中国成立初期，农村土地整治重在开展土地权属关系的调整，采取"一平二调"的主要方式。在20世纪50年代，初期为实现耕者有其田，开展了土改运动，由基层政府按人头平均分配给农民所在地的农村集体土地；后期，由于开展了社会主义改造运动，将农民所拥有的土地又收归为集体，以生产队为单位予以统一耕种，农民失去自家耕种的土地。到20世纪60年代，土地整治活动处于停滞状态。20世纪70年代，各地开始实施农村土地平整工程、归并小田块、建设基本农田、兴建农田排灌渠系和生产便道；十一届三中全会后，国家推进新一轮土地改革，实行了改变中国农民生活现状的家庭联产承包责任制，调整农村集体土地的产权，将其使用权承包给农户；改革开放以后，我国的社会经济快速发展，城镇化、工业化有序推进，在发展过程中，由于耕地被较多的占用，使全国各地耕地面积快速减少，建设占用耕地的占补平衡问题成了工业、城镇等发展的制约条件，于是，农村土地整治在此阶段承担了为城镇建设、工业发展、基础设施建设等提供补充建设占用耕地来源的功能，同时，各地农村土地整治还高度重视改善生产条件、提高耕地质量和保护生态环境。20世纪90年代后，由于国土资源部的成立，农村土地整治内容、整治重点、承担的任务等又发生了一系列变化[15-17]。

我国台湾地区土地整治又名土地重划，其对象包含城镇用地、农村建设用地和农用地等。1979年，台湾地区先后颁布了《市地重划实施方法》和《农地重划条例》，严格地规范地区的土地整治实践，其中的农地重划是专门针对农村土地整治实践的规范，主要任务是规整地块、改变并减少田坎，增加农用地面积，注重完善基础设施[18-19]，创造条件推进农地的规模经营，提高农业生产的效率。在20世纪80年代前，台湾地区的农地整治着重针对耕地和种植用地的整治；1982年开始农地改革，将土地重划的内容拓展至社会环境、耕地、种植用地并重；2000年开始，农村土地整治开始向现代化农业方向发展，提高农产品的竞争能力和保持良好的生态环境成了农村土地整治的重点，开始关注生产、生活、生态之间的融合；2010年以来，农村土地整治开始多目标发展，主要目标涵盖农村建设用地整治、环境改善、农村基础设施建设、产业发展、文化建设等[20]。

（二）农村土地整治的阶段划分

从我国真正意义上的农村土地整治开始，将农村土地整治的发展历程依据其整治主要对象、整治主要目标等划分为实施起步阶段、探索发展阶段、借鉴提升阶段、全面推进阶段、绿色提质阶段、创新发展阶段（表2所示）。

表2 中国农村土地整治阶段、整治内容及目标[21-23]

土地整治阶段	历经时期	整治内容及对象	主要整治目标
实施起步阶段	1949—1977年	农田水利建设、高产稳产农田	改善整治区域农业用地水利设施条件，提高农业生产产量
探索发展阶段	1978—1987年	农地平整和基本农田建设	探索推广先进的灌溉技术和耕作措施，开展土地整治工程实践
借鉴提升阶段	1988—1997年	农用地整理	借鉴国外经验，探索耕地保护途径、改良土壤、提升地力
全面推进阶段	1998—2007年	农用地整理、农村建设用地复垦、基本农田建设等	增加耕地数量，提高耕地质量，建设基本农田，促进新农村建设
绿色提质阶段	2008—2018年	永久基本农田建设、城乡建设用地增减挂钩、绿色生态建设	推进土地整治数量、质量、生态三位一体发展，构建"山水林田湖草"生命共同体
创新发展阶段	2019—2022年	全域土地综合整治试点	推进全域土地综合整治，优化乡村生产、生活、生态空间布局，实现城乡融合发展

1. 实施起步阶段：主要时间段在1949—1977年。此期我国对农村土地整治进行了系列探索，重点整治内容是开展农田水利建设，后期还针对高产稳产的农田进行整理，主要整治目标是增加整治区域耕地面积、改善灌溉排水等水利基本设施条件，增强防洪御旱的能力，提高土地整治区域农业生产产量。农村土地整治处于自发开展状态。本阶段，新中国刚成立，遭遇江河堤防溃决，洪水泛滥成灾，本已薄弱的农业生产面临更严峻的困境，因此，加强水利设施建设，保障粮食增产成了当时的迫切需求。1950年，国家出台的《中央人民政府政务院关于一九五〇年水利春修工程的指示》指出，大力开展治理水灾行动，使当时的土地整治重点围绕治理、减缓水灾的农田水利建设进行，目标是保障粮食产量的提升。20世纪60年代，我国还开展了高产稳产农田的建设活动，旨在改善农田生产基本条件；1966—1976年的10年时间，我国农田水利建设基本处于停滞状态，农村土地整治也未得到发展。这一阶段中，我国的农

村土地整治工作主要内容聚焦于农田水利建设，重心在于保障农业生产，维持广大人民的基本生计，在此阶段因为理论指导的缺乏，工程技术水平的制约，我国农村土地整治尚处于实施起步阶段，总体水平比较低。

2. 探索发展阶段：主要时间段在 1978—1987 年。在探索发展阶段，农村土地整治的主要内容和对象是农用地平整与基本农田建设，核心目标在于探索推广先进技术和耕作措施，开展土地整治工程实践[24]。1982 年 1 月 1 日，中央转批《全国农村工作会议纪要》指出，"农业生产应和其他各部门一样，十分重视经济效益原则，强调发掘内涵性潜力"，"无论种植业、养殖业、农村工业副业，都必须强调提高单产，提高劳动生产率"，"实行精耕细作，集约经营，改造中产、低产田"，"大型水利建设，必须根据总体流域规划，按择优原则和基建程序进行"，"小型农田水利建设要继续积极量力进行，讲求实效"，"要总结推广先进的灌溉技术和耕作措施，切实做到科学用水、计划用水、节约用水"，"无灌溉条件或暂时无力兴修水利的旱地，要因地制宜，搞好旱作"。国家以中央一号文件的形式提出加强农田水利建设，提高农业单产和效益，彰显了农村土地整治的重要作用。1982 年，原国家计委研究部署全国政治战略，推动我国启动编制全国国土整治规划。1986 年，为加强全国土地的统一有序管理，国务院决定组建国家土地管理局，同年印发《关于加强土地管理、制止乱占耕地的通知》（中发〔1986〕7 号），首次明确了切实保护耕地是我国的基本国策。1987 年 1 月 1 日《中华人民共和国土地管理法》正式颁布实施，以法律形式明确了"国家实行占用耕地补偿制度"，实行"占多少，垦多少"的原则，"国家鼓励土地整理"，"地方各级人民政府应当采取措施，改造中、低产田，整治闲散地和废弃地"。

3. 借鉴提升阶段：主要时间段在 1988—1997 年。此阶段农村土地整治的主要对象和内容是农用地整理，主要的目标和任务是借鉴学习国外土地整治的先进技术，探索国内各地耕地保护的路径，加强土壤改良，不断提升农地的生产能力，建构我国土地整治的基本框架体系，我国农村土地整治进入法制化发展的新阶段。1988 年 11 月 8 日，国务院出台了《土地复垦规定》，1989 年 1 月 1 日起实施，是《土地管理法》的配套法规，具体规定了土地复垦的内涵、适用范围、基本原则、复垦要求、复垦标准及验收要求等内容；1997 年 5 月 18 日，中共中央、国务院以中发〔1997〕11 号文发布《关于进一步加强土地管理切实保护耕地的通知》，首次把土地整理的概念写入中央一号文件，指出

"积极推进土地整理,搞好土地建设"[25],并提出了工业、城镇建设占用的耕地与农村土地整治、开发、复垦等相挂钩的指导思想。其间,农村土地整治理论研究主要是界定概念和内涵、整治模式与内容探讨、初步探索整理规划编制技术。农村土地整治的对象主要是农用地整理,主要的整治目标是为我国快速发展的城镇化、工业化以及基础设施建设等提供用地需求,实现建设占用耕地的占补平衡,促进经济社会发展。1988年德国巴伐利亚州汉斯赛德尔基金会与山东何官镇南张楼村合作,开展实施中国第一个土地整理项目的试点,推进实现了城乡等值发展。

此期,国外土地整治快速发展,相关政策、规章等制度体系基本建成,农村土地整治有序推进,其完善的体制机制构建值得我国借鉴和学习。如德国建立了专门的土地整理机构负责土地整治工作开展实施;日本土地区划整理被视为城市规划之母;苏联通过70多年的土地整治实践,土地管理体系建构完成。另外俄罗斯等国的土地整治对我国农村土地整治的发展影响较大。国内通过借鉴、学习国外经验,结合我国自然地理和社会经济发展的现实国情,吸收、借鉴并用于我国农村土地整治实践,并逐步改进和提升[26-28]。

4. 全面推进阶段:主要时间段在1998—2007年。1998年3月10日,由地质矿产部、国家测绘局、国家海洋局、国家土地管理局共同组建国土资源部,拟定耕地保护和开发政策,组织基本农田保护,指导土地整理、土地复垦、土地开发,确保耕地面积只增不减等成了国土资源部的一项重要职责,使农村土地整治开始从无序、无稳定工程建设资金来源向由政府组织、由规范标准导向、有稳定资金投入支持转变。1999年1月1日,修订版的《中华人民共和国土地管理法》实施,指出"国家鼓励土地整理""地方各级人民政府应当采取措施,改造中、低产田,整治闲散地和废弃地""国家鼓励单位和个人按照土地利用总体规划,在保护和改善生态环境、防止水土流失和土地荒漠化的前提下,开发未利用的土地;适宜开发为农用地的,应当优先开发成农用地"。同时指出"国家依法实行国有土地有偿使用制度""建设单位使用国有土地,应当以出让等有偿使用方式取得""新增建设用地的土地有偿使用费,百分之三十上缴中央财政,百分之七十留给有关地方人民政府,都专项用于耕地开发"。国家从法律上为农村土地整治落实了稳定资金投入来源,进一步推进农村土地整治有序、有组织、有规划地发展[29]。根据2006年、2007年连续两年的中央一号文件的要求,国内开始探索农村农田水利设施建设与新农村建设紧密结合的具体路径。

本发展阶段，农村土地整治从理论上开展了土地整理模式、土地整治潜力和效益评价等内容研究，以农用地整理、农村建设用地复垦、基本农田建设等为主要内容，主要的目标任务是增加整治区域的耕地数量，改善农村道路、灌排渠系、地块平整等基础建设以提高耕地质量，开始关注农村土地的利用率和生产率等问题，开展了城乡建设用地增减挂钩实践，努力提高闲置废弃土地的节约集约利用水平，不断促进新农村建设和发展，是农村土地整治的全面推进时期。

5. 绿色提质阶段：主要时间段在2008—2018年。农村土地整治的对象和内容是开展永久基本农田建设、推进城乡建设用地挂钩和生态环境建设。2008年，珠江三角洲拓展了农村土地整治范围，探索开展了围绕"三旧"改造的城镇建设用地整治。2009年，国土资源部办公厅印发《市县乡级土地利用总体规划编制指导意见》（国土资厅发〔2009〕51号），提出"基本农田保护区内鼓励开展基本农田建设""土地整理资金应当优先投入基本农田保护区""基本农田保护区内非农建设用地和其他零星农用地应当优先整理、复垦或调整为基本农田"。2012年3月，国土资源部印发《关于开展工矿废弃地复垦利用试点工作的通知》（国土资发〔2012〕45号），明确了开启工矿废弃地复垦利用试点工作，对工矿废弃地复垦试点的主要工作任务、立项和时间安排、保障措施做了明确指示，主要目的在于贯彻落实节约优先、有效保护耕地、推进矿山环境的治理修复。2012年3月，国务院同意批复《全国土地整治规划（2011—2015年）》（国函〔2012〕23号），国土资源部于2012年3月27日以文号国土资发〔2012〕55号发布实施。2013年1月，习近平总书记在《中共中央关于全面深化改革若干重大问题的决定》中提出了"山水林田湖"生命共同体的治国理政方针，强调了对自然生态的高度重视，为推进我国绿色发展和建设美丽中国提供了行动指南；2017年1月，中共中央办公厅、国务院办公厅印发《关于加强耕地保护和改进占补平衡的意见》（中发〔2017〕4号），提出着力加强耕地数量、质量、生态"三位一体"保护，严格落实耕地占补平衡，落实藏粮于地、藏粮于技的发展战略，严格落实永久基本农田的划定和保护，大力实施土地整治、高标准基本农田建设、城乡建设用地增减挂钩和工矿废弃地复垦，拓展补充耕地途径。2018年4月，自然资源部成立，目的在于实现"山水林田湖草"整体性保护、系统性修复和开展综合性治理等目标。

这一阶段中，我国的工业化、城镇化快速推进，国家经济总体实力明显提升，农村土地整治坚持绿色生态发展理念，贯彻实践"绿水青山就是金山银山"的发展理论，在推进生态文明的总体发展背景下，持续推进和实现经济社会的高质量发展，农村土地整治工程成为新时期推进社会主义新农村建设、统筹城乡协调发展的重要平台和抓手。

6. 创新发展阶段：主要时间段在2019年以后到现在。此期，农村土地整治的重要内容和对象就是全域土地综合整治的试点，主要任务在于推进全域土地综合整治，优化乡村生产、生活、生态空间布局，实现城乡之间的融合发展。2019年12月，自然资源部印发《关于开展全域土地综合整治试点工作的通知》（自然资发〔2019〕194号），指出按照《乡村振兴战略规划（2018—2022年）》相关部署要求组织开展全域土地综合整治试点工作，"以乡镇为基本实施单元（整治区域可以是乡镇全部或部分村庄），整体推进农用地整理、建设用地整理和乡村生态保护修复，优化生产、生活、生态空间格局，促进耕地保护和土地集约节约利用，改善农村人居环境，助推乡村全面振兴。"

2020年1月2日，中央一号文件《中共中央国务院关于抓好"三农"领域重点工作确保如期实现全面小康的意见》指出"开展乡村全域综合整治试点，优化乡村生产、生活、生态空间布局""在符合国土空间规划前提下，通过村庄整治、土地整理等方式节余的农村集体建设用地优先用于发展乡村产业项目"，破解乡村发展用地难题，启动全域土地综合整治试点。2022年5月，中共中央办公厅、国务院办公厅印发《关于推进以县城为重要载体的城镇化建设的意见》，指出"以县域为基本单元推进城乡融合发展""推进巩固拓展脱贫攻坚成果同乡村振兴有效衔接""推动国家乡村振兴重点帮扶县增强巩固脱贫成果及内生发展能力""加强存量低效建设用地再开发，合理安排新增建设用地计划指标""推广节地型、紧凑式高效开发模式，规范建设用地二级市场""稳妥开发低丘缓坡地，合理确定开发用途、规模、布局和项目用地准入门槛"。

本阶段，由于国家层面上工业化发展、城镇化建设的速度开始减慢，巩固脱贫攻坚成果与乡村振兴的有效衔接、产业发展的转型升级是一段时间内经济社会发展的重要任务。推进区域土地资源的集约高效利用和发展模式创新、强化全域土地整治的示范引领，是农村土地整治在新时期的发展方向和使命，通过全域农村土地整治的深入发展，推进实现农村土地整治同多领域融合发展。

二、贵州省农村土地整治发展历程

贵州省农村土地整治发展的时间不长，从萌发农村土地整治开始到现在大约35年时间。参考李博等人的研究成果，可以将贵州的农村土地整治划分为三个主要时期，即1987年—1997年间的农村土地整治萌发起步时期、1998年—2007年间的大力推进时期、2008年以后的综合发展时期[30]（如表3所示）：

表3 贵州省农村土地整治发展阶段、整治内容与主要目标

土地整治阶段	历经时期	整治内容及对象	主要整治目标
萌发起步时期	1987—1997年	出台政策文件，明确整治内涵	贯彻国家政策，探索土地整理的实施途径
大力推进时期	1998—2007年	农用地整理	促进耕地数量增加和耕地质量的提升
综合发展时期	2008—2018年	基本农田建设、农村建设用地整治、生态环境建设	提高农业产量，缓解"三农"问题，统筹城乡发展

（一）农村土地整治萌发起步时期

国家发布和出台的土地整治相关的法律、规章和办法等催生了农村土地整治的萌发和起步。1987年12月贵州省第六届人大常委会通过《贵州省实施〈中华人民共和国土地管理法〉办法》，第一章第二条指出"各级人民政府必须维护土地的社会主义公有制，贯彻执行十分珍惜和合理利用土地的方针，全面规划，加强管理，切实保护耕地，整治、开发土地资源，制止乱占耕地和滥用土地的行为"，促进了贵州省农村土地整治的萌发。

1988年11月8日，国务院发布《土地复垦条例》，并于1989年1月1日正式试行，《土地复垦条例》是《土地管理法》实施的配套法规，对土地复垦的内涵、适用范围、原则及土地复垦项目的要求、实施标准、验收要求等予以明确的界定和规定。1997年5月18日，中共中央、国务院颁布《关于进一步加强土地管理切实保护耕地的通知》，指出"实行占用耕地与开发、复垦挂钩政策""积极推进土地整理，搞好土地建设""通过对田、水、路、林、村进行综合整治……提高耕地质量，增加有效耕地面积，改善农业生产条件和环

境"。相关法规、政策的出台,为贵州省实施和推进农村土地整治提供了政策依据。

(二)农村土地整治大力推进时期

贵州省发布和出台省域范围的土地管理、土地整治相关条例、规定、标准和验收办法,促进了贵州省农村土地整治的大力推进和全面发展。1998年后,贵州省的农村土地整治开始有序化发展:土地整治由政府组织、依据相关规范和标准实施整治项目、政府持续投入土地整治项目开展的资金。2001年1月1日,《贵州省实施〈中华人民共和国土地管理法〉办法》废止,《贵州省土地管理条例》开始实施,条例规定:"非农建设经批准占用耕地的,占用耕地的单位和个人负责开垦与所占耕地的数量和质量相当的耕地""县、乡、镇人民政府,应当按照土地利用总体规划、村镇规划及改善农业生产条件和生态环境的要求,组织农村集体经济组织制定土地整理方案,对田、水、路、林和农村村民住宅区及闲散地、废弃地进行土地整理""因挖损、塌陷、压占、堆放固体废弃物、临时使用土地等造成土地破坏,用地单位和个人应当按照'谁破坏,谁复垦'的原则复垦"。据此,贵州省农村土地整治工作的开展有了省域内的法律依据和保障。

2002年9月10日,废止《贵州省土地开发整理管理办法(试行)》,《贵州省土地开发整理管理规定》实施,明确和细化了土地开发整理规划,监督管理,项目管理,补充耕地指标转让、储备及资金来源,有力推进了省域农村土地整治。2005年11月后相继出台《贵州省土地开发整理项目工程标准(暂行)》《贵州省土地开发整理项目验收办法》《贵州省财政投资土地开发整理项目实施管理暂行办法》《关于加强和改进我省土地开发整理及耕地占补平衡工作意见的通知》,进一步规范和指导了贵州省农村土地整治工作的有序开展,农村土地开发整治工作的效果明显,促进了区域经济社会的进步和发展。

2001—2005年即"十五"期间,贵州省农村土地整治全面推进,以农村土地整理项目为主体,整理目标聚焦于耕地面积的增加及耕地质量的提升,全省共计实施土地开发整理项目1450个,涉及面积9.2万hm^2,较2000年底新增耕地2万hm^2,有效地保障了城镇建设、工业发展等过程中耕地的占补平衡,实现了农村的增产、增收,并支持了城镇、工业的发展。

(三)农村土地整治综合发展时期

通过系列标准、条例、办法、意见的制定和出台,贵州省农村土地整治步入法治化轨道,并与新农村建设紧密结合,使农村土地整治成为区域统筹城乡发展、解决"三农"问题的重要抓手和平台。

2008年10月,为贯彻落实《关于推荐确定"基本农田整理工程技术创新联系点"的通知》(国土整理发〔2007〕52号文),贵州省土地整理中心成立了国家基本农田整理技术创新联系点工作指导组,同年,将遵义县纳入贵州省首个基本农田整理技术创新联系点,推进基本农田整理技术创新发展。2009年11月19日,在国土资源部耕地保护司、国土资源部土地整理中心联合发布的《土地开发整理工程建设标准》编制指南的基础上,贵州省国土资源厅发布《关于印发〈贵州省土地开发整理工程建设标准〉(试行)的通知》(黔国土资〔2009〕139号),确定了农村土地整治项目的建设条件、工程类型和工程布局及专题研究项目。2011年3月1日,贵州省对整治条例正式实施,进一步规范了项目申报、审批、项目实施、资金管理、指标管理及法律问题。2011年4月13日,印发《贵州省城乡建设用地增减挂钩试点项目管理暂行办法》(黔国土资发〔2011〕44号),对增减挂钩类项目的规划与审批、实施与验收、周转指标管理等关键问题进行了明确。2014年,《贵州省土地整治项目管理办法》(黔国土资发〔2014〕35号),规范了土地整治项目申报、审批、实施和资金管理,从而使贵州省农村土地整治工作步入法治化进程。据统计,2012年贵州省共计完成1279个土地整治项目,实施面积42359hm^2,合计新增耕地28074hm^2,全部项目投资176289万元,储备了充足的后期省域经济社会建设耕地占补平衡指标。"十二五"期间,据不完全统计,全省实施的农村土地整治项目惠及22万农民,实现人均增产粮食200多千克,人均增加纯收入400多元[31],有效地推进了区域农村扶贫工作和"三农"问题的缓解。

2020年贵州省出台《贵州省土地管理法实施细则》。2021年11月,贵州省自然资源厅发布《贵州省全域土地综合整治试点工作指南(试行)》,对工作目标、流程、试点申报及审批、试点实施、试点验收、监测监管及评估等问题做了详细的规定。2022年7月,为推进省域高标准基本农田建设,贯彻落实自然资源部、财政部《关于加快编制和实施整治规划大力推进高标准基本农田建设的通知》,贵州省农业农村厅印发《贵州省2022年高标准基本农田建设行动方案》,预计2022年新建高产稳产的高标准基本农田260万亩、高效节水灌溉25万亩,并明确了重点任务、保障措施。贵州农村土地整治与新农村建设、高标准基本农田建设、城乡统筹发展、农村生态环境治理紧密结合,全域土地整治有序开展，农村土地整治逐步向多目标化、综合化方向发展，成为协调区域经济、社会、生态等问题的重要平台和抓手。

第三节　农村土地整治的主要形式及核心功能表现

现代意义上的农村土地整治内涵丰富，从整治对象到内容上涵盖了农用地整理、农村建设用地复垦、未利用土地开发、区域生态环境整治与修复等，从整治区域上划分应当属于全域性农村土地整治类型。农用地整理、农村建设用地复垦、未利用地开发、生态环境整治与修复，因为整治的对象和内容的差异，使其在农村建设、农业发展、生态文明建设、推进乡村振兴战略实施中表现出来的作用、功能侧重点不一样。乡村振兴战略推进和实施的核心要义在于建设和发展乡村，深度解决多年以来积淀的农业、农村、农民问题，即"三农"问题，对接新时代社会主要矛盾的转移，提升农业收入，增加农民就业，改善农村人居环境，进一步缩小农民与市民的收入差距，减小城乡之间发展的不平衡，推进城乡间要素的合理流动，实现城乡融合发展。本节为与本书的主题衔接，主要以农村土地整治的内容为依据，按照农用地、农村建设用地、生态环境三种形式阐述并分析其对相应核心功能实现的作用和影响，其中生态环境整治与修复包含水土流失、风沙地、盐碱地，生产污染、建设、灾害损毁、破坏的土地等整治修复、生态环境的保护诸多内容，故将未利用地开发及其功能纳入生态环境整治与修复中一并讨论。

一、开展农用地整理能有效促进耕地产能提升，增加农业收入

我国农业、农村发展中，特别是西南山区，农民收入增长缓慢，其中主要因素在于农村人口多、耕地少、耕地质量差、农地土层瘠薄、基础设施缺乏、地块零散，不少地方还处于"靠天收"的生产状况，农户分散经营，而农地规模化经营、土地流转等实现和推进的难度较大，生产效率低下，农业农村现代化生产发展极度缓慢。同时，农村交通不畅，信息闭塞，与城镇之间联系受阻，城乡之间要素流动障碍因素多，农村发展较慢，农民收入较低。

农用地整理是以乡村农用地为对象实施的综合性土地整治，通过实施分散破碎地块的整理合并、土地平整工程的实施、区域灌溉排水沟渠的维修和兴建、土层厚度的改良增加、农田道路的整治等主要农用地整治工程措施，实现对耕地产能的有效提升，增加农用地整治区域农民的家庭收入。第一，农用地整治通过归并零散细碎的田块、地块形成大块田地，促使整治区域田坎面积减少而有效利用的耕地面积增加，实现在现有生产力水平下的农作物主要是粮食产量的增加，一定程度上增加了农民家庭的经济收入，同时，整治后的地块规整，分布集中，便于实施农业规模生产经营和农村土地流转。第二，通过农用地整治土地平整如坡改梯工程等，适当降低了农田地块的坡度使其更加平缓，这有助于减少区域土地的水土流失——西南山地丘陵区效果更为明显——进而提高土壤保水保肥的能力；通过区域类土地平整、客土运移等工程措施增加了土层厚度，也在一定程度上改变了土壤的颗粒结构，提升了整治区域土地的生产能力。第三，结合农用地整治区域的农田用水供需平衡状况和水利设施现状，对废旧的灌溉排水设施进行必要的维修整治，适当新建增加整治区域的灌溉沟渠，保证项目区农田生产用水，保证农田排水畅通，解决农田生产季节缺水和积水的问题，促进耕地旱涝保收、质量提高、产量增加。第四，在农用地整治项目区实施农田道路工程，一是农田地块之间增加生产道路、维修生产道路，使其与田间道贯通，确保整个整治区域内农田耕作便利，方便生产实施；二是维修、新建田间道路，即能够通行农用机械、农用车辆的机耕道，并与农用地整治区域和外界联系的交通干道连通，实现整治区域乡村与乡村之间、乡村与城镇之间的畅通联系，破解我国农村尤其是西南山区农村区域交通闭塞、城乡之间生产要素流通受阻的发展瓶颈。因此，通过农用地整治增加了区域一定数量的耕地，提高了耕地的质量，还改善了整治区域的生产生活条件，更重要的是通过田间道路等基础设施的建设，加强了整治区域与村镇、城镇之间的联系，促进了农产品、劳动力、肥料、农机具等各种生产要素的自由流动，为整治区域和城镇之间的协调发展、统筹推进提供了更多的机会，是增加农民收入、推进农业农村现代化发展和转型升级、巩固新时期脱贫攻坚成果的重要抓手和平台。

二、推进农村建设用地复垦能有效促进城乡建设用地优化配置，转变农民生活方式

改革开放以来，伴随着家庭联产承包责任制的实施，工业化、城镇化的快速推进，农村剩余劳动力大量向城市输送和迁移，农村人口的逐渐减少以及农民生活条件的改善，农村宅基地、村域公共建设用地等逐步闲置、废弃和破坏，造成了乡村建设用地资源的极大浪费。与此同时，工业化、城镇化的快速发展，使城镇用地、工业用地变得日益紧张，如何将农村闲置废弃的建设用地资源有效利用以解决城镇和工业发展用地短缺矛盾，成了摆在党中央、国务院和各级政府面前的一道难题。为此，2000年6月《中共中央国务院关于促进小城镇健康发展的若干意见》（中发〔2000〕11号）提出"对以迁村并点和土地整理等方式进行小城镇建设的，可在建设用地计划中予以适当支持"，"要严格限制分散建房的宅基地审批，鼓励农民进镇购房或按规划集中建房，节约的宅基地可用于小城镇建设用地"；为正确处理城乡关系，解决多年存在的"三农"问题，党的十六大提出了建设社会主义新农村的战略部署，把解决"三农"问题提升到全党工作重中之重的位置；党的十九大提出了实施乡村振兴重大战略；党的二十大提出"全面推进乡村振兴""建设宜居宜业和美乡村"的重大战略。一系列国家战略为农村建设用地复垦工作的持续开展提供了政策依据和实施指南。

实施农村建设用地复垦，即对农村土地整治区域中闲置和废弃的农村宅基地、乡镇企业用地、村域公共建设用地、废弃工矿用地等开展复垦整治，通过配套基础设施建设，复垦后形成耕地、园地及其他农用地。农村建设用地的复垦，一方面盘活了闲置浪费的农村建设用地资源，通过复垦，新增的耕地可以用于工业化、城镇化建设过程中，因占用耕地占补平衡的实现，推进工业发展和城镇建设；同时，节余的农村建设用地指标可以依据国家土地管理的规定，在各级土地利用总体规划确定的有条件建设区内用于工业发展和城镇建设，从而为工业化和城镇化的推进提供用地支撑。另一方面，通过农村建设用地的复垦，将整治区域内的农民集中安置在建新区居住，共用生产生活等基础设施，改变了拆旧区脏乱差的生活环境局面。当前，对农村建设用地复垦之后节余指标的利用，全国多地都开展了一系列有益的探索和实践，取得了良好的成效和成功的推广经验，如西南地区的重庆市在全国率先推出了地票政策，将通过农村建设用地复垦后节余的用地指标在重庆农村土地交易所挂牌出售，产生了良好的经济、社会效益。据统计，2008年—2014年，重庆市农村建设用地项目共计实施4243个、复垦规模1.24万hm^2，其中，用于地票交易的农村建设用地复垦项目共计3712个、复垦规模1.12万hm^2，属于增减挂钩类的复垦项目

531个、实施面积0.1万hm²。根据重庆市农村土地交易所相关资料,在"十二五"期间,重庆市完成地票交易1.15万hm²,交易金额合计345.65亿元,涉及区域内20余万农户[32],过程中,农户获得了可观的地票交易经济收入。同时,复垦之后的耕地由农村村民集体交由农民耕种,还可以获得一定的农产品收入。因此,农村建设用地复垦的实施有效地促进了城乡建设用地的优化配置,改善了农村的生活方式,提高了农民的生活质量。

三、实施农村生态环境治理能有效提升区域生态环境质量,改善农村人居环境

农村人居环境状况恶化是多年以来农业、农村发展中面临的重要问题。我国的西南山区,如四川、贵州、重庆和云南等省市,因山地、丘陵为主的地形地貌,农村土地通常具有一定的坡度,区域水土流失较为严重,一些地方还出现了土地沙化、土地石漠化甚至土地荒漠化的状态和发展趋势,加上其他自然灾害对土地资源的损毁,导致区域农村地力逐步衰减,如西南地区的云南省因森林受到破坏,水土流失严重,省域水土流失面积多达1413.33万hm²,占全省土地总面积的36.88%,年均土壤侵蚀量达$5114×10^8$t[33],生态环境较为脆弱。同时,农村地区生产建设对土地的破坏、生产生活垃圾等对农村土地资源的污染均不同程度地存在,农村生态环境质量亟须改善和提升。社会主义新农村建设、美丽乡村、美丽中国、绿水青山就是金山银山、乡村振兴等国家战略和发展理念的提出与推进,使对生态环境的建设和保护愈加受到举国上下的关注和重视,而生态环境的建设与保护,其重点区域、重点任务都是在广袤的农村,西南山区的农村区域尤甚。

农村土地整治需要采取一系列的工程措施和生物措施,针对山、水、林、田、湖、草、村、路等予以综合性的整治,工程实施过程中,必然要与项目区周边区域的地形地貌、水文、大气、生物、植被、土壤等环境要素产生诸多的联系,也会给周边环境要素带来一定的积极影响或者负面的破坏。因此,农村土地整治实施过程中,按照区域土地整治规划设计,尽可能减少整治过程中对周边生态环境的破坏,积极开展生态环境治理和修复是十分重要且不可或缺的措施和环节。农村生态环境治理,包含因生产建设、矿山开采等生产因素,山洪、滑坡、泥石流等自然灾害以及生活废水排放等生活因素损毁的土地、破坏的植被、污染的土地,通过工程及生物等措施的治理和修复,使其恢复土地利

用功能、生态保育功能。农业生产过程中大量农药、化肥的施用，大棚作物生产对农膜的使用，在规模化养殖场、农业耕作机械使用渗漏及农村各种生活垃圾是当前主要的农业污染，并造成了对区域河流、坑塘、水库等水体环境的污染[34]。相关统计数据表明，我国每年从农田流失的氮量达1500万t，致使河流、水库等水环境被污染，在长江、黄河的氮素中，以农业为源头的分别占92%、88%[35]。近年来，农村土地整治对生态环境改善和景观格局重塑具有重要影响，我国每年大约投入1000亿元左右的资金，开展农村土地整治，开展河流等水体污染物的拦截和污水等消纳工程建设，实现经济效益、生态效益的双重收获，农村土地整治实施生态环境治理和修复等措施与工程，需要依据合理编制的土地整治规划，因地制宜地实施进行。

农村土地整治是综合性土地整治，实施的内容广泛，田、水、路、林、村、草、湖等都是其整治的基本范畴。农村土地整治又是一个巨大的系统工程，涉及农用地结构调整、土地权属结构优化、农村产业发展、生态环境治理与修复、农村基层治理、农村劳动力转移等众多内容，对于增加农业生产收入、改善农村生态环境、转变农民生活方式及区域可持续发展、减缓和深入解决"三农"问题都具有重要的作用，是乡村振兴的重要实施平台。

参考文献

[1] 刘向东. 黄河故道地区土地整理项目综合效益评价研究——以濮阳市为例[D]. 开封：河南大学，2008.

[2] 付光辉，刘友兆，祖跃升，等. 区域土地整理综合效益测算——以徐州市贾汪区为例[J]. 资源科学，2007（03）.

[3] NIROULA G S, THAPA G B. Impacts and Causes of Land Fragmentation, and Lessons Learned from Land Consolidation in South Asia[J]. Land Use Policy, 2005, 22（04）.

[4] 文章，淳伟德. 国内和瑞士绿色金融发展经验及其对成都的启示与建议[J]. 决策咨询，2020（02）.

[5] 陈军. 绿色小城镇如何发展生态产业？——瑞士经验对我国山地地区（贵州）的启示[J]. 贵州社会科学，2020（04）.

[6] 李哲，李梦娜. 供给侧结构性改革背景下农村土地整治路径探析

[J]. 农村经济, 2018 (08).

[7] 韩博, 金晓斌, 孙瑞, 等. 土地整治项目区耕地资源优化配置研究 [J]. 自然资源学报, 2019, 34 (04).

[8] 韩玉, 石淑芹, 乔荣峰. 土地整治对新型城镇化水平的影响研究 [J]. 东南大学学报 (哲学社会科学版), 2016, 18 (S2).

[9] 范垚, 杨庆媛, 张瑞顗, 等. 基于城乡统筹发展的农村土地综合整治绩效研究——以重庆市典型项目区为例 [J]. 中国土地科学, 2016, 30 (11).

[10] 宇德良, 孙静, 张孝成. 重庆市跨区域耕地占补平衡市场化配置研究 [J]. 资源开发与市场, 2015, 31 (07).

[11] 陈晓军. 国内外农村土地整治权属调整研究进展 [J]. 国土资源科技管理, 2012, 29 (05).

[12] 魏斯. 联邦德国的乡村土地整理 [M]. 贾生华, 译. 北京: 中国农业出版社, 1999.

[13] ISHII A, OKAMOTO M. Adjustment of Tenanted Farmland to Considerate Large-sized Paddy Lots [J]. Transactions of the Japanese Society of Irrigation Drainage & Reclamation Engineering, 2002, 219.

[14] 高向军. 土地整理理论与实践 [M]. 北京: 地质出版社, 2003.

[15] 鲍海君, 吴次芳, 许建春. BOT: 土地整理融资新模式 [J]. 中国土地, 2002 (06).

[16] 自然资源部. 土地开发整理手册 [M]. 北京: 中国大地出版社, 2002.

[17] 王军, 罗明, 龙花楼. 土地整理生态评价的方法与案例 [J]. 自然资源学报, 2003, 18 (03).

[18] 姜开勤. 区域性耕地整理潜力评价研究——以重庆市为例 [D]. 重庆: 西南农业大学, 2005.

[19] 严金明, 钟金发, 池国仁. 土地整理 [M]. 北京: 经济管理出版社, 1998.

[20] 王敬, 蔡宗翰, 施昱年. 我国台湾地区农村土地整治发展历程及启示 [J]. 中国土地, 2018 (09).

[21] 周燕妮. 乡村振兴背景下都市近郊区全域土地综合整治模式初探 [J]. 小城镇建设, 2020, 38 (11).

[22] 冯应斌,孔令燊,郭元元. 我国土地整治的发展历程及展望[J]. 贵州农业科学,2018,46(06).

[23] 员学锋,王康,吴哲. 国内外土地整治研究现状及展望[J]. 改革与战略,2015,31(10).

[24] 黄瑞彩. 因地制宜搞好农田基本建设[J]. 土壤,1979(01).

[25] 杨建波,王莉,刘润亚,等. 我国农村土地整治的发展态势与重点研究领域[J]. 国土资源科技管理,2012,29(01).

[26] 栾波. 联邦德国的土地整理及主要技术手段[J]. 测绘科技动态,1988,(03).

[27] 唐万新. 苏联新土地基本法的特点[J]. 中国土地科学,1991,5(01).

[28] 徐波. 土地区划整理——日本的城市规划之母[J]. 国外城市规划,1994,(02).

[29] 迟淑青. 耕地占用税征收管理中的问题及措施探讨[J]. 财经界,2021,(28).

[30] 李博,何腾兵,刘忠斌,等. 贵州土地整治研究的回顾和展望[J]. 浙江农业科学,2014,(04).

[31] 刘新卫,杨华珂. 贵州省土地整治促进脱贫攻坚的现状及发展建议[J]. 贵州农业科学,2017,45(05).

[32] 信桂新,陈兰,杨庆媛. 土地整治促进城乡统筹发展——基于重庆的实践考察[J]. 西南师范大学学报(自然科学版),2017,42(06).

[33] 许明军,杨子生. 我国西南边疆山区农村土地整治模式初探——以云南省为例[J]. 国土资源科技管理,2014,31(05).

[34] 张广纳,邵景安,王金亮,等. 三峡库区重庆段农村面源污染时空格局演变特征[J]. 自然资源学报,2015,30(07).

[35] OCKENDEN M C, DEASY C, QUINTON J N, et al. Evaluation Offield Wetlands for Mitigation of Diffusepollution Fromagriculture: Sediment Retention, Cost and Effectiveness[J]. Environmental Science & Policy, 2012, 24.

第四章

"双碳"目标对农村土地整治和乡村振兴的约束

第一节 碳达峰、碳中和战略的背景与意义

所谓碳达峰,是指全球各国、各城市、各企业等主体的二氧化碳排放在某一时间达到峰值而不再增长,经过一个平台稳定期后逐渐下降的状态;所谓碳中和,是指某一国家或区域内各种人类活动产生的二氧化碳排放量与区域内通过植树造林、CCUS 技术等人为吸收的二氧化碳数量相当而相互抵消的状态。实现碳达峰、碳中和是发达国家和发展中国家都在共同努力和追求的绿色发展目标。当前,全球气候正在发生以变暖为主要特征的显著变化,气温升高给全球环境、生态、经济系统造成严重的影响,如淡水资源减少、农业减产、生物灭绝、草地碳含量的减少、冰川融化、人体健康受到危害以及极端气候灾害发生频率的增加等,一系列变化都给人类的生存与发展带来了严峻的挑战。为应对日益严峻的全球气候变化危机,温室气体减排已成为世界性课题。我国政府高度重视温室气体排放问题,当前,我国二氧化碳排放量和高碳化石能源消费量均居全球最高,二氧化碳排放总量约占全球的 30%,降碳减排已经迫在眉睫。全球各国协同、共同应对气候变化挑战已成为全球各国共识,从《京都议定书》到《巴黎协定》,国际社会的碳减排承诺力度不断加强,承诺二氧化碳净零排放的国家日渐增多,各国积极开展二氧化碳减排行动,成效凸显。新的历史时期,面对资源约束趋紧、环境污染严重和区域生态日趋退化的严峻形势,党中央、国务院审时度势,在党的十九大报告中提出了加快生态文明体制改革、建设美丽中国的伟大战略,并先后出台了系列政策规章积极推进生态文明建设。中国作为负责任的大国,一直积极探索和参与全球气候治理、全球碳减排行动,并于 2020 年 9 月在第七十五届联合国大会上向全世界庄严承诺,

力争在 2030 年前实现二氧化碳排放达到峰值，努力争取在 2060 年前实现碳中和目标，从此步入了聚力绿色发展、推进实现碳达峰碳中和目标的快车道。

一、碳达峰、碳中和战略提出的政策背景

自发达国家、发展中国家工业化革命和发展开始以来，大量的煤炭、石油、天然气等化石燃料的使用导致大气中二氧化碳、甲烷、硫化物等温室气体的排放逐步增加，浓度不断升高，于是，温室效应产生。近百年以来，全球正历经以变暖为主要特征的气候变化，一系列灾害如冰川消融、冻土消融、水资源系统正常循环被破坏、农产品品质受扰成本增加、洪水干旱频发等威胁着人类经济社会的发展系统、阻碍着全球的可持续发展。因此，严峻的形势促使联合国、国际组织、各国政府探索制定国际规则、国内政策约束和减少二氧化碳的排放，推进实现碳达峰碳中和，维持良性稳定的经济社会发展系统，保障全人类的安全和可持续发展。

（一）碳达峰碳中和目标的国际政策背景

1. 全球气候变暖趋势促进各国达成政治共识

伴随全球温室气体排放总量的增加，全球气候日渐变暖趋势已成各国不争的事实，应对气候变化已经成为人类社会发展共同面临的重大挑战。世界上不同国家和地区一直关注气候变化及其带来的系列危害，2018 年 10 月，联合国政府间气候变化专门委员会（Intergovernmental Panel on Climate Change，IPCC）的报告指出，为了防止气候变暖产生的一系列极端灾害，全球气温变暖的幅度必须控制在 1.5℃以内，而要实现控制这个温度升高幅度的目标，唯有在 21 世纪中叶全球整体上实现二氧化碳、甲烷等温室气体的净零排放，即全球整体达到碳中和。2019 年在西班牙首都马德里召开的联合国气候变化大会上，据世界气象组织（简称 WMO）的气候状况监测信息显示，2018 年全球平均气温较工业化前高出约 1.0℃ ，是有记录以来全球海洋热含量最高的一年，2018 年平均气温较 1981 年—2010 年之间气温平均值高出 0.38℃，其中 2014 年—2018 年是具有完整气象观测记录以来气温最暖的 5 年[1]。日益变暖的全球气候造成部分地区极端天气、自然灾害频发，生态平衡遭到破坏，对区域自然生态环境产生了重大的影响，对人类经济社会的发展构成了严重的威胁，使区域经济社会造成较大的损失，从而成为世界各国共同关注的重要议题。《联合国气候变化框架公约》（United Nations Framework Convention on Climate Change，UNFCCC）秘书处的报告显示，截至2019年9月，全球已经承诺至2050年以前实现温室气体（主要是二氧化碳）净零排放的国家达到60个，可见，因温室气体大量排放导致全球气候变暖的趋势对人类社会的发展会产生极大的危害已成为各国的政治共识，都积极支持碳减排行动，并向联合国气候变化框架公约组织积极提交和承诺本国的自主贡献。

2. 全球应对气候变化国际制度制定谈判

全球气候变暖对人类社会发展产生的极大危害引起了国际组织、各国政府的高度重视，制定国际范围内共同遵守的温室气体排放约束和管理制度成了世界各国共同关注的焦点和现实需求。温室气体的减排直接关系到各国的能源、采矿制造、交通、石油、化工、煤炭、天然气、钢铁、水泥、建筑等工业生产部门的生产，也直接关乎农业生产、农村土地整治、林业发展、畜牧生产及人们的日常活动，涉及面几乎涵盖人类经济社会发展的方方面面，因此，国际社会及各国政府都高度重视，积极采取措施，推进绿色发展，加快生产生活方式绿色转型，为实现降碳减排、应对全球气候变化积极作为。2022年6月20日，中国国际发展知识中心发布首期《全球发展报告》，报告数据显示，自2014年以来，全球制造业二氧化碳排放量保持下降趋势，2018年下降至59亿吨，全球山区绿色植被覆盖率从2000年—2018年维持在73%左右的水平；截至2022年5月，全球参与实施环境经济核算体系的国家达到90个，比2017年增加了30%，亚洲、欧洲、北美洲等地区的森林面积在2000年以后呈增加趋势；截至2022年5月，全球已有127个国家向国际社会提出或者准备提出碳中和目标，至此，碳中和目标提出的国家覆盖了全球90%的GDP总值、85%的人口、碳排放总量的88%[2]；全球10大煤电生产国家中已有5个国家做出碳中和回应，分别是中国、日本、韩国、南非、德国。因此，极端天气事件的频繁发生，全球海平面的不断上升，日益加快的生物多样性消失速度，促使世界各国更加重视尊重自然，自觉主动加快绿色生产生活方式转型，为人类经济社会的可持续发展做出积极贡献。

温室气体减排事关国家经济社会生活的诸多方面，经过了较长时间、多次的反复磋商、博弈、谈判，逐步达成政治共识和共同意见。国际社会自1990年开始，在联合国框架下对关于应对气候变化的国际制度的制定和安排进行磋商和谈判，其中影响力最大、影响范围最广泛的国际制度主要有三个：一是

《联合国气候变化框架公约》。1992年5月22日联合国政府间气候变化专门委员会就气候问题达成，并于1992年6月3日在巴西里约热内卢举行的由各国政府首脑参加的联合国环境发展会议上签署，1994年3月21日正式生效的《联合国气候变化框架公约》，共计由150多个国家以及欧洲经济共同体共同签署，《公约》的终极目标是促进全球大气温度处在一个稳定的水平。根据"共同但有区别的责任"原则，在规定的义务以及履行义务的程序上发达国家和发展中国家有所区别[3]，这是当前国际上影响力很大、很广泛的一个应对气候变化的国际制度安排，截至2016年6月，加入公约的缔约国共计达到197个国家。二是《京都议定书》，又名《京都协议书》《京都条约》，全称为《联合国气候变化框架公约的京都议定书》，是《联合国气候变化公约》的补充条款，由联合国气候变化公约参加国于1997年12月在日本京都经过三次会议制定。2005年2月16日，《京都议定书》正式生效，这是人类历史上第一次采取法规的形式对二氧化碳等温室气体的排放进行限制，目标指向将大气中二氧化碳等温室气体的含量稳定在一定的水平，防止气候变动过快、过激烈而对人类社会造成各种伤害；明确规定发达国家减少碳排放的义务从2005年开始承担执行，发展中国家减排义务从2012年开始承担执行，坚持了共同但有差别的责任原则，至2005年8月13日全球共计有142个国家和地区签署京都议定书；但有批评家和环保主义者对京都议定书的价值存有质疑，认为其所定的标准太低不能够达到应对未来全球气候变化产生的严重危机[4]。三是《巴黎协定》。该协定在2015年12月12日于第21届联合国气候变化大会暨巴黎气候大会上通过，后于2016年4月22日在美国纽约联合国大厦签署，2016年11月4日起正式生效实施；《巴黎协定》主要针对2020年以后全球应对气候变化做出统一安排，长期目标是将全球平均气温较前工业化时期上升幅度控制在2℃以内，并努力将温度上升幅度限制在1.5℃以内，该协定由178个缔约方共同签署，2021年11月13日，联合国气候变化大会（COP26）在英国格拉斯哥闭幕，经过两周的谈判，各缔约方最终完成了《巴黎协定》实施细则[5]。

（二）碳达峰、碳中和战略的国内政策背景

1. 中国气候变化发展趋势及危害

同全球气候变暖趋势一样，中国气候亦呈显著上升趋势，并对自然环境和人类社会经济发展带来一系列危害和影响，极端天气气候事件逐渐增多增强，气候风险水平也表现出上升趋势。中国气象局气候变化中心发布的《中国气候变化蓝皮书（2019）》数据显示，我国气候系统综合观测和多项关键指标表明，气候系统的变暖趋势持续发展。1901 年至 2018 年期间，我国地表的平均气温上升趋势明显，是统计数据显示的 20 世纪初以来气温最暖的 20 年，其中从 1951 年到 2018 年期间，我国地表温度升温率较全球同期平均水平显著偏高，平均每 10 年温度提高 0.24℃，且 2018 年中国气温异常偏暖。此外，从海域表面温度的变化上，从 1870 年至 2018 年，全球海域表面温度显著提高，其中中国从 1980 年至 2017 年，沿海海平面表现出波动式上升状态，如 2017 年我国沿海海平面与 1993—2011 年间的平均值相比升高了 58mm，是 1980 年以来沿海海平面的第四高位[1]。

我国多年以来在气候变暖趋势下，平均年降水量、平均风速、日照时数等均发生一系列变化。在降水量的变化上，1961 年到 2018 年的观测统计数据显示，平均年降水量表现出微弱的增加趋势，且在不同的区域之间降水量呈明显的差异，全国西南地区降水量略呈减少状态而青藏高原地区明显增多，全国的极端强降水事件有增多的发展趋势；在平均风速和日照时数上，整体表现为下降的趋势，气温升高导致≥10℃的年活动积温显著增加，20 世纪 90 年代以来年度极端高温事件有增多趋势而极端低温事件明显减少；地表水资源流量在东北的松花江、西北的内陆河流、南方的珠江、东南区域河流及长江流域均表现为增加的状态，而海河、黄河、淮河流域的水资源流量呈减少趋势，西南地区一系列河流流域也呈现出减少的发展趋势。

2. 中国应对气候变化坚持的立场

中国一直积极支持应对全球气候变化行动，以大国的担当承担和履行温室气体降碳减排的国际义务和责任，积极参与和践行应对气候变化的三大国际制度的推进实施。中国政府于 1992 年 11 月 7 日经全国人民代表大会批准《联合国气候变化框架公约》，并在 1993 年 1 月 5 日向联合国秘书长提交批准书，自 1994 年 3 月 21 日起在中国生效。中国政府于 1998 年 5 月签署、2005 年 8 月核准了《京都议定书》；2016 年 4 月 22 日，中国政府在《巴黎协定》上签字，同年 9 月 3 日，全国人大常委会批准中国加入《巴黎气候变化协定》，成为《巴黎协定》的缔约方之一。中国发布《中国气候变化蓝皮书（2019）》，就是为了适应新时代我国绿色、低碳及可持续发展的要求，为我国区域内制定和采取应对当前气候变暖政策、防止和减少气候变化带来的各种灾害、推进生态文明建设进程、更加科学合理地实现碳达峰碳中和目标，提供精准有效的气候变化监测数据，反映气候变化的事实，是应对气候变化的积极举措和行动。

中国积极采取措施和制定国家战略应对全球气候变暖，于2020年9月在联合国第七十五届大会上宣布二氧化碳排放力争在2030年前达到峰值、2060年前实现碳中和的目标与愿景，这是作为世界大国的担当。自中国政府向国际社会庄严承诺之后，习近平总书记连续六次对碳达峰碳中和目标进行强调和阐述：一是在2020年9月30日，针对碳达峰碳中和目标的实现，在联合国生物多样性峰会上的致辞中强调，中国政府将采取更加有力的措施，为实现应对气候变化的《巴黎协定》确定的目标做出更大的努力和贡献；二是在2020年11月12日的第三届巴黎和平论坛发表的视频致辞中强调，中国将提高国家自主贡献力度，为碳达峰、碳中和目标的实现制定实施规划；三是在2020年11月17日，习近平总书记在金砖国家领导人第十二次会晤上的讲话中指出，针对碳达峰、碳中和的目标，我国将说到做到；四是在2020年11月22日，习近平总书记在二十国集团领导人利雅得峰会"守护地球"主题边会上的致辞中强调，将提高碳达峰、碳中和的自主贡献力度，中国政府言出必行，将坚定不移加以落实；五是在2020年12月12日，习近平总书记在气候雄心峰会上的讲话中进一步宣布，中国单位国内生产总值二氧化碳排放2030年将比2005年下降65%以上，非化石能源占一次能源消费比重将达到25%左右，森林蓄积量将比2005年增加60亿立方米，风电、太阳能等清洁能源发电总装机容量将达到12亿千瓦以上；六是在2021年1月25日，习近平总书记在世界经济论坛"达沃斯议程"对话会上的特别致辞中指出，中国实现碳达峰、碳中和目标需要付出极其艰巨的努力，只要是对全人类有益的事情，中国就应该义不容辞地做，并且做好。

2020年12月16日至18日，在北京举行的中央经济工作会议，第一次将"碳达峰、碳中和"列入重点任务，并要求抓紧制定行动方案，加快调整优化产业结构，继续坚持打好污染防治攻坚战，开展大规模国土绿化活动，实现减污降碳协同效应，不断提升生态系统碳汇能力；生态环境部办公厅于2021年1月11日印发出台（环综合〔2021〕4号）文《关于统筹和加强应对气候变化与生态环境保护相关工作的指导意见》，指出"围绕落实二氧化碳排放达峰目标与碳中和愿景，统筹推进应对气候变化与生态保护相关工作""把降碳作为源头治理的'牛鼻子'""抓紧制定2030年前二氧化碳排放达峰行动方案，支持和推动地方、重点行业和领域制定实施达峰方案，加快推进全国碳排放权交易市场建设""推动将应对气候变化相关工作存在的突出问题、碳达峰目标任务落实情况等纳入生态环境保护督察范围"，高度重视和积极应对气候变化问题，支持碳达峰、碳中和行动计划；2021年10月24日，中共中央、国务院印发《关于完整准确全面贯彻新发展理念做好碳达峰碳中和工作的意见》，为碳达峰碳中和工作的推进进行了系统谋划和总体部署；2022年8月，科技部、国家发改委、工业和信息化部等9个部门联合印发《科技支撑碳达峰碳中和实施方案（2022—2030年）》，统筹提出支撑2030年前实现碳达峰碳中和目标的科技创新行动和保障措施，并为2060年前实现碳中和目标做好技术研发准备[6-7]。从中央、国务院到相关部门、各级政府都将降碳减排及实现碳达峰、碳中和的目标作为经济社会活动的约束和指南，各行各业的发展也将面临一系列困难，需要国家立足长远发展、有序推动绿色可持续发展转型，制定一系列法规、制度、措施加以规范实施推进。

目前，全球范围内已有127个国家陆续承诺碳中和，国际社会取得普遍共识，谁先实现低碳转型发展谁就能在未来国际竞争中占据主导地位和拥有发言权。欧盟、美国、英国、德国、日本等区域和国家都积极努力推进碳达峰、碳中和以应对全球气候变化，中国更是在根据现实国情，采取有力措施。碳达峰、碳中和是个系统工程，目标的实现涉及产业结构调整、能源结构调整、建筑与交通减排等诸多领域和方面，需要各国、各级政府机关、各行业领域等协同推进，而在众多的领域和举措中，加强碳捕集与封存技术研究，不断提升陆域、海域生态系统的碳汇能力，系统治理山水林田湖草，是推进实现碳达峰、碳中和不可忽略的重要途径，而系统治理山水林田湖草是新时期乡村振兴战略的重要内容和目标，农村土地整治又是系统治理山水林田湖草的重要手段，因此，在"双碳"目标下，农村土地整治和乡村振兴如何有效推进和实施是值得研究和探索的重要问题。

二、碳达峰、碳中和战略提出的重要意义

碳达峰、碳中和内涵丰富、覆盖面广，被国家纳入2021年重点建设任务，因而成为社会关注的焦点。作为一项系统性、全局性的工作，涉及人类社会经济发展的诸多领域，覆盖能源、交通、建筑、工业、生产、消费、基础设施及社会福利等各个方面。2021年3月15日，在中央财经委员会第九次会议上，习近平总书记提出"要把碳达峰、碳中和纳入生态文明建设整体布局"，"拿出抓铁有痕的劲头如期实现2030年前碳达峰、2060年前碳中和的目标"，彰显了我国坚持绿色低碳发展的战略定力。生态兴则文明兴，生态衰则文明衰。2022年1月24日，习近平总书记在主持中共中央政治局第三十六次集体学习时强调，实现碳达峰、碳中和，是贯彻新发展理念、构建新发展格局、推动高质量发展的内在要求，是党中央统筹国内国际两个大局做出的重大战略决策[8]。国家把碳达峰、碳中和战略纳入生态文明建设体系并制定科学的行动方案，有助于加快形成节约资源和保护环境的产业结构、生产方式、生活方式、空间格局，坚定不移走生态优先、绿色低碳的高质量发展道路[9]。经过我国多年的积极推进和努力，应对气候变化的成效明显：2020年碳排放强度较2005年下降了48.4%，超额完成了向国际社会承诺的到2020年下降40%~45%的目标，累积减少二氧化碳排放量约为58亿吨，单位工业增加值二氧化碳排放量比2015年下降约22%，煤炭消费量占能源消费总量的比重从2005年的72.4%降低至56.8%，全国地级以上城市优良天数占比达87%，细颗粒物（PM2.5）未达标地级以上城市平均浓度较2015年下降28.8%，全国地表水优良水质断面比例提高到83.4%，劣V类水体比例下降到0.6%。碳达峰、碳中和战略提出的重要意义[10-11]主要是：

（一）碳达峰、碳中和战略，是推动实现经济社会全面绿色转型和高质量发展的需要

新的时代以来，我国针对生产过程中的碳排放采取一系列措施约束，倒逼产业结构实现低碳转型升级发展，取得了举世瞩目的突出成就，促进了经济社会的高质量发展。碳达峰、碳中和战略的提出和实施，需要改变传统的高成本投入、高资源消耗、高温室气体排放的生产和消费模式，从而推进区域产业结构的有序调整、能源结构的进一步优化、交通运输结构的改善、土地利用结构的进一步优化，实现各产业及用地结构向绿色低碳转型发展，从而逐步建立和完善绿色低碳循环发展的经济体系，逐步建构新发展格局，实现质量更好、效率更高、更安全和更公平的经济社会发展模式。

(二) 碳达峰、碳中和战略，是减少温室气体和主要污染物排放实现降碳减污的需要

当前，我国工业发展过程中对化石能源的依赖导致二氧化硫、二氧化碳等污染物和温室气体的大量排放，这种高碳化石的能源结构和高耗能、高碳排的产业结构问题是我国生态环境问题产生的根源。日益严峻的气候变暖发展趋势对人类社会系统的稳定性造成了极大的威胁，在一定程度上成为人类社会可持续发展的重要障碍，因此，减少温室气体排放成为发展过程中的必然也是必须。碳达峰、碳中和战略的推进实施，必然促进温室气体和大气污染物在排放源头上得到控制和约束，这既减少了向大气中排放的污染物质，又降低了温室气体的排放量，对保护和改善生态环境、应对气候变暖问题等具有重要意义。

(三) 碳达峰、碳中和战略，是减缓气候变化负面影响和提升生态服务功能的需要

100余年来，全球气候变暖导致了海平面上升、冰川消融、极端气候事件频发、人类健康受损等诸多负面影响，严重威胁着人类社会的发展和自然生态系统的平衡。碳达峰、碳中和战略的提出与实施，能够渐次减缓气候变暖的趋势，减少气候异常变化、自然灾害频发等对人民生命财产安全造成的诸多损失，能有效地抑制生态系统退化、生物种群灭绝等系列风险，提升生态系统的质量和稳定性，提升生态系统的服务功能，促进自然界和人类社会的和谐发展。

(四) 碳达峰、碳中和战略，是提升我国能源安全和形成更加健康生活方式的需要

多年以来，我国能源结构上以煤炭占比较大、石油占比较小为基本特征，国内石油生产难以满足生产生活的消费需求，常年需要较大数量的石油进口，对外依赖性较大。同时，传统的生活方式导致能源资源耗费量大、温室气体排放量多，对气候变化有着不可忽视的影响。碳达峰、碳中和战略的提出，有助于减少能源消耗总量、降低化石能源比重，减少温室气体排放。同时，"双碳"目标的实现，不能忽视生活方式的改变，需要在全社会积极宣传倡导低碳理念和绿色健康的生活方式，如步行或用公共交通代替私人交通，有序减少燃油汽车销售，尽可能使用绿色低碳建筑，通过绿色健康生活方式的普及和拓展，促进人类和大自然更加和谐的共存。

（五）碳达峰、碳中和战略，是推进全球气候治理进程和彰显负责任大国担当的需要

全球气候变暖对人类社会造成的负面影响涉及的区域面广、关乎的领域众多，需要全球各个国家、国际组织协同应对和承担。中国作为世界上最大的发展中国家、最负责任的大国，向联合国提交了自主贡献，宣布了碳达峰、碳中和的时间表，并将碳达峰、碳中和纳入我国生态文明建设的整体布局中，表明了中国决心同世界各国、各国际组织携手共同应对气候变化，中国提交了时间表，也绘就了施工图，为推进全球气候治理进程贡献了可贵的中国方案、中国智慧和中国力量，更体现了中国积极推进构建人类命运共同体的大国责任和担当。

第二节 碳达峰、碳中和目标对农村土地整治的约束

在碳达峰、碳中和目标下，实施降碳减排是我国经济社会实现绿色低碳发展的重要战略。政府间气候变化专门委员会（IPCC）评估报告指出，人类活动导致气候变暖，全球气候变暖的主要原因在于人类活动燃烧化石燃料和土地利用产生的温室气体[11]，世界资源研究所在2016年《气候观察》发布的数据表明，全球温室气体的73.2%源自能源消耗，18.4%源于农业、林业及土地利用[12]。有学者估算，1850—1998年，土地利用及其变化产生的碳排放占同期人类活动碳排放总量的1/3[13-14]，1850—2000年因土地利用变化向大气产生的二氧化碳净排放达156Pg，其中87%源自森林砍伐[15-16]。土地利用与土地覆盖变化（LUCC）对陆地生态系统碳平衡的影响已成为全球变化和陆地碳循环研究的重点内容[17-18]，土地利用的碳效应及减排措施，是应对全球气候变暖的重要途径，各国政府及学者都甚为关注[19]。

土地利用是人们利用土地资源以及改变自然环境的一系列活动。通过土地利用使人与自然环境之间相互联系。农村土地整治对区域农村土地利用结构改变的影响、土地整治过程中工程物料的投入、机械运行中汽油和柴油等化石燃油的大量使用以及对整治区域生态系统的破坏和扰动等都将引起土地整治区域总体碳循环和碳平衡的变化，从而作用于碳达峰、碳中和目标的实现。践行农

村土地整治低碳发展目标,探索以低碳为导向优化区域土地利用结构和土地资源配置;践行农村土地整治低碳减排的新目标,能够有效地赋能碳达峰、碳中和目标的实现。农村土地整治的实施,其作用既表现为碳源,因为工程施工过程中将产生相当数量的二氧化碳等温室气体,同时更表现为碳汇,因为通过土地利用结构的改变和调整、通过对人工植被的种植等措施的实施将吸收和存储更多数量的二氧化碳等温室气体。在碳达峰、碳中和目标下,探索低碳农村土地整治,是助力乡村振兴和实现乡村高质量发展的重要一环,"双碳"目标的实现与推进低碳农村土地整治是标准的同向同行。

一、农村土地整治碳源碳汇作用分析

(一)农村土地整治的碳源作用分析

土地开发利用活动一方面对土壤表层的自然碳库和土壤中的植被碳库产生比较直接的影响,另一方面还因为利用过程中机械使用的汽油、柴油等化石燃料的燃烧、工业生产物料的使用而产生的二氧化碳等温室气体的排放[20],表现为碳源作用。农村土地整治是当前我国农村土地利用的主要活动类型之一,在调整土地整治区域内农村土地利用结构、提高农村土地质量水平和利用水平、改善土地利用方式等方面发挥极为重要的作用。农村土地整治是通过采取一系列的农地平整、新建与维修农村道路及灌溉排水等基础设施建设工程措施和农田防护林建设等生物措施以增加耕地面积、提高土地质量,改变和调整土地利用结构、土地利用方式的活动。农村土地整治实施过程中也伴随着较大数量规模的二氧化碳等温室气体的排放,相较于土地整治小区域的碳中和目标而言,是农村土地整治过程中重要的负面碳效应,即碳排放增加作用。农村土地整治的碳排放发生在整治过程中农村道路维修、新建,农田水利设施如灌溉渠、排水沟、沉沙凼、蓄水池、农函等维修、新建,农田生产管理,农作物、防护林等呼吸排放的过程中,本章节主要介绍工程施工过程中物料投入、燃料燃烧及农田生产管理活动中二氧化碳等温室气体的排放问题(如图1所示)。

1. 农村土地整治工程施工过程的碳排放

农村土地整治通过实施农田水利工程、土地平整工程、田间道路与生产路工程、农田防护工程等而达到改善生产条件、提高耕地质量等目的,其间,对土地整治区域的碳平衡改变具有较大的影响。对整治区域碳平衡的改变,从时

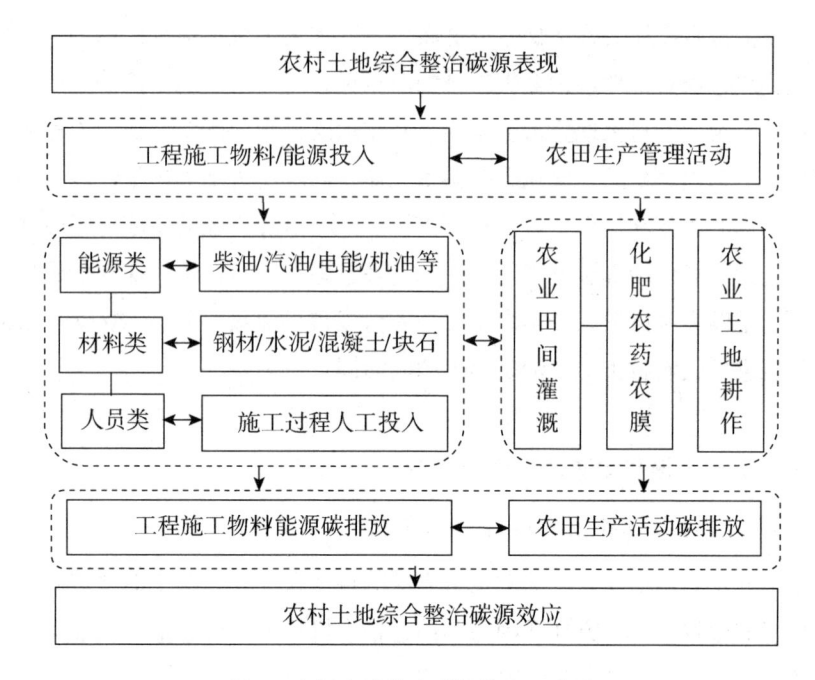

图1 农村土地整治碳源作用示意图

间长短分析，有短时期和长时期的碳效应。从短期效应看，农村土地整治的碳排放主要在于工程施工过程中工程所需的物料投入、工程机械使用能源的消耗、工程施工过程人员的投入产生的直接或间接的碳排放；从长期效应看，农村土地整治的碳排放，主要在于土地整治完成后，因耕地数量增加、耕地质量提高，区域农田管护和耕作活动中如土地翻耕、农膜使用的增加而产生的碳排放增加量（如图1所示）。

农村土地整治工程施工过程中的短期碳排放：首先，因为项目区域开展土地平整、开挖沟渠、清理已经废弃或者被泥沙填埋的灌溉排水沟渠等工作，需要使用不同规格和功率的机械，各种机械如翻斗车、搅拌机、农用车、升降机等在使用过程中都需要消耗相当数量的柴油、汽油、机油以及一定数量的电能，化石燃料的燃烧和电能的使用都直接或间接地排放二氧化碳等温室气体，使土地整治区域的二氧化碳排放量增加，产生碳源效应；其次，农村土地整治过程中，田间道路、生产路维修与新建，区域内的灌溉渠、排水沟维修或者新建、石质田坎等的砌筑，都需要各种建筑物料投入，诸如钢材、钢条、石块、碎石、水泥、砂浆、混凝土、标准砖块等物料，这些建筑物料的使用本身不直接产生温室气体，但是其生产过程中会产生相应数量的碳排放，在农村土地整治碳排放效应的分析以及测算中应当纳入其中；最后，农村土地整治过程中，除开物料的投入、机械运转化石燃料的使用，尚需大量的工作人员，尤其是在西南山区的农村土地整治项目，由于道路崎岖、山高坡陡，不少土地整治项目的材料运送、砂浆搅拌、石坎砌筑、沟渠清淤等工作都只能由更大数量的人工操作完成，大量的人员投入在生产施工、生活过程中产生的二氧化碳等温室气体的排放占比较大，不能忽视，人员投入是工程施工过程中一项较为重要的碳源要素。所以，农村土地整治短期碳排放主要由于工程施工各种物料的投入、施工机械燃料与电能消耗、劳动人员的大量投入而直接或间接产生。

2. 农田生产管理活动过程的碳排放

农村土地整治工程竣工后的长期碳排放：如图1所示，农村土地整治碳排放的长期效应在于项目区施工结束后恢复到正常生产过程环节后，由于经过土地平整、生产道路与灌溉渠系修建、细小破碎田块的合并，项目区耕地面积有一定比例的增加，耕地质量有较大的提升，项目区每年实际耕作灌溉的面积相应地增加，项目区经过一系列的工程施工，使得区域内的土壤碳库受到扰动而动态变化导致一定量的直接碳排放。因此，后期的农业生产及管理活动中，农田灌溉面积和工作量、农业用地翻耕的规模和工作量、农业化肥使用的面积、农药施用的范围和用量、温室大棚中的农膜使用量相较农村土地整治之前都将有相应数量的增加，上述物料的生产、消费过程将产生一定数量的温室气体排放，如农田灌溉、农地翻耕等导致的碳排放增加在西南山地丘陵区较平原地区表现得更为突出，产生的碳排放作用也更为明显。此外。农业土地翻耕、灌溉活动中投入的人工也有相应数量的增多，农作物因种植规模增加、产量提高，在整个生长季节也会因植物呼吸等作用增加区域内的二氧化碳等温室气体的排放，由于增加的碳排放数量占比较小，作用不突出，一般在农村土地整治项目碳效应核算中没有单独列项予以测算，但实际中的作用是客观存在的。因此，农村土地整治活动中碳排放的长期效应主要在于土地整治项目施工完成后进入农地生产过程中的农田管护各环节产生的温室气体排放。

（二）农村土地整治的碳汇作用分析

农田生态系统是陆地生态系统的重要组成部分，农村土地整治区域也即是一个小规模的农田生态系统，是重要的大气碳源和碳汇。相关研究表明，大气中二氧化碳含量的20%、甲烷含量的70%、一氧化氮含量的90%都源自农业生产、生活及与之关联的活动过程[21]，在1990年—2005年之间，全球源自农业的温室气体排放量增加了14%，经测算，相当于每年平均排放二氧化碳量$4.9×10^7t$[22]，足以表明农业生产活动、农田生态系统及农村土地整治活动对全球大气中温室气体含量的影响，对全球气候变暖的重要作用。农田生态系统更是一个巨大的土壤有机碳库和农作物生物量碳库，其碳汇作用十分可观，有研究表明，全球耕地每年可实现的固碳潜力达到0.75—1.0Pg[23]，未来50—100年内，全世界的农田可以固碳的总量为20—30Pg[24]，因此，充分发挥农田生态系统的固碳潜力，是全球也是中国实现碳达峰、碳中和目标的重要途径和可行措施。前面内容分析阐释了农地整治过程中及整治完成后农田生态系统的碳源作用，此处重点分析农田生态系统的碳汇效应（如图2所示）。

农村土地整治项目通过一系列工程施工改造措施和生态防护林建设等措施改变了整治区域的土地利用结构、也改变了区域土地的利用方式，由于不同的土地利用类型其土壤碳库作用不同、不同的土地利用方式产生不同的碳排放强度，从而导致农村土地整治区域碳平衡产生影响和改变。从现有学者们的研究和实践来看，农村土地整治引起土地利用结构调整、土地利用方式改变、农田生态系统固碳能力变化，使项目区总体上表现为碳存储量的增加，即碳汇效应（如图2所示）。

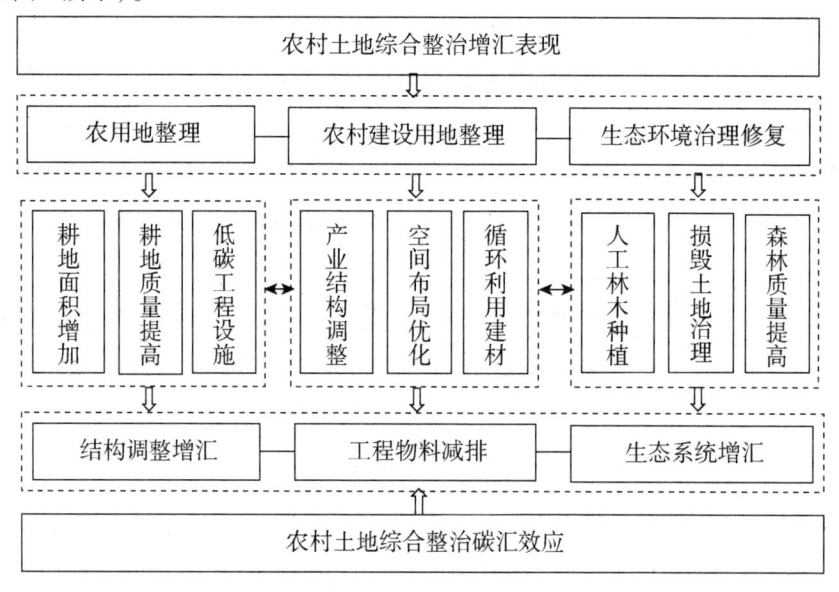

图2 农村土地整治碳汇作用示意图

1. 土地利用结构改变的碳汇效应

区域农村土地经过整治后，项目区内在整治前属于利用效率低下的未利用荒草地、废弃坑塘鱼塘、撂荒的田土坎，通过工程、生物措施得以开发利用，形成可耕地、园地及其他农用地类型，使其利用效率提升。土地整治中、整治前较多的分散、细碎、零星的小块土地经过整理形成规模较大便于集中使用的农用地块，从而使土地整治区域土地利用结构、土地利用空间布局得以调整和优化，进一步导致整治区域内的土地生态系统产生相应调整、功能发生变化，因结构和功能改变导致土地生态系统的碳排放和交换机制发生相应改变，一种土地利用类型如草地生态系统调整变换成另一种替代的土地类型如耕地生态系统，从而使碳循环、碳平衡、碳排放发生改变。

2. 土地利用方式改变的碳效应分析

农村土地整治的实施对整治区域农田生态系统及农田利用方式均有不同程度的改变，也即对整治区域的生态系统过程、结构、功能产生重要的影响，主要体现在土地整治之后土地利用方式的变化。项目区土地经过整治后，生产道路、灌溉排水、机械使用、农田防护、地块平整、地块集中、生产资料和农产品运输等都变得更为方便和快捷，项目区域农业生产的整体配套能力有较大幅度提升，区域土地的综合产能得以提高。此外，区域土地经过整治后，农作物种植结构、农作物施肥结构、农用薄膜等物资使用都较土地整治前得到优化和改进，特别是农作物产能的提升使得碳储存能力得到提升，如此条件下，因土地利用方式变化会导致整治区域农田生态系统的碳平衡产生影响，区域农田生态系统的碳汇效应总体上增强。

3. 农田生态系统固碳效应提升分析

农村土地经过整治后，农业生产耕作条件和耕地质量得到改善，如灌溉沟渠建设、蓄水池的增加等使得区域内的灌溉水源更有保障、排水更通畅，土地平整后坡度减小，土层厚度及保水保肥能力提高，田间道、生产路的完善使得耕作更为方便，田块集中便于规模经营等。耕地质量的提升和耕作条件的改善，导致土地整治区域农田生态系统的固碳储碳能力得以提升，因不同土地整治区域的基础不同，所以不同区域固碳能力提升的程度存在差异。如项目区新增耕地的固碳能力增加值在整个项目区农田生态系统固碳能力提升中的占比，在地势起伏较大的西南山地丘陵区较东部平原地区更大更明显。有学者研究表明，平原地区的土地整治项目区平均占比 28.24%、丘陵区平均占比为

37.29％、山区型土地整治项目区占比64.12％[19]。因此，在西南山区提升农田生态系统的固碳能力，需要重视耕地面积的增加和耕地质量的提升。农村土地整治项目及整治区域，农田生态系统固碳能力的改变还有一个重要的原因是项目区生物措施的实施，例如，西南山地丘陵区，因为保水保肥防治水土流失、防止风沙侵害的需要，农村土地整治项目大多数都涉及农田防护林工程，防护林建设的体量比较大，直接增加了土地整治区域的森林植被，其对温室气体的吸收固存作用和潜力在山区农村土地整治项目区域占据较大的比例，不可忽视。因此，重视和加强农村土地整治项目区的生态防护林工程建设是实现降碳减排、推进实现碳达峰碳中和目标的一个重要且有效的举措。

此外，农村土地整治项目实施中，通过采用生态环保型建材、设计生态低碳的工程设施、循环利用项目区工程物料、尽量就地取材，加强对损毁土地的治理等，都在一定程度上助力和支持区域内降碳减排和碳储存能力及潜力的增加。在农村土地整治项目中，本着推进"双碳"目标的实现，在工程设计阶段、工程前期调查和可行性研究阶段需要扎实细致地工作，摸清项目区自然条件、地形地貌、各类资源、土地利用结构、生态环境短板、自然灾害等现实状况，结合区域实际科学合理设计土地整治项目的各类工程内容、工程数量，同区域乡村振兴建设发展的需求、乡村建设发展的困境和障碍紧密结合，促进农村土地整治成为推进乡村振兴建设发展的助推器、重要抓手和有效平台。

二、碳达峰、碳中和目标对农村土地整治的新要求

"双碳"战略倡导绿色、环保、低碳生活方式。加快降碳减排步伐，有利于引导绿色技术创新，提高产业和经济竞争力。为确保实现"双碳"目标，《中华人民共和国国民经济和社会发展第十四个五年规划和2035年远景目标纲要》、2020年12月中央经济工作会议、《关于加快建立健全绿色低碳循环发展经济体系的指导意见》《关于完整准确全面贯彻新发展理念做好碳达峰碳中和工作的意见》《2030年前碳达峰行动方案》《中美关于在21世纪20年代强化气候行动的格拉斯哥联合宣言》《中国碳达峰碳中和进展报告（2021）》等一系列文件为"双碳"目标达成明确了要求，奠定了基础。

（一）碳达峰、碳中和目标与生态文明建设同向同行

2021年3月15日，中央财经委员会第九次会议上，习近平总书记强调，

"实现碳达峰、碳中和是一场广泛而深刻的经济社会系统性变革，要把碳达峰、碳中和纳入生态文明建设整体布局，拿出抓铁有痕的劲头，如期实现 2030 年前碳达峰、2060 年前碳中和的目标"。可见，碳达峰、碳中和的推进实施是生态文明建设体系中的重要一环，是生态文明建设的一项重要内容，因此，碳达峰、碳中和目标与生态文明建设的任务是同向同行的。

1. 碳达峰、碳中和目标的有序推进是解决我国新时期资源环境问题和实现经济社会可持续发展的迫切需求

全球气候正在日趋变暖，气温升高给全球环境、生态、经济系统造成严重的影响，如淡水资源减少、农业减产、生物灭绝、草地碳含量的减少、冰川融化、人体健康受到危害以及极端气候灾害发生频率的增加等，一系列变化都严重地威胁到人类的生存与发展，为了应对日趋严重的全球气候变暖危机，温室气体减排已成为世界性课题[25-26]。降碳减排已经迫在眉睫，共同应对气候变化带来的挑战已经成为各国政府的共识，中国更是积极支持。"力争 2030 年前实现碳达峰、2060 年前实现碳中和"，是在全球气候变暖的趋势下中国政府向全世界做出的庄严承诺，是新时期国家贯彻新发展理念、构建新发展格局、推进经济社会高质量发展的内在要求，是着力解决面临的资源环境约束趋紧、实现国家持续发展的不二选择。历史经验表明，中国要实现碳达峰、碳中和目标，必须以历史上最短的时间实现最大碳排放强度的降幅，因此，面临严峻的形势和挑战。时间短，任务重，我们必须在党和国家的领导下，坚持新发展理念，持续拓展降碳减排的可能领域，深度挖掘降碳减排的可能潜力，有效把握绿色低碳转型的可能机遇，抢占时代发展的可能先机。

改革开放以来，我国农业生产、工业发展、城市建设等都取得了举世瞩目的伟大成就，创造了全球经济社会发展的奇迹，业已跃居世界第二大经济体。国家统计局发布的数据表明，2021 年，全国 GDP 总值为 1143670 亿元，按不变价格计算，较 2020 年增长 8.1%，展示了我国"十四五"发展期间的良好开端。2021 年，国务院新闻办公室召开新闻发布会，国家统计局指出，2020 年我国决战脱贫攻坚取得决定性胜利，5575 万农村贫困人口实现了现行标准的全部脱贫、832 个贫困县全部完成摘帽、1385 万建档立卡贫困户全部实现了"两不愁三保障"，绝对贫困现象从此全部消除；2020 年，我国如期实现全面建成小康社会的任务，顺利实现了党的第一个百年奋斗目标。与此同时，多年来的快速经济发展也带来了资源的大量消耗和环境的污染破坏，能源耗费量和二氧

化碳的排放量也逐年攀升，资源环境对经济社会发展的约束愈加接近天花板，给整体生态环境造成较大压力。发展过程中一方面因为我国人口众多的现实国情导致资源短缺、资源环境尤其是人均资源占有量趋紧；另一方面，也因为多年来，在资源开发利用、各项建设中更多地关注经济的数量和规模所致。当前，我国已经进入中国特色社会新时代，追求高质量发展、追求可持续发展、追求公平和谐、效率是未来发展的长期路径，更是自身发展的内在需求。"双碳"战略倡导绿色、环保、低碳生活方式。加快降碳减排步伐，有利于引导绿色技术创新，提高产业和经济竞争力。因此，为破解我国当前面临的资源约束趋紧和生态环境质量下降的局面，有序推进碳达峰、碳中和目标的实现是顺应世界和我国的大势而为。

2. 建设生态文明推动绿色低碳循环发展是深刻践行和探索生产发展、生活富裕、生态良好的文明发展道路

党的十九大报告指出，推进生态文明建设要坚持人与自然的和谐共生，要像爱护生命一样爱护生态环境，并以最严格的生态环境保护制度，推进形成绿色生产方式和生活方式。我国正处于工业化、信息化、城镇化深入发展的关键时期，在生态文明建设的宏观背景下，国家正大力推进产业绿色转型发展。我国面积广大、领土面积居世界第三、气候类型多样、资源种类和储量丰富、生态环境优美独特，面对经济社会发展造成的生态环境恶化和资源日益匮乏，加快推进绿色发展促进生态文明建设尤为迫切。"十四五"及未来的较长时期，我国经济社会发展和建设既要实现降碳低碳，又要推进减污减排，毋庸置疑，减污、降碳、减排和增效的协同推进是我国建设社会主义生态文明的必然要求。各行各业需充分认识和足够重视降碳减排协同增效的重要地位和作用，以其作为我国及各地推进绿色低碳转型发展的重要抓手，贯彻落实在经济社会高质量发展的全过程、各环节，强化源头发力、系统发力、综合发力。

我国政府早在2005年就提出了生态文明，并于党的十八大将生态文明纳入国家"五位一体"总体战略布局，从而使生态文明建设进入了新的时期。生态文明建设的目标在于建设资源节约型、环境友好型社会。因此，必须坚持以资源环境承载力为基础，遵循自然规律和环境约束，才能实现绿色发展，实现持续、和谐、高效的经济社会发展和增长方式，才能谋取人与自然和谐共进的美好局面。生态文明建设战略的推进实施，必须牢固树立和坚持"绿水青山就是金山银山"的发展理念，坚决贯彻和实践生态优先、绿色发展道路，从而实

现人与自然的和谐发展。国土空间尤其是广袤的中国农村是我国生态文明建设和美丽中国建设的重要载体，对国土空间、农业农村的开发利用应当顺应时代大势，予以科学调整和合理优化，推进"山水林田湖草"系统性保护和共同体的构建。新时代的农村土地整治是综合性的全域土地整治，对于农村土地利用结构的调整、人居环境的整治、受污染和破坏的生产生活环境的改造修复、建构农业农村农民和自然环境生命共同体等具有得天独厚、不可替代的优势和条件，是我国生态文明建设的助推器和加强剂，是推进农村土地资源高效合理利用、推进农村人居环境改善的重要平台和抓手，因此，探索生产发展、生活富裕、生态良好的发展道路，推进生态文明建设，一个重要的途径就是实施低碳农村土地整治。

（二）碳达峰、碳中和目标和生态文明建设协同催生低碳农村土地整治新模式

"十四五"时期，我国尤其是广大的西南山区生态文明建设的推进实施，需要碳达峰、碳中和为区域改革发展设定目标约束，倒逼区域经济社会高质量发展，推进国家及西南山地丘陵区实现从高碳—低碳—零碳模式的转变；需要汇聚生态文明制度合力，完善碳达峰、碳中和目标的统筹协调机制，加强顶层设计，推进跨区域、跨行业联动，营造有效的制度环境、政策环境和市场环境[27]。2021年3月，中央财经委员会第九次会议指出，"十四五"是碳达峰的关键期、窗口期，其中，"提升生态碳汇能力，强化国土空间规划和用途管控，有效发挥森林、草原、湿地、海洋、土壤、冻土的固碳作用，提升生态系统碳汇增量"是"十四五"时期要重点抓好的工作之一。2015年4月25日，《中共中央国务院关于加快推进生态文明建设的意见》明确提出，要促进资源节约和循环高效利用、加大自然生态系统和环境的保护力度、全面推动国土空间开发格局的优化和结构调整，为未来如何优化我国土地资源开发利用方式指明了方向。

1. 低碳减排是未来我国农村土地整治的必要目标

低碳减排是我国加强和推进生态文明建设必须破解的发展难题。自生态文明建设纳入了国家战略，我国各级政府一直在探索和实践降碳减排系列措施，如植树造林、优化区域土地利用结构、调整土地利用方式以及多种手段降低能耗等，并取得了较好的成效。21世纪以来，我国农村土地整治发展迅速，国家

及各级政府大力投入开展土地整治，每年的投资规模超过1000亿元，在大规模的农村土地整治实践中有机融入低碳思想、减排举措，实现农村土地整治的降碳减排，将对我国碳达峰、碳中和目标的实现做出重大贡献，因此，将降碳减排设置为我国农村土地整治的约束目标，具有重要的现实意义。

农村土地整治是一项涉及诸多方面的系统工程，通过农村土地整治系列工程的实施，可以有效地改变土地整治区域的土地利用结构、土地利用方式，优化和加强整治区域的农田道路、农田水利等配套设施，改善农田生产后期管护的举措，从而重塑整治区域内的土地利用格局，改变和影响实施土地整治的区域内碳汇、碳源等碳的平衡关系。相较于国外发达国家和发达地区，我国的农村土地整治起步较晚，理论研究和实践技术手段等与国外都还存在一定的差距，农村土地整治是一项多元、多维的综合性工程，将多个学科融合运用于指导农村土地整治，实现农村土地整治的低碳和减排，从而助力碳达峰、碳中和目标的实现，有待于进一步探索、研究和有序提升。

2. 农村土地整治是实现低碳土地利用的关键环节

研究和实践表明，在土壤、生物质、地质和大气圈等重要碳库中，生物质碳库、土壤碳库与土地利用关系最为密切，直接受到土地利用变化的影响[28]。当前，中央和国家从国家战略发展的高度大力推进生态文明建设和绿色低碳循环发展，研究和实践土地利用结构调整、土地利用不同类型之间的转换、新技术在土地开发利用中的运用等方式实现降碳减排，是未来土地开发利用和土地管理发展的形式所需和必然趋势，是针对区域土地资源开发利用的碳排放效应的研究和探索与区域土地资源的优化配置、空间结构的布局以及合理的组织利用。对于农村土地整治而言，其重点内容涵盖了农用地整理、农村建设用地复垦、废弃和退化农村土地的生态修复、煤矿采石场等矿区生态环境的治理和修复、区域重要流域的水土保持整治修复等诸多内容，采取的一系列措施都能在一定程度上减少土地利用的碳排放，使得区域土地利用格局、土地利用方式向着低碳排放方向发展，因此，科学合理的农村土地整治是实现区域低碳土地利用的关键环节。现阶段，关于低碳理念融合应用于土地资源开发利用中的结构调整和优化配置、以降碳减排去衡量和评价土地利用并形成低碳化的土地利用布局和方式已经开展了一定的探索、研究和实践，但深度还不够，重视程度还有待进一步提升。碳达峰、碳中和目标的实现，生态文明的建设推进都迫切需要区域生产、生活等积极推进降碳减排，而占全球人为碳排放总量近三分之一的土地利用变化累积碳排放量,在"双碳"目标实施推进中至关重要,因此,推进农村土地整治低碳化发展,促进区域低碳土地利用格局的形成,是夯实"双碳"目标基础的重要一环。

三、新时期低碳农村土地整治的主要路径

新时期,推进实现和研究探索低碳农村土地整治的实现形式与关键路径意义重大且十分迫切。对于农村土地整治对碳排放起到的碳源作用以及储存和吸收碳的碳汇作用,国内外学者都从多个角度开展过研究和探索,而从农村土地整治规划设计环节开始开展低碳农村土地整治探索研究,针对其实现的主要路径进行研究的也并不十分普遍。本书从农村土地整治项目规划设计阶段、农村土地整治项目实施阶段、农村土地整治项目后期管护阶段并结合前述文献研究予以简要的分析说明。

(一)农村土地整治规划阶段植入低碳理念

低碳农村土地整治以降低土地开发利用过程中的碳排放量或者碳排放强度为重要目的,实施过程中,适当弱化耕地数量增加、耕地生产能力提高的整治目标,而更多地关注整治区域内农地资源的综合功能与效益、综合生产力的整体提升,特别是作为区域碳汇生态功能的提升。低碳与土地整治目标的实现,需要坚持减量化和资源循环利用等基本原则,将低碳理念融入农村土地整治规划的设计过程中。首先,规划设计中,对农村土地整治项目区,尽可能做到因地制宜、保持区域原有地形地貌,从而减少土地平整工程量,即减少高处挖方、低处填方的土方数量,使整治项目区与周边区域景观形态保持和谐与延续性。土地平整工程等工程量的减少,在实施中的机械使用台班数也会相应减少,然后汽油、机油、柴油等高碳排化石燃料也一定量减少,这样使得整个项目实施中二氧化碳排放数量减少,一定程度上为碳中和的实现贡献了力量。其次,针对项目区已有的林地、草地、园地等生物质尽可能保留不动,并根据项目区的生产发展需求,适量种植林木、草皮、灌木等,从而增加整治区域内对二氧化碳的吸收固定能力,提升项目区的碳汇功能。最后,还可以对项目区已有的坑塘水面等在设计中尽可能保留利用,实现区域农田渍水净化,并促进项目区地表水资源的循环利用,减少能耗。

(二) 农村土地整治实施阶段设计低碳工程

农村土地整治项目经过可行性研究、立项和项目规划设计以后，即进入农村土地整治的实施阶段，主要是工程施工过程。一方面，农村土地政府整治项目的工程施工要坚持非必要不安排工程的原则，对农田水利工程、田间道路工程、土地平整工程、防护林工程及其他工程，一定是按需施工，非确实必要，坚持做到不增加工程量。对在项目设计中已经设计而在实际施工中经论证不必要的工程应当予以调整变更，包括挖填方工程、维修道路、新修道路、新建和维修灌排设施等，没有多余的工程量，即相当于减少了额外的二氧化碳排放量。另一方面，农村土地整治项目施工过程中，各类工程中尽可能减少和节约钢材、水泥、碎石等建筑材料的使用量，尽量减少柴油、汽油等机械用燃料的使用量，减少单位工程量化石燃料的使用比率，如此，可以在一定量上降低整治项目中二氧化碳等温室气体的直接排放量，再从施工过程中的材料使用上，可以充分利用其他工程中的边角料、余料及建筑垃圾，促进资源的循环利用，还可以直接利用生态环保材料，如水利灌溉设施建设中的生态型砖代替水泥预制板等；在项目区田间道路工程中，多用泥结石路面而适量减少水泥硬化路面、砂砾石路面的道路，同时在路面与路基之间适当种植花草，这类型的道路成本略微偏高，是未来实践探索的重要关注点。此外，还需关注农田渍水的净化问题，减少农田水源对农作物和人体造成的污染和伤害。对项目区农田渍水进行净化，会在一定程度上提高项目实施的成本，但是它实现了水资源的循环利用，并减少了农田水质的污染，也保护了人类的健康。

(三) 农村土地整治利用阶段执行低碳管护

农村土地整治项目工程施工结束并经过验收合格之后，即进入整治区域农地利用的后期管护阶段。后期管护阶段的降碳减排措施，一是因为耕地面积增加、耕地生产能力的提高会导致传统的化肥、农药使用量的增加从而增加碳排放，因此，可以通过增施土壤有机肥、粪尿农家肥等方式，既可以改良土壤结构，又实现了二氧化碳排放量的减少。同时，在条件适宜的地方可以采用将大量的稻草等农作物秸秆还田，增加农田土壤有机物质含量，这增加了土壤的养分，提升了整治区域农田的生产力和作物的产量。农村土地经过整治后，由于小地块经过合并变成了规模不等的大地块，整治后农田地块较整治之前的项目区土地变得更为规整和集中，因此，项目区土地会有更多机会进入农村土地流转市场参与土地流转,如此集中规模经营,对生产资料如化肥、农膜、农药等的使用在单位面积农用地上能够适量地降低和减少,这样就能够实现整治区域二氧化碳排放量的降低减少,在项目区域土地整治后探索和采取精细化的农田管护措施,将有力助推低碳农村土地整治的实施和发展,进一步助力碳达峰、碳中和的目标和生态文明建设。

第三节　碳达峰、碳中和目标对乡村振兴的约束

党的十九大报告适时提出了全面实施乡村振兴战略,旨在解决新时期我国社会面临的主要矛盾,即人民群众日益增长的美好生活需要和不平衡不充分发展之间的矛盾,深度解决多年以来一直存在的农业、农村、农民问题,发展和繁荣农村,真正实现城乡有机融合,推进实现农业强、农村美、农民富的目标。乡村振兴战略的实施不仅仅是提高农民的收入,其内涵丰富,包括了产业、生态、文化、治理、生活等诸多方面,目的在于实现乡村的全面发展和振兴。乡村振兴战略的提出和推进实施,彰显了习近平新时代中国特色社会主义制度的优越性和公平性,彰显了我们国家坚持以人民为中心的发展思想。

乡村振兴战略的20字方针中,产业兴旺是重点,因为产业振兴能够为实现农民增收、农村富裕提供就业机会,能够拓展农业农村持续发展的渠道,农村产业振兴要坚持质量兴农、绿色兴农,构建新时代农业产业体系、经营体系和生产体系,健全农业社会化服务体系,推进农业产业链条延伸并与农村第二、第三产业深度融合发展,推动农产品加工和农村新兴服务业发展。生态宜居是关键,广阔的农村最大的优势在于拥有良好的生态,生态宜居涵盖村容整洁、基础设施完善、保护乡村自然生态系统等内容,倡导人与自然的和谐共生、保存乡村风貌和乡土气息、治理乡村环境污染,统筹"山水林田湖草"综合治理与保护建设,让城市融入大自然,让居民望得见山、看得见水、记得住乡愁,保护好绿水青山,让乡村人居环境绿起来。乡风文明是保障,乡风文明既包括丰富农民和农村的文化生活、推进乡村文化教育及医疗卫生等事业发展,更包括弘扬社会主义核心价值观、遵守村规民约、诚实守信等乡村优良风俗,乡风文明是农民对美好生活的需要也是构建和谐社会的重要条件,推进农村文明进步、培育文明乡风、提升农民精神风貌、不断提升乡村社会文明程

度，增强农民文化素养和自觉主动保护生态环境的意识和行为。治理有效是基础，治理有效的目标在于使广大乡村能够弘扬社会正气、有效惩治违法行为、促进农村和谐稳定、安定有序，这需要建立健全基层党组织领导、基层党组织和政府负责、公众广泛参与、社会各界协同、完善法治保障的乡村治理体系，乡村治理坚持自治、法治、德治相结合，提升基层民主、加强法治建设，充分有效协调农民个人利益与村集体利益、农民短期利益与长远利益，建设平安乡村、保障乡村和谐有序并充满活力。生活富裕是目的、是根本，生活富裕是要保障农民有稳定的收入来源，实现"两不愁三保障"，衣食无忧、经济宽裕、生活便捷；农民作为乡村振兴战略的主体和受益者，必须调动他们参与乡村振兴的主动性和积极性，激发农民的创造性。围绕农业农村发展的重点和短板、聚焦农民急难愁盼的问题，围绕农民最关心和最现实的利益问题，一件件事持续办，通过重振农业、重塑农民、重构农村，加快推进农业农村现代化，致力让农民成为有吸引力的职业、让农村成为安居乐业的美丽家园、让农业成为有奔头的产业。

在生态文明建设和碳达峰、碳中和背景下，乡村振兴战略的实施和推进，需要有序夯实绿色生态发展的新理念，针对乡村建设发展中面临的主要问题，有效补齐乡村"生产、生活、生态"短板，结合城乡发展不平衡的现实矛盾，建构城乡融合发展新格局，响应国家提出的碳达峰、碳中和目标要求。围绕乡村振兴战略的"产业兴旺、生态宜居、乡风文明、治理有效、生活富裕"总要求，不断拓展乡村振兴发展平台打造乡村振兴建设抓手。同时，碳达峰、碳中和战略目标为乡村振兴及建设发展模式提出了更丰富的要求：

一、以"双碳"目标为约束，发展农业现代绿色产业，实现农业经济收入增长与碳排放相"脱钩"的发展模式

产业兴旺是乡村振兴的重点，是实现乡村振兴共同富裕目标的根本保证。我国人口众多，在确保农业生产保证粮食安全和社会稳定的前提下，发展现代低碳农业、绿色低碳产业，加强农产品减碳等现代农业生产关键技术的研究和推广，实现单位农产品碳排放量下降，提高农业产业发展质量、推进质量兴农战略是新时期乡村振兴战略实施的必由之路。低碳农业的发展，对促进区域经济发展方式、促进区域产业结构转型升级以及实现农业农村现代化发展都具有极为重要的意义。基于农业生产过程和生产环节实施精细化减排技术，包括农

田耕作、农作物播种、农田灌溉、田间施肥、农作物收获等各环节均实现节能和减排。以"双碳"目标为约束实施质量兴农，在农业生产建设中贯彻绿色化、高质量、特色化的方针。在实现区域农业生产产量增长、农民收入增加的同时，实现碳排放量的减少，直至区域二氧化碳、甲烷等温室气体的"零碳"状态，真正实现区域农业经济发展与碳排放的"脱钩"，形成低碳经济发展模式。

因地制宜建构高效适宜的农业产业结构是实现农业产业低碳化发展的重要途径和手段。农业生产是大气中温室气体的重要碳源之一，伴随着我国农业生产技术的改进、农业机械的大量使用、农业生产效率的提高、农作物产量的不断增长，以农业为源头的温室气体排放不断增长，是全球气候变暖的重要贡献者之一，其中二氧化碳、甲烷和一氧化氮等对温室气体的贡献最大[29]，研究表明，甲烷是造成气候变暖的人为因素中第二大温室气体，主要来源是天然气燃烧、水稻种植、垃圾堆积、反刍动物养殖、煤矿开采等[30]。而全球甲烷的排放中，水中种植作物产生的排放量约占50%[31]。农业中的水稻种植、牲畜饲养、水产养殖等过程中会产生相当数量的甲烷等温室气体，而改善区域畜牧业的养殖发展方式、调整优化水稻种植结构，如水稻的种植面积调整、大牲畜饲养数量的变化等对区域甲烷等温室气体排放数量的减少具有较好的正面作用。因此，加快农业产业结构的调整，是有效控制以及减缓农业生产甲烷等温室气体排放的一条有效举措，有助于促进我国低碳农业产业的发展和建设。有学者研究表明，瞄准降碳减排目标，农业结构的调整可以采取的有效措施，一是调整种植业结构，推广高产水稻和旱稻，同时推广稻田间歇灌溉、实施稻草发展沼气等综合利用、适度降低稻田的水位以及采用沼渣肥、化肥结合使用等技术，可有效降低水稻生产种植中的甲烷排放量；二是动态改变牛类反刍动物饲料质量和数量，减少家畜家禽粪便排放、科学处理家畜粪便等废弃物质，既可以实现家畜产量的提高、经济收益的增加，还可以减少甲烷等温室气体的排放；三是针对甲烷生命期较短的特性，提升农业生产中的科技投入，可以较好地控制和减缓甲烷等温室气体的排放，这些既是实现和推进农业生产及安排的举措和目标，更是推进低碳工业发展的重要途径[33]。

在农业农村建设发展规划中设计碳约束指标，以低碳带动农业绿色转型，推进发展低碳农业，是"双碳"目标约束下乡村振兴战略实施中农业产业发展的重要指向。中国政府一直重视绿色发展，党的十八大以来，提出了"坚持生态优先、绿色发展""绿水青山就是金山银山"等发展理念，并于2020年在联合国向世界各国承诺中国"二氧化碳排放力争于2030年前达到峰值，努力争取2060年前实现碳中和"，即实现"双碳"目标。传统农业是一种典型的高能源消耗、高碳排放的农业发展模式，对于新时期的"双碳"目标实现具有明显的负外部性。低碳农业恰好相反，由于农业生产中的农药、化肥、农用薄膜的使用量较传统农业大幅度减少，其产品具有公共品的特性，农业生产中有害物质投入减少，并采取替代品投入、生产中实施节水节能、采取立体种养殖模式、利用清洁能源代替化石能源、对废弃物质尽可能循环利用变废为宝、农业产业循环链条式发展等措施，因而对于"双碳"目标的实现具有明显的正外部性，有效地增加了农业的碳汇作用和能力。"十四五"期间，是我国以科技进步支撑低碳农业产业发展的关键时期，发展低碳农业是未来实现农业减排的重要发展思路，因此，在各地农业农村发展规划中，应当设计并融入碳约束指标，对农药、农用薄膜、化肥等物资使用，农业工程设计与施工、农产品销售等环节纳入减碳指标等约束条件来达到农业产业发展降碳减排的目的。低碳农业产业的推进，需要探索研究农业碳排放核算方法、建立农业碳排放核算方法体系，发展和完善农业农村碳交易市场，以政府财政资金支持研发和推广低碳农业技术，建构低碳农业发展质量和效果的评价指标体系、核算区域农户低碳生产绩效，研判低碳农业实施中的困境、障碍，并有针对性地克服和解决。低碳农业的发展还需要有国家制定相关的政策和措施，主要是政府的资金支持，对低碳农业发展、低碳农业技术的开发和推广给予一定的补偿或者补贴。

实施乡村振兴发展战略，推进产业发展实现产业兴旺，农业生产仅仅是一个方面，还需要建构较为完整的、具有区域特色的、适宜的农村产业体系，即第一、第二、第三产业融合发展的产业体系。乡村产业体系的构建，需因地制宜、充分挖掘和开发当地丰富或具有特色的资源，发展具有区域特色的农村第二产业；通过发展农村电商营销等现代化农产品、工业品营销和绿色物流系统，发展和建立农产品销售公共服务平台，通过市场拓展与商家建立合作，实施农产品"订单式"生产销售模式，畅通营销渠道，结合当地自然条件、生产生活环境、市场条件合理安排和组织农业生产，确保实现低碳发展模式。资源开发利用中，优势特色资源先行，比如乡村拥有的"望得见山，看得见水，记得住乡愁"和"绿水青山""乡村意象"等绿色生态资源，通过缜密的规划设计，发展乡村特色旅游，紧密配合研学旅行、科普活动、媒体宣传等多样化方式，向乡村地区、向老百姓有机植入"绿色""低碳""清洁""环保"等低碳发展价值观念。乡村振兴中低碳产业的推进，需坚持现代农业发展同农户分散小规模经营相结合，保持农业、农村的稳定，既培育乡村农业企业、经营大户等新型农业经营主体，又支持帮助小农户发展，从而在广大的乡村地区厚植绿色种植、绿色养殖、绿色经营、生态环保等低碳理念，推进降低农业生产成本、提升农业生产效益，实现农业生产发展的低碳模式。

二、以"双碳"目标为约束，推进乡村低碳发展实现生态宜居，增强乡村林地、草地、农林等生态系统的碳汇功能，增加土壤碳库功能

乡村振兴战略实施中推进低碳发展实现生态宜居，必须建构农业、农村、农民生命共同体，统筹推进山水林田湖草村宅综合整治、系统管理，实施乡村生态环境治理修复和有效保护，提升乡村地区林地、草地、农作物的生物质产量，增加森林、草场、农作物等碳储存能力，提高乡村地区碳汇能力、增加农村土壤的碳库储量。生态宜居置于乡村振兴20字方针的第二位，可见国家对改善农村生态环境、农业生产环境，即老百姓的人居环境的高度重视，乡村振兴战略的实施既要实现农业农村经济发展、社会进步，还要实现生态环境优美、生活幸福，彻底改变以前只顾追求农业农村产业的发展、经济的增长而忽略了区域生态环境的污染和破坏的方式，重新审视新的时期农村产业发展与生态环境保护的关系，进一步开展生态宜居理论的研究和实践，提高农村生态环境的保护力度，促进农业农村的高质量发展，有序解决当下面临的城乡发展不平衡、农村发展不充分的社会主要矛盾。当前，国家正积极推进碳交易市场试点发展，但是农业农村地区碳汇尚未正式纳入碳交易体系。因此，需要学界、各级政府重视并加强对农村区域碳汇作用和功效的研究，探索农村碳汇能力和水平有效精准的核算方法，待方法成熟后将农村碳汇尽早纳入国家碳交易市场体系。中国碳交易市场的发展、市场体系的建立，为中国实现碳达峰、碳中和目标提供强大的支撑力量。

乡村振兴战略实施中推进低碳发展实现生态宜居需要深入实施农村人居环境问题的综合整治。农业生产中涉及大量农业物资的应用，最为常见的诸如农药、农膜、化肥的使用，生产中需结合当地实际和生产的需要，对农药的品牌、化肥的类别、农膜的种类及其用量予以精准测算，坚持节约集约的原则，"能不用就不用、能少用尽量少用"，做到生产环节减少碳排放、减少对农业生产生活环境及土壤等的污染。同时，探索和研究农业物资的替代方案，寻求可以替代化肥、农药、农膜的其他绿色物质或材料，比如使用绿肥、推广秸秆还田、利用沼渣还田、采用自然免耕技术等措施，如此达到减少化学农用物资的使用量从而减少相应物资生产带来的大量二氧化碳等温室气体的排放，同时，施用有机肥、秸秆还田等措施的长期实施，还可以提高土壤碳储存的能力及提升土壤的碳库能力，促进农业生产生活环境的低碳发展。

乡村振兴战略实施中推进低碳发展实现生态宜居，须加强和推进资源循环利用，提升村民等消费者的低碳意识和认知。乡村农业生产、居民生活中产生大量的废弃物质，对废弃物质的资源化利用、绿色化处理，将会使废弃物质变成可资利用的资源，如农作物秸秆的燃烧产生大量的二氧化碳等温室气体，而将农作物秸秆还田则会增加土壤中的有机物，培肥地力，减少化学肥料的使用，增加了土壤的碳库功能。秸秆还可以通过氨化处理后喂养牲畜、还可代替木材加工生产建筑板材；农田里的桑树可以将其修剪的枝条用作生产食用菌；牲畜粪便可以用来生产有机肥料；等等。这一系列措施都可以达到降碳减排的目的，节约集约利用资源。另外，着力生产更多的低碳农业产品，如无公害食品、绿色食品、有机食品以及提供更多的农业服务，发展立体种养的节地模式，农作物合理间种、套种。重要的是，在乡村因地制宜地探索适宜的循环产业经济模式，如在乡村地区将种植业、养殖业、产品加工工业、产品销售、产品运输等不同产业形成链条和循环，构建适宜的农村产业发展链条，并加强村民及广大消费者对低碳减排重要性的认知，积极主动地在生产、加工、包装、运输等环节都严格控制和减少碳排放，形成良性循环，减少资源的浪费、提高资源的利用效率。

建设生态宜居的美丽乡村，是中国政府和十四亿多中国人民的共同愿景和奋斗目标，是实现中国农民对美好生活向往的物质载体。生态宜居乡村的建设和实现是乡村振兴战略推进实施的底气，是留住乡愁、留住乡村的坚实根基。

三、融"双碳"目标和低碳生活理念于乡村文化，树立农村低碳价值观，建设低碳乡风文明

新时期的乡风文明被时代赋予了全新的时代价值和元素，面对乡村社会风气、农民的认知和意识、乡村文化传承等诸多问题，在我国广大农村实现了现行标准下的全面脱贫、全面推进巩固脱贫攻坚成果与乡村振兴有效衔接的新时

期，乡风文明建设已经进入一个"双碳"目标背景下新的发展阶段，实施乡村振兴战略、建设低碳乡风文明需要强宣传、树新风、重传承。乡风文明是乡村振兴战略实施的保障，是农民对美好生活的需要，在"双碳"目标和生态文明建设的背景下，将低碳、可持续、循环利用等理念融入乡村文化，促进整个乡村区域树立低碳价值观，是乡风文明建设的重要内生动力。低碳生活理念源自对低碳的认知和意识。乡村振兴战略实施中推进低碳乡风文明建设，首先在于采取科学普及、研学活动、媒体宣传等不同形式，将碳达峰、碳中和的深刻内涵、发展目标、重大意义等基本知识向村民传递，让村民认识和理解，让农民认识到农业活动、农村生活的方方面面都与"双碳"有关，将"双碳"的一系列政策深入老百姓的头脑和内心，在真正理解的基础上，主动积极地支持低碳行动、低碳生产、低碳生活，更新低碳生活理念，厚植低碳发展情怀。

乡风文明的推进亟须养成积极使用清洁能源的文明生产生活习惯。乡村地区积极推进清洁能源和低碳能源的使用，在乡村广大地区和开敞空间，推广使用太阳能、风能、水能、地热能、生物质能等丰富的清洁能源资源，条件许可的地区建设光伏电站及其他绿色电力，供给本地利用后结余量还可以向周边地区、电力资源紧张地区出售，从而减少火电、天然气发电等高碳排放电力的生产和利用，保障区域能源需求，并可以产生一定的经济效益，提高农民收益的同时，还降低了化石能源对区域环境的污染。

多方式宣传和落实低碳发展的生活理念。如前述提及的采取媒体宣传、研学活动、科普讲座、科普电影或者视频等方式，让老百姓更多、更深入地了解低碳生活、低碳发展，并落实到生产生活的实际过程中，村委会、镇政府可以制作系列小册子，与村民明确在农业生产、日常生活中实施和落实低碳政策的具体实施方案。对农村传统文化、历史建筑、古镇古村落、建筑遗迹、农业活动遗迹等生态、环保、低碳的积极元素，进行充分的挖掘，借助乡村文体活动的表演、建设乡村文化景点等不同形式，加深和提高农村居民的低碳理念。同时，居民的日常出行面广量大，在提升农村居民对低碳意义、重要性认识的基础上，推进低碳出行，如居民赶集、办事尽可能采取公交、自行车、步行等绿色出行方式，也是对"双碳"目标实施的重要贡献。因此，推进农村文明进步、培育文明乡风、提升农民精神风貌是乡村振兴战略中推进乡风文明、实现低碳发展的必然路径。

四、融"双碳"目标于乡村治理工作,锚定"低碳村庄",构建新时期符合"双碳"目标政策的乡村治理体系

治理有效是乡村振兴战略目标实现的基础,重要性在于促进农村和谐稳定和安定有序,乡村的有效治理坚持自治、德治、法治相结合。乡村振兴战略实施过程中,要实现农业农村的低碳发展,必须将"双碳"目标的相关政策、生态文明的管理要求等有机融入乡村建设发展的策略、措施中,有机融入乡村治理体系的每一个环节。

针对乡村建设发展的不同主体开展"双碳"目标系列政策定期的教育培训,充分发挥不同主体推进乡村低碳发展的带动作用。首先是开展乡村基层党组织和村干部、社长、产业负责人、致富能手等"双碳"政策目标的学习培训,发挥基层党组织在乡村振兴实施中的组织领导和领头羊作用,党员同志通过对低碳政策的深入理解,身体力行从自身做起,运用其于生产和生活之中,并由点及面带动邻居、社、村践行低碳生产、低碳生活等理念,在村内当好"双碳"目标实施的标杆和楷模,引导大家逐步实施,促进在村域党组织发展、农业生产、村庄建设中形成低碳、零碳的良好风尚。同时,创造条件、争取支持,邀请在政府管理、行业领域研究、商业发展以及"双碳"领域中具有较好专长的政府领导、学界名人、商界精英到村里面现场交流、示范说法,派遣村干部、致富能手等去发达地区培训调研,然后回乡口传身教,从而不断提高乡村低碳管理水平、提高村民自觉履行低碳生产和生活的责任,自觉保证村域发展的长远利益和集体利益,打造"低碳村庄"、瞄准"零碳村庄",从内生动力上推进"双碳"目标的实现。进而以县政府、镇政府牵头,将低碳发展成效突出的村庄或者行政村,树立一批典型先进村,予以表彰和宣传实施经验举措,从而推进"双碳"政策在更大范围内全面实施和贯彻落实。

五、对接"双碳"目标政策,培育践行低碳理念和科学发展的新型职业农民,提供乡村振兴人才支持

乡村振兴战略的实施,人才是根本。"双碳"目标政策的落实和推进,依然需要人才,因此,新时期,打造一批"明低碳理念""懂低碳发展""愿低碳行动""知乡村振兴"的农村建设发展人才,即新型职业农民,对形成乡村振兴战略实施和农业农村低碳发展的推动力量至关重要。

乡村振兴战略的实施,农民是主力军。当前,农村青壮年多数都进城务

工、经商，农村劳动力资源缺乏。应加强对农民技术技能的培育培训，提升农民劳动力的素质和技能。一是开展新型职业农民培育。结合国家实施的以区域特色和主导产业为核心的阳光工程等为乡村振兴提供技术人才支持。二是加强返乡农民工的创业技能培训。应采取措施加强对返乡农民工的创业技能培训，为农民工返乡创业营造良好环境。国家出台了一系列文件，如《关于进一步推动返乡入乡创业工作的意见》等，对农民工返乡创业提供政策支撑[32]。三是加强新型职业农民的"双碳"目标政策、乡村振兴战略等国家举措、规章的学习培训，将低碳生产生活理念、低碳生产生活技术措施等融入新型职业农民的培训内容以及农村专业技术人才队伍建设，为乡村振兴战略的顺利实施培养出一批具备低碳思想意识和低碳生产生活技术的新型职业农民、能工巧匠、新乡贤、文化能人等。乡村振兴战略实施中的人才支撑，还需结合当地的实际，利用高等院校、科研院所、农业技术中心、大型农业发展公司的科研人员、技术人员等开展低碳农业产品、低碳农业物质、低碳农业生产技术、农村废弃物质的循环利用、农用物资绿色替代产品等领域的探索研究，大力推广低碳农业技术。各级政府应当充分发挥新型职业农民和返乡农民工对乡村振兴实施的重要支撑作用。

六、对接"双碳"目标政策，扶植符合双碳目标的乡村建设发展项目，夯实乡村振兴低碳绿色发展模式，实现"低碳"目标下的生活富裕

乡村振兴战略的实施，以实现广大农民的生活富裕为目的，生活富裕的实现也是乡村振兴战略的根本。"双碳"目标下的生活富裕，既要保障农民有稳定的收入来源，保障农民衣食无忧、经济宽裕、生活便捷，更要确保农村产业低碳发展、农民绿色增收，确保农业农村的发展、农民收入上的增加要与碳排放相"脱钩"。

"双碳"目标下的乡村振兴、农村产业发展要求，农村产业项目、建设项目必须符合国家的低碳政策，符合"双碳"目标的各方面规定。乡村振兴战略的推进实施，一定规模的资金投入是必要条件。通过区域绿色金融的发展，积极引导和优先支持与低碳发展目标相适应的低碳建设发展项目，探索乡村振兴的低碳发展模式。低碳约束下的生活富裕，需要各类金融机构推进发展绿色金融，制定绿色农业、低碳产业发展的金融引导和投入机制，从国家层面明确各专业银行，如中国农业银行、中国农业发展银行、国家开发银行等在推进乡村振兴发展中的重要地位和作用，提升银行管理人员、业务人员"双碳"知识和业务技能，加强低碳金融服务体系的专业化水平，加快低碳金融实施的制度创新。

在碳达峰、碳中和背景下推进实现乡村振兴，与生活富裕目标的实现不是矛盾对立而是同向同行。中国政府向世界承诺实现"双碳"目标是促进和保障人类经济社会可持续发展的重要一环，是中国作为负责任大国的政治担当。实现碳达峰、碳中和是世界各国应对全球气候变暖必须采取的关键举措，是各国应当肩负的历史责任，全球气候变化带来的各种自然灾害、灾难和危机已经证明了"双碳"目标的重要意义，如果气候变暖趋势无法减缓、各国各地自然灾害和危机更加频发，生活富裕也就无从谈起。当然，碳达峰、碳中和目标的深入推进必然会对经济社会发展的不同领域产生一系列影响，但一定不是乡村振兴和农民富裕的现实障碍，不是人民追求美好生活的障碍。我们要做的，就是国家、地方各级政府、科研学术界及各种社会力量，从制度上谋划、从科学上研究、从技术上探索新时期新阶段的适宜发展模式，兼顾低碳目标和生活富裕的双重实现，从而构建"双碳"目标下的乡村振兴建设发展模式。新时期低碳发展是乡村振兴战略实施的内源动力和必然要求。推进农业农村低碳绿色发展，建设碳中和乡村是我们的共同追求，我们不仅仅要关注乡村地区的碳排放问题，还应当与生态环境保护、生态文明建设紧密结合，特别是广大的乡村地区。

第四节 基于"双碳"目标的农村土地整治碳排放效应评估方法

在碳达峰、碳中和目标下，推进实现温室气体减排是经济社会各领域、各行业共同面对的战略问题，是我国实现低碳发展、绿色经济转型的必然路径。据联合国政府间气候变化专门委员会的评估报告，人类活动对煤炭、石油、天然气等化石燃料的使用以及土地资源的开发利用是导致全球温室气体排放增加、气候变暖的主要原因[11]。2016年，世界资源研究所和《气候观察》联合发布的数据表明，18.4%的全球温室气体排放源自农业、林业及土地利用[12]。Houghton R A、Hackler J L、Lawrence K T等人通过测算得出，1850—2000年因土地利用变化向大气产生的二氧化碳净排放达156Pg，其中87%源自森林砍伐[15,34]。土地利用及其变化导致的区域碳效应变化，是探索应对全球气候变暖的重要途径。

农村土地整治是在一定的区域内，以其田、水、路、林、村等为对象，通过采取一系列的工程和生物等措施改变区域农业生产条件、提高农用地尤其是耕地的质量，调整和重组农业用地结构、农业生态系统的过程。农村土地整治通过较大规模改变土地利用方式、扰动陆地生态系统而直接影响整治区域生态系统的碳循环和碳平衡[35-37]。其影响区域生态系统碳平衡、碳循环的原理表现为：农村土地整治实施过程中因为消耗的水泥、钢铁等工程建设材料、物料在生产过程中产生大量的碳排放；工程机械使用汽油、机油、柴油等燃料和电力消耗直接产生的二氧化碳排放；土地平整工程、农田水利工程、田间道路工程、农田防护林工程等的实施，直接对农田生态系统产生破坏、扰动，多方面的作用，导致农村土地整治影响区域碳库的平衡。我国农村土地整治是乡村振兴战略实施的重要平台和抓手，发展速度快、总体规模大，因此，对区域碳达峰、碳中和目标的实现具有不可忽略的影响。《全国土地整治规划（2016—2020年）》数据显示，我国"十三五"发展期间，将采取土地整治方式补充耕地133.33万hm^2，实施中低等耕地改造1333.3万hm^2，开展农村建设用地整理40万hm^2[38]。如此规模的农村土地整治，其对区域土地利用结构调整和重组，对区域、对全国总体碳排放、碳存储的作用十分突出，因此，备受各级政府和学者们的高度关注。

农村土地整治是乡村振兴战略实施的重要平台和抓手，农村土地整治的实施对区域碳平衡、碳循环的影响和作用大小直接关乎区域乡村振兴的质量，关乎产业兴旺、生态宜居、乡村文明、治理有效和生活富裕的每一个环节，也关乎乡村振兴的可持续和成败。为了深入掌握农村土地整治的实施对区域碳平衡、碳循环的效应大小，本书拟以西南山地丘陵区的一个农村土地整治项目为案例，尝试农村土地整治项目碳效应的测算和计量方法，以便于在乡村振兴实施和推进过程中，对农村土地整治项目规划设计时作为项目立项、考核的重要依据，从而助力区域低碳目标下的乡村振兴和碳达峰、碳中和目标的实现。

多年以来，农村土地整治项目的设计和施工，重心在于增加耕地数量、提升耕地质量、改善区域生产生活条件，也关注到整治区景观格局的塑造和水土流失的治理等，但对项目实施的碳效应关注度还不够，国内外学者们开展了一系列的研究，取得了一系列的研究成果。学界的研究有对土地利用与碳排放关系的直接研究，也有对因土地利用变化造成的碳排放变化的研究，包含土壤碳含量变化、生态补偿政策等诸多内容，定性探讨的成果较多，定量测算不够，而以具体的项目开展不同环节碳效应测算的尚不多、也欠深入。细思农村土地整治的全过程、全环节，本书基于土壤碳库、生物质碳库与土地利用的密切关系，梳理出农村土地整治应当从如下内容探索实现低碳土地整治：一是土地利用格局变化的影响，导致的不同土地利用类型的碳排放变化；二是物质循环变化的作用，通过农业基础设施的改善，促进农业生态系统提高碳汇；三是农业生产条件变化的作用，通过降低能耗实现碳排放量。对农村土地整治项目的碳效应测算，也从上述内容展开分析。

一、案例项目区域简况

拟选的分析案例是位于我国西南地区的重庆市长寿区石堰镇木耳村的土地整理项目，是区级投资土地整理项目，方案设计时间为2012年。项目区属四川盆地东部平行岭谷梁平向斜南部，属丘陵复式向斜构造，多形成馒头状浅丘，大部分区域海拔高度介于350~400m之间，相对高差50m以下，地势相对较平坦、开阔。项目区属四川盆地亚热带湿润季风气候区，气候温和、降水充沛、四季分明，常年平均降雨量1162.1mm，年降水量丰而不均，夏季（6—8月）平均降水424.3mm，约占年水量的37%；项目区总体光、热、水条件好，合理利用气候资源，有利于作物繁育生长。土壤为灰棕紫泥和红棕紫泥，有效钾、磷含量较高，水热条件优越，旱地种植玉米、红薯、小麦可一年三熟；平坝水田种植单季稻以一熟为主，坡谷水田种植水稻、小麦以两熟为主。总体上土壤自然肥力高，宜耕性广，宜种性宽，是重庆市重要的粮油主产区之一。植被主要是农作物，多为水稻、玉米、红薯、小麦等。主要自然灾害有：旱灾、洪灾、低温阴雨及作物病虫害等。旱灾和洪灾是项目区的主要自然灾害，几乎年年都有，只是程度不同。

项目区土地利用以农业为主导产业，土地利用程度较高，但交通和水利设施不完善，利用状况较差，已经不适应经济发展的需求以及项目区农业生产的需要，土地利用结构有待进一步调整和优化。项目区骨干道路交通体系已经基本形成，项目区内现有总体较为完善的田间道路体系，基本能够满足生产生活的需要；水利建设有一定基础，但地区分布不均，配套不完善，效益不高；项目区内砂岩储量丰富，开采方便，且开采出来的石料质量较好，天然建筑材料如条石、块石、碎石等，便于就地取材，可为项目区石坎、田间道路及农田水利工程提供原材料，且项目区骨干道路交通体系已经基本形成，运输方便，便于地方材料的运输。

项目区内土地的所有权均属各村集体所有。项目区内土地已经承包到户，由各农户经营，各农户与村集体签订了承包责任书。各农户承包经营的土地坐落、四至、面积、期限以及相关权利与义务在承包协议书中均有登记。项目区的村、各社、各农户之间的土地权属关系清晰、界限分明。整理后土地所有权仍归各组集体所有。项目区土地不存在权属争议。

项目区范围上涉及木耳村4社、5社、6社、7社共4个社，以农业为主导产业，土地垦殖率为53.13%。土地整理红线范围359.12hm^2，项目实施的规模为234.38hm^2，均为农用地，其中耕地190.79hm^2，占建设规模的81.40%；其他农用地43.59hm^2，占建设规模的18.60%。该项目实施方案显示，项目新增耕地25.62hm^2，新增耕地比例为11.36%。拟平整土方6387.07m^3，旱地干砌条石坎2502.00m^3，旱地人工挖沟槽土方1084.87m^3；新建100m^{3}蓄水池3个，新建300×400mm排水沟1651.9m，新建400×500mm排水沟737.3m，新建500×650mm排水沟1852.4m，维修500×650 mm排水沟1120.7m，维修500×400mm灌溉渠628.4m，新建灌溉渠放水闸50个，新建沉沙凼12个，新建农涵14个；维修1.0m宽生产路1264.8m，维修0.8m宽生产路18416.5m，新建0.8m宽生产路629.3m，新建错车道5个，新建标志牌1个。

二、案例项目资料来源说明

本书选取的项目案例主要来自《重庆市长寿区石堰镇木耳村土地整理项目实施方案》《长寿区石堰镇木耳村土地整理项目预算书》《重庆市土地开发整理项目预算定额》。关于碳排放指标，地类变化引起的土壤、植被碳储量变化，不同物料使用的碳排放，土地利用类型变化的碳排放等数据参数参考了《2006年IPCC国家温室气体清单指南》[39]及一系列文献中相近区域的研究成果，并修正而确定。案例中关于项目区的基本情况、土地整理工程类型及设计、土地整理物料使用数据等来源于项目实施方案及相关数据的推算。

三、农村土地整理项目碳效应分析思路及计量方法

（一）土地整治项目碳效应分析思路

农村土地整治项目的碳效应明显，尤其是直接影响到土地整治区域的碳循环和碳平衡，进而影响到区域的碳达峰与碳中和。借鉴学者已有的研究成果，完整的农村土地整治项目包含从项目申报立项环节开始，后续历经工程设计、项目具体实施、项目完成后组织验收以及项目实施管护等主要环节，每一个环节的存在都对项目区域的碳排放、碳储存产生程度不同的影响[40]。因此，对于农村土地整治项目的碳效应分析可以顺着农村土地整治项目完成的主要环节予以分段并进行各个阶段的分析：农村土地整治项目的碳效应分析，可以分成立项设计阶段、项目工程实施阶段、项目验收完成后的运行管护阶段[40]；对不同阶段依据阶段特性，从土地整治的水泥、石块、条石、碎石、各种钢材铁件、水泥砂浆、标准砖块、水等物料的使用投入，电焊机、振捣器、打夯机、砼搅拌机、压路机、推土机、载重汽车、风水枪、钢筋弯曲机、双胶轮车、卷扬机、电动葫芦等施工机械的投入使用，所消耗的电力、柴油、汽油等化石燃料数量，土地整理前后项目区土地利用结构改变导致的土壤碳储量、植被碳储量的变化，还有因后期阶段项目完成后运行中项目区的变化而导致农田生态系统的碳排放变化，进行分析。具体思路如图3所示。

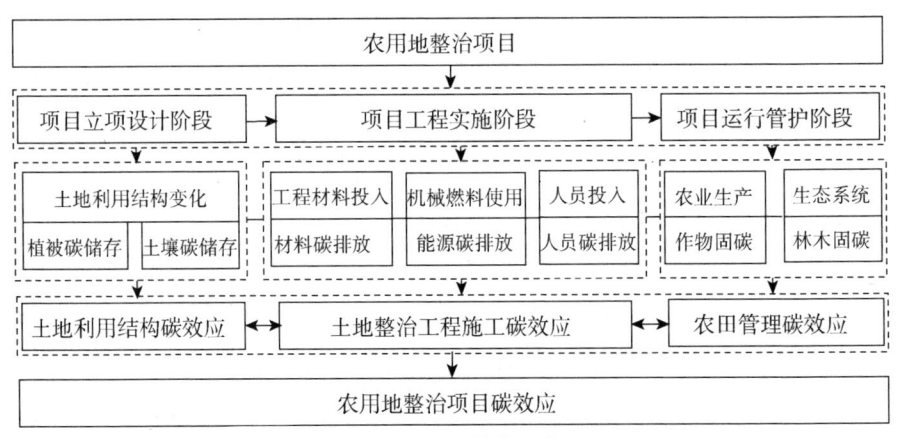

注：本图是经参考文献[42]中的"Figure 1"翻译转换而来。

图3 农用地整治项目碳效应核算逻辑思路[40]

（二）土地整治项目碳效应分析测算方法

分析农村土地整治从申报立项与设计、工程实施、运行管护三个阶段来进行，申报立项及设计阶段重在以降碳减排思想为引导，总体谋划施工过程中的工程类别与工程量的设计、使用材料物资类别与数量、农作物种植制度、农作物类型、农药施用、田地灌溉、化肥施用等全域全环节。一个农用地整治项目在碳排放、碳循环、碳平衡上的目标实现程度，较大地取决于项目的规划设计阶段，后续工程实施、运行管护等主要是对项目设计的具体落实和修正。由于本项目实施的建设内容全部针对农用地，围绕农业生产和基础设施建设，因此，本书研究中，探索农村土地整治碳排放效应的测算方法就从实施过程中物料投入、机械使用的燃料、土地利用结构变化及项目区竣工后农田管护等方面分别讨论分析。

1. 项目工程建设施工阶段碳效应的分析测算

农用地整治项目在施工建设阶段，因实施坡改梯等土地平整、兴建灌溉排水渠道等农田水利建设、修建生产田间道等田间道路工程对整治区域内的土壤、植被等造成的影响强烈，对碳循环和碳平衡影响突出。过程中产生的碳排放，一是各类工程建设使用了大量的水泥、钢材、砖块、条石、碎石等物料，这些物料在生产过程中要产生大量的二氧化碳等温室气体影响区域碳平衡；二是项目实施中要使用推土机、压路机、载重汽车、电焊机等一系列的机械，机械运行所用的电力、汽油、柴油等生产及燃烧直接排放一定数量的二氧化碳等温室气体，还有整治过程中投入大量的甲、乙类工程技术及劳动人员生活中产生一定量的二氧化碳等温室气体，进而影响到整治区域的碳循环和碳平衡。

2. 项目区主要整治工程内容

案例项目区主要有土地平整工程、农田水利工程、田间道路工程及其他工程。

（1）土地平整工程，分为旱地平整工程和水田平整工程。旱地平整工程中，降坡平整以原有地形坡度为依据，分台定位，实施面积21.58hm^2，位于区域北部；对坡改梯区域坡度在15°~25°的田坎实施石坎修筑工程，布设于坚硬的土质上；坡度在6°~15°的，田坎采用土坎夯实，土坎必须采用黏土夯筑（如表1所示）。水田平整工程中，由于水田集中在2°~15°之间，结合当地村民的意见，主要是对其进行了田块的归并，使区域田块规模变大便于生产，调整比较小。

表1 案例项目区旱地平整区域工程布局及规模

坡改梯区域	面积（hm²）	地面坡度代码	地面坡度
土地平整区1	2.08	Ⅲ	6°~15°
土地平整区2	7.03	Ⅲ	6°~15°
土地平整区3	7.47	Ⅳ	15°~25°
土地平整区4	5.00	Ⅲ	6°~15°
合计	21.58		

注：数据来源于案例项目实施方案。

（2）农田水利工程，主要是解决项目区干旱及部分地区的排水问题，主要进行山坪塘、蓄水池设施的修建和原有灌溉渠及排水沟的维修。灌溉设施上，项目区灌溉水源主要通过灌溉渠输水灌溉，主要为维修灌溉渠（WG）；排水工程上，主要是对排水沟（WP）进行维修、规格为50×65cm，还结合新建蓄水池、沉沙函的位置来布设新建排水沟（GP），规格有30×40cm、40×50cm、50×65cm等（如表2所示）。此外，还有包括沉沙函、放水闸门、涵洞及标志牌等附属工程的修建。

表2 案例项目维修、新建灌溉渠和排水沟的规格及数量

沟渠名称	沟渠长度/m	沟渠宽度/m	沟渠深度/m
WP1	602.3	0.5	0.65
WP2	518.4	0.5	0.65
WG1	217.6	0.5	0.4
WG2	410.7	0.5	0.4
GPⅠ-1	267.4	0.3	0.4
GPⅠ-2	255.8	0.3	0.4
GPⅠ-3	275.1	0.3	0.4
GPⅠ-4	394.3	0.3	0.4
GPⅠ-5	210.8	0.3	0.4
GPⅠ-6	248.5	0.3	0.4
GPⅡ-1	27.4	0.4	0.5

续表

沟渠名称	沟渠长度/m	沟渠宽度/m	沟渠深度/m
GPⅡ-2	709.9	0.4	0.5
GPⅢ-1	326.2	0.5	0.65
GPⅢ-2	659.0	0.5	0.65
GPⅢ-3	867.2	0.5	0.65

注：数据来源于案例项目实施方案。

(3) 田间道路工程，主要涉及新建田间道、新建和维修生产路、无维修田间道工程。新建田间道工程：项目区已有田间道布置基本形成网络，布局较合理，已基本能够满足村民出行、生产资料及农产品的运输要求，主要是对项目区的田间道沿线每隔400m处设置错车位，错车位设置在田间道单侧，共5条错车道，新修田间道路面采用泥结碎石路面。维修和新建生产路：本着少占耕地，路成网络的原则，在项目区内维修后生产路宽0.8m和1.0m，维修生产路共计18416.5m；新建生产路共计1264.8m。因涉及道路共计94条，此处不再列表显示。

3. 项目区工程建设投入使用的主要物料和能源

案例区农村土地整治工程建设施工阶段产生的碳排放，一是工程施工中各类机械运行使用消耗柴油、汽油及电力等能源产生的碳排放，二是工程建设中投入的各种物料如块石、条石、砾石、碎石等石料，标准砖块，C20混凝土，M7.5水泥砂浆，水等在运输至项目区，及水泥等物料在生产过程中所产生的温室气体碳排放。案例项目中，消耗的木材等无数据没有统计，使用的砂、石料主要源自项目区本地，可忽略材料运输产生的碳排放。案例区项目实施需要消耗能源柴油41357.71kg，主要是田间道路工程施工所用；消耗汽油9.0kg，全部为农田水利施工环节所用；消耗电力17838.92度，其中田间道路工程消耗17802.36度、其他工程36.56度。在物料及人工投入上，钢铁材料在农田水利中使用3531.92kg，其他工程消耗0.55kg，共计3532.47kg；C20混凝土共计消耗2804.71m³，其中农田水利277.04 m³、田间道路2524.81m³、其他工程2.86m³；M7.5砂浆共计消耗531.81m³，其中农田水利523.07m³、其他工程8.74 m³；此外，块石3.66 m³、碎石42.42 m³、砾石36.72 m³、毛条石4006.92 m³；标准砖块49422块，主要用于农田水利工程建设；砂子8.64m³、水491.08 m³；人工共计16748人工/日，以土地平整、农田水利及田间道路三大工程建设使用为主。各种物料、能源及人工投入情况如表3所示。

表3 案例项目工程建设施工材料、能源及人工投入情况统计

材料类型及名称		计量单位	工程类别				小计
			土地平整	农田水利	田间道路	其他工程	
能源类	柴油	kg	/	/	41357.71	/	41357.71
	汽油	kg	/	9.00	/	/	9.00
	电力	度	/	/	17802.36	36.56	17838.92
物料类	钢铁材料	kg	/	3531.92	0.00	0.55	3532.47
	C_{20}混凝土	m³	/	277.04	2524.81	2.86	2804.71
	$M_{7.5}$砂浆	m³	/	523.07	0.00	8.74	531.81
	石料 块石	m³	/	/	3.66	/	3.66
	石料 碎石	m³	/	/	42.42	/	42.42
	石料 砾石	m³	/	/	36.72	/	36.72
	石料 条石	m³	2326.86	1652.50	/	27.56	4006.92
	标准砖块	块	/	48850	/	572	49422
	砂子	m³	/	/	8.64	/	8.64
	水	m³	/	475.46	10.56	5.06	491.08
	人工	人·工日	4181	5899	6549	119	16748

注：数据来源于案例项目预算方案测算。

4. 案例项目工程建设施工阶段碳排放测算

现有学者们的研究成果，对土地整治工程施工的碳排放测算，主要采用物料衡算法，本书借鉴翟红宾等人采用的碳排放计算方式，即工程建设消耗的能源、物料数量乘以相应物料、能源的碳排放系数，计算表达式为[19,54]：

$$MC = \sum_{i=1}^{n} MI_i \times CE_i \qquad (1)$$

式中：MC 表示土地整治项目建设施工的碳排放数量，MI_i 表示土地整治工程建设投入的第 i 种物料、能源或人员等的规模、数量，CE_i 表示第 i 种物料、能源等对应的碳排放系数。全部物料、能源、人员等的碳排放数量之和即为农村土地整治项目总的碳排放量。结合李兴福[49]、杨倩苗[44]、汪慧

颖[45]、李彦旻[52]等学者的研究成果，各类能源、物料、人员等的碳排放系数如表4所示。

表4 项目区农用地整治工程主要物料/能源碳排放参数

	材料类型	计量单位	碳排放系数	数据参考
能源类	柴油	kg/kg	0.5921	IPCC 国家温室气体清单指南[42]
	汽油	kg/kg	0.5538	李彦旻，等[52]
	电力	kg/kW.h	0.7330	李彦旻，等[52]
材料类	钢材（普通钢铁制品）	kg/kg	1.79	李兴福[49]
	标准砖	kg/千块	504	杨倩苗[44]
	M7.5砂浆	m^3	257.79	董坤涛[50]
	块石	kg/m^3	2.3900	贺大为，等[46]
	条石	m^3	2.00	黎礼刚，等[51]
	砾石	m^3	2.51	万杰[49]
	碎石	m^3	3.27	汪慧颖[45]
	砂	m^3	3.51	汪慧颖[45]
	C20混凝土	kg/m^3	230.76	俞海勇，等[41]
	水	kg/m^3	0.9	杨倩苗[44]
其他	人员	kg/人.工日	6.61	张黎维[47]

结合表3、表4即物料碳排放量计算的公式，计算出项目区建设工程物料等的碳排放量结果（如表5所示），结果表明，在项目区工程建设实施过程中，物料、能源等投入与使用产生的碳排放1894.461t，其中土地平整工程排放35.245t、占总排放量的比重为1.86%，农田水利工程排放497.085t、占比26.24%，田间道路工程排放1355.519t、占比71.55%，其他工程排放6.61t、占比为0.35%，可见，田间道路工程物料、能源、人员等的投入和使用排放的碳最多，其次是农田水利工程（如图4所示）。从单项上看，能源消耗的碳排放总量共计37.57t、占本阶段总排放量的1.98%，物料类投入碳排放量1746.19t、占总排放量的92.17%，人员投入碳排放量110.70t、占比为5.85%（如图5所示）。但从能源消耗产生的碳排放量看，田间道路工程共排放37.54t、占能源碳排放总量的99.92%，而土地平整工程阶段不涉及能源消耗、

主要以人员投入产生的碳排放为主，农田水利工程碳排放 0.005t、占能源碳排放总量的 0.01%，其他工程碳排放量 0.027t、占能源碳排放总量的 0.07%（如图 6 所示）。从物料投入产生的碳排放看，土地平整工程排放 7.61t、农田水利工程排放 458.09t、田间道路工程排放 1274.69t、其他工程 5.80t，分别占物料投入产生碳排放总量的 0.45%、26.23%、72.99%、0.33%，以田间道路工程建设投入的物料最多，产生的碳排放占比最高达到 72.99%（如图 7 所示）。从项目工程建设人员投入产生的碳排放及分布上看，总碳排放量 110.70t，其中土地平整工程碳排放 27.64t、农田水利工程碳排放 38.99t、田间道路工程 43.29t、其他工程 0.79t，分别占人员投入产生的碳排放总量的 24.97%、35.22%、39.10%、0.71%，以田间道路工程投入的人员最多、产生的碳排放占比最高（如图 8 所示）。

表 5 案例项目工程建设施工材料、能源及人工投入碳排放量（kg）

材料类型及名称			各工程类别碳排放量				小计
			土地平整	农田水利	田间道路	其他工程	
能源类	柴油		/	/	24487.90	/	24487.90
	汽油		/	4.98	/	/	4.98
	电力		/	/	13049.13	26.80	13075.93
	小计		0.00	4.98	37537.03	26.8	37568.81
物料类	钢铁材料		/	6322.14	/	0.98	6323.12
	C_{20} 混凝土		/	139628.16	1272504.24	1441.44	1413573.84
	$M_{7.5}$ 砂浆		/	134842.22	/	2253.08	137095.30
	石料	块石	/	/	8.75	/	8.75
		碎石	/	/	84.84	/	84.84
		砾石	/	/	92.17	/	92.17
		条石	7608.83	5403.68	/	90.12	13102.63
	标准砖块		/	171463.50	/	2007.72	173471.22
	砂子		/	/	1993.77	/	1993.77
	水		/	427.91	9.50	4.55	441.97
	小计		7608.83	458087.60	1274693.27	5797.90	1746187.60
人员	人工		27636.41	38992.39	43288.89	786.59	110704.28
	合计		35245.24	497084.98	1355519.18	6611.29	1894460.69

128

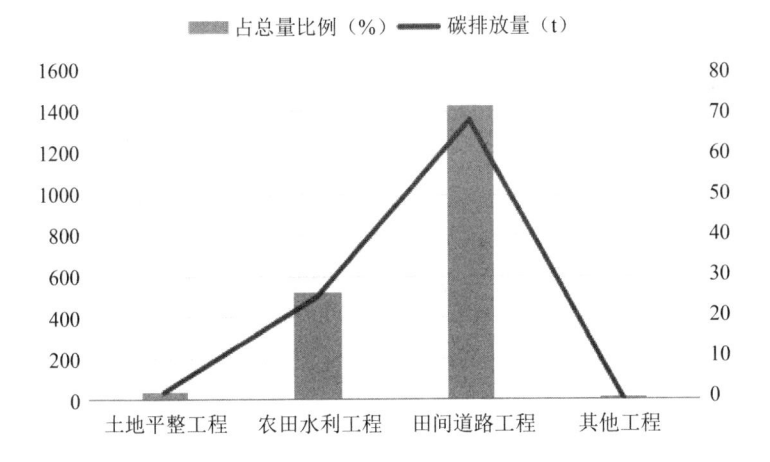

图4 案例项目不同工程碳排放量及占比情况

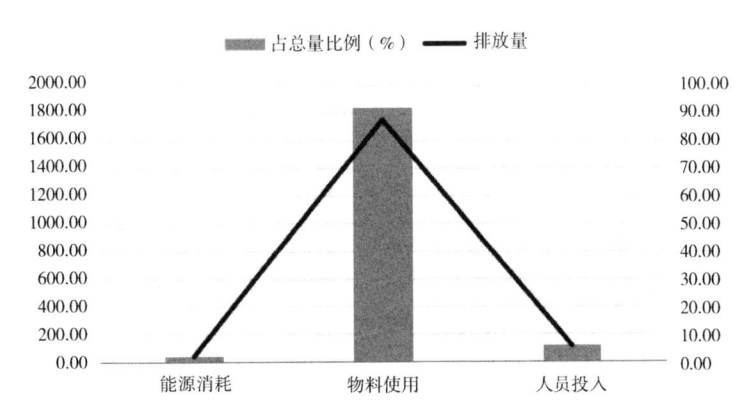

图5 案例项目不同建设投入类别碳排放量及占比情况

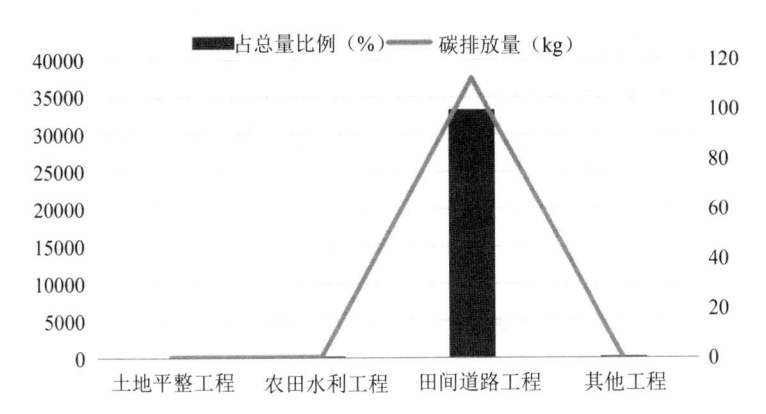

图6 案例项目不同工程的能源消耗碳排放及占比情况

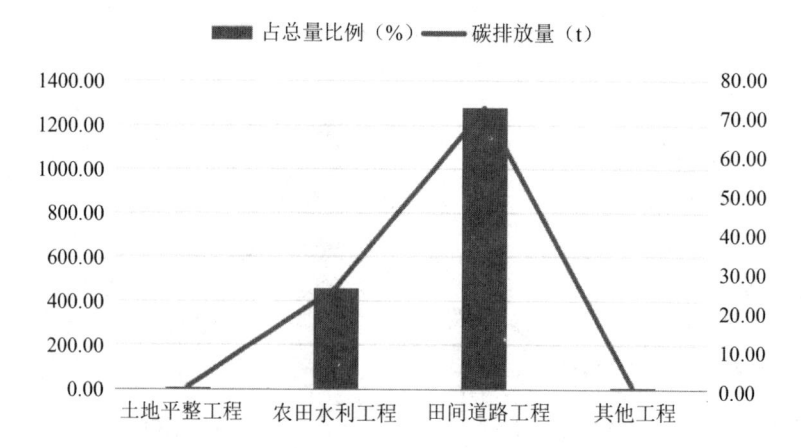

图7 案例项目不同工程的物料投入碳排放量及占比情况

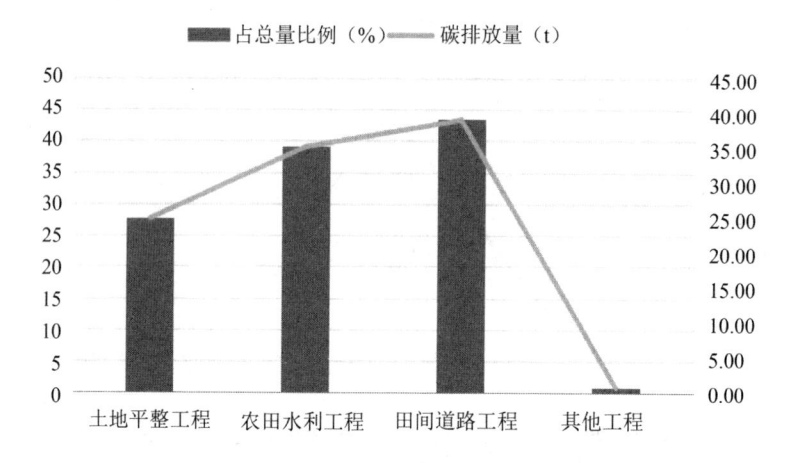

图8 案例项目不同工程的人员投入碳排放量及占比情况

（三）项目实施土地利用结构变化碳效应的分析测算

农村土地整治项目的实施，通过对项目区域内的破碎、零散地块、田块等的归并，对废弃土地、低效利用土地的整治，使得项目区内耕地质量提高、耕地数量增加，从而使区域内的土地利用结构发生一定的改变。不同的土地利用类型其农田生态系统中，由于地表覆被的差异，土壤碳密度和植被碳密度有所不同，最终导致整个项目区域内的土壤碳库、植被碳库发生改变，即农田生态系统的碳效应随之调整。

1. 案例项目区土地利用类型整治前后的基本情况

案例项目区涉及石堰镇木耳村4社、5社、6社、7社共计4个社。根据项目区土地利用现状调查结果，在项目设计及实施时，项目区土地利用总面积为359.12hm²（如表6所示）。根据项目区土地利用现状调查及区域土地利用台账统计，拟实施整理规模面积234.39hm²。其中：水田75.57hm²，占项目区整理面积的32.24%；旱地115.22hm²，占项目区整理面积的49.16%；其他农用地43.60hm²，占项目区整理面积18.60%（田坎32.94hm²，占项目区整理面积14.05%；农村道路1.22hm²，占项目区整理面积0.52%；农田水利用地6.81hm²，占项目区整理面积2.91%；坑塘水面2.63hm²，占项目区整理面积1.12%）。2011年项目区整理规模现状表如表7所示。项目区净耕地面积为190.79hm²，土地垦殖率53.13%，土地开发程度和种植业发展程度较高；土地利用率98.71%，土地利用程度高；在利用土地中田坎占总面积的9.17%，比例过高，土地利用不充分，而道路、沟渠比例偏低，配套设施差。耕地复种率200%。单位耕地投入人力为3.1人/hm²，单位用地资金投入4275元/hm²，机械投入1.4kW/hm²，相对于现代农业生产，生产投入严重不足。总体而言，土地利用经济效益不高，有较大的增产潜力。

表6 长寿区石堰镇木耳村土地整理项目土地利用现状表（2011年）（单位：hm²）

项目区土地权属单位			4社	5社	6社	7社	合计
土地利用总面积			95.13	72.65	85.86	105.49	359.13
农用地	合计		89.17	68.24	78.20	97.37	332.98
	耕地	水田	19.25	16.76	14.05	25.51	75.57
		旱地	32.59	27.05	24.44	31.14	115.22
	园地		2.11	0.53	7.80	5.39	15.83
	林地		20.91	15.15	24.31	22.39	82.76
	其他农用地	农村道路	0.58	0.07	0.28	0.29	1.22
		坑塘水面	1.16	0.49	0.30	0.68	2.63
		农田水利用地	3.51	0.76	0.00	2.54	6.81
		田土坎	9.06	7.44	7.02	9.42	32.94

续表

项目区土地权属单位		4社	5社	6社	7社	合计
建设用地	小计	5.91	3.54	4.02	8.03	21.50
	农村居民点	5.88	2.66	3.53	6.83	18.90
	特殊用地	0.03	0.05	0.03	0.00	0.11
	公共管理与公共服务用地	0.00	0.05	0.00	0.00	0.05
	交通用地（农村道路）	0.00	0.65	0.46	1.20	2.31
	水域和水利设施用地	0.00	0.12	0.00	0.00	0.12
未利用地	小计	0.04	0.87	3.64	0.09	4.64
	空闲地	0.04	0.10	0.03	0.09	0.26
	裸地及荒草地	0.00	0.76	3.61	0.00	4.37

注：数据来源于案例区土地整治实施方案，项目区红线范围内的总面积为 359.13hm²。

表7 案例农村土地整理项目建设区地类面积表（单位：hm²）

土地权属名称			4社	5社	6社	7社	合计
农用地	耕地	水田	19.25	16.76	14.05	25.51	75.57
		旱地	32.59	27.05	24.44	31.14	115.22
	其他农用地	农村道路	0.58	0.07	0.28	0.29	1.22
		坑塘水面	1.16	0.49	0.30	0.68	2.63
		农田水利用地	3.51	0.76	0.00	2.54	6.81
		田土坎	9.06	7.44	7.02	9.42	32.94
建设区总面积			66.15	52.55	46.09	69.58	234.38

注：数据来源于案例区土地整治实施方案

案例项目经土地整理后，扣除新增农田水利、道路交通及其他工程占用的一定数量的耕地后，项目实施后净增耕地面积为 24.68hm²。细分其类型，项目区旱地净面积增加 16.15hm²，水田净面积增加 9.47hm²。通过土地整理，整个项目区可新增耕地 25.62hm²，新增耕地比例达到 10.93%。项目区整理后各种土地利用类型面积变化情况表及新增耕地对照表如表8所示（表中土地利用分类是按照案例整理项目设计实施阶段的土地利用进行的分类）。

表8 项目区土地整理前后土地利用结构变化统计表

一级地类	二级地类	三级地类	项目	面积（hm²）	面积变化情况	占项目建设面积的比例（%）
农用地	耕地	水田	整理前	75.57	9.47	32.24
			整理后	85.04		36.28
		旱地	整理前	115.22	16.15	49.16
			整理后	131.37		56.05
		小计	整理前	190.79	25.62	81.40
			整理后	216.41		92.33
	其他农用地	坑塘水面	整理前	2.63	0.27	1.12
			整理后	2.9		1.24
		农村道路	整理前	1.22	1.61	0.52
			整理后	2.83		1.21
		农田水利	整理前	6.81	0.1	2.91
			整理后	6.91		2.95
		田土坎	整理前	32.94	−27.60	14.05
			整理后	5.34		2.28
		小计	整理前	43.60	−25.62	18.60
			整理后	17.98		7.68
合计			整理前	234.39	0	100.00
			整理后	234.39		100.00

注：数据来源于案例区土地整治实施方案

2. 案例项目区土地利用结构变化碳效应分析测算

不同的农村土地利用类型如耕地、林地、园地、草地、农村道路、坑塘水面等，由于土壤结构、地表覆被状况的不同，其植被、土壤碳储存和固定的能力存在一定的差异，即不同的土地利用类型的植被碳密度和土壤碳密度不一样。农村土地整治项目通过实施土地平整、田间道路、农田水利等工程措施，使得整治区域土地利用结构发生改变，结构改变后，土地整理区域不同用地类型的碳密度、碳储存能力相应变化，从而改变整理区域的碳效应。农村土地整理项目区域土地利用结构变化的碳效应测算基本思路就是通过计算土地整理前后区域各土地利用类型碳储量总和，用整理后的碳储量减去整理前的碳储量，其差值就是土地整理项目实施后碳储量变化效应。项目区土地利用结构变化碳效应计算公式为：

$$C_{1b} = C_{lh} - C_{lq} \tag{2}$$

$$C_1 = \sum_{i=1}^{n}(L_{ij} \times z_{ij} + L_{ij} \times t_{ij}) \tag{3}$$

式（2）中，C_{1b} 为项目区土地利用结构变化碳储量变化量，C_{lh} 是项目区土地整理后总碳储量、C_{lq} 表示项目区土地整理前总碳储量；式（3）中，C_1 表示项目区土地利用碳储量，L_{ij} 表示项目区第 i 土地利用类型第 j 年的面积，z_{ij} 表示第 i 土地利用类型第 j 年的植被碳密度参数，t_{ij} 表示第 i 土地利用类型第 j 年的土壤碳密度参数。结合王逸韵[53]、郭义强[30]等学者的研究成果和项目区域实际，确定案例项目区耕地、水域及水利设施用地、交通运输用地等的植被碳密度和土壤碳密度系数如表 9 所示。

表 9 项目区不同土地利用类型植被与土壤碳密度参数

土地利用类型	项目区地类	计量单位	植被碳密度	土壤碳密度	数据参考
耕地	旱地、水田	t/hm²	5.5	92.9	王逸韵[53]
交通运输用地	农村道路	t/hm²	10.55	25.36	郭义强，等[30]
水域及水利设施用地	农田水利	t/hm²	6.64	40.64	翟红宾[54]
	坑塘水面	t/hm²	0.6	68.0	贺大为[56]；张中秋[57]；
其他农用地	田坎	t/hm²	1.59	62.95	郭义强[58]

根据表 6、表 7、表 8 显示的项目区土地利用类型及其整治前后的变化数量：土地整治项目实施后，项目区耕地共计增加 25.62hm²（水田 9.47hm²、旱地 16.15hm²），水田占项目建设面积的比例由 32.24% 增加到 36.28%、旱地由 49.16% 提高到 56.05%，坑塘水面面积增加 0.27hm²、占区域面积比例提高 0.12%，农田水利设施面积增加 0.1hm²、比例提高 0.04%，项目区整治后田坎减少 27.6hm²、面积占比降低 11.77%。根据表 9 中各土地利用类型的土壤密度、植被密度参数，经测算案例项目各土地利用类型土壤碳密度、植被碳密度及总碳储量的变化情况如表 10 所示。项目区整理后土地利用结构变化导致区域总碳储量增加 820.77t，其中耕地增加碳储量 2521.01t、交通运输用地增加

57.82t、水利设施用地增加4.72t、坑塘水面增加18.52t、田坎碳储量减少1781.30t，分别占区域土地利用结构变化产生的总碳储量变化量的307.15%、7.04%、0.58%、2.26%、-217.03%，碳储量增加以耕地数量增加为主要贡献、碳储量减少以其他农用地，即田土坎的减少为主体；项目区中，因土地利用结构的变化使区域内植被碳储量增加114.84t、土壤碳储量增加705.93t，分别占土地利用结构变化总碳储量变化的13.99%、86.01%，总体上以土壤碳储量增加为主体。项目区不同土地利用类型变化导致碳储量变化如图9所示。

表10 项目区整治前后土地利用类型碳储量变化（单位：t）

土地利用类型	项目区地类	变化量（hm²）	土地利用类型碳储量变化量		
			植被碳储量	土壤碳储量	小计
耕地	旱地、水田	25.62	140.91	2380.10	2521.01
交通运输用地	农村道路	1.61	16.99	40.83	57.82
水域及水利设施用地	水利设施	0.10	0.66	4.06	4.72
	坑塘水面	0.27	0.16	18.36	18.52
其他农用地	田坎	-27.60	-43.88	-1737.42	-1781.30
合计		0	114.84	705.93	820.77

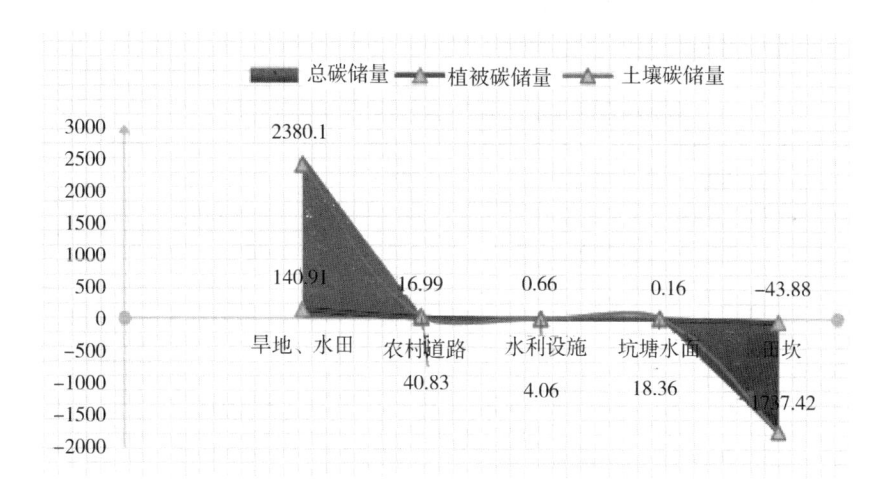

图9 案例项目区土地利用结构变化碳效应测算结果图

(四) 项目农田生态系统碳效应的分析测算

1. 案例项目区土地整理后农田生态系统碳效应测算

农田生态系统的碳效应是农村土地整治项目实施后期管护的碳效应表现之一。由于项目区域经过土地整理之后，土地利用结构发生一定的调整，如耕地数量增加、水利设施及田间道路等基础设施条件的改善，使得项目区域内耕地质量提高，于是总体上，区域内的粮食作物生产能力提高，粮食产量和总量均提高，因此，导致土地整理项目区域内的农作物总产量增加。不同农作物固碳储碳能力不同，因此，项目区域内土地整治前后的固碳储碳能力发生改变，在"双碳"目标及生态文明建设背景下，农村土地整治是乡村振兴的重要平台和抓手，农村土地整治应朝着低碳减排的方向发展和推进。项目区农田生态系统碳储量的变化与农作物的含水率、农作物的经济指数、农作物的碳吸收率等因素密切相关。其各因素之间的相关关系表现为：

$$C_i = (1 - S_i) \times \frac{1}{X_i} \times f_i \quad (4)$$

式中，C_i 为项目区第 i 种农作物单位物质碳吸收量，S_i 表示第 i 种农作物单位物质的含水率，X_i 表示第 i 种农作物的经济系数，f_i 表示第 i 种农作物单位物质的碳吸收率。本书研究中，引用和参考李颖[59]、程韵琦[55]等学者的相关研究中的农作物碳吸收率，如表11所示。

表11　案例项目区单位产量农作物碳吸收率和吸收量参数对照

作物	农作物平均含水率（S_i）	农作物经济系数（X_i）	农作物碳吸收率（f_i）	单位产量农作物碳吸收量（C_i）	相关系数参考来源
水稻	0.12	0.45	0.414	0.810	李颖[59]
小麦	0.12	0.40	0.485	1.067	程韵琦[55]
玉米	0.13	0.40	0.471	1.024	程韵琦[55]
红薯	0.70	0.70	0.423	0.181	李颖[59]
蔬菜	0.90	0.60	0.45	0.075	李颖[59]

2. 案例项目区土地整理前后农田生态系统情况

经调查，项目区主要的农作物以水稻、小麦、玉米、油菜、红薯等粮食作物以及蔬菜、水果等经济作物为主，旱地的农作物复种指数为200%。现状耕地利用中，水田的利用可以采取水稻、油菜间作的方式提高农作物产量，但当地多年的习惯以及保护地力等的需要多以水稻种植为主。旱地的利用可以种植小麦、玉米、红薯、蔬菜，各种一季，采取全年不同季节旱地利用布局安排：玉米占80%、小麦80%、红薯40%、蔬菜20%，如此布局可以使旱地的复种指数达到220%。项目区土地整理后，水田85.04hm²、旱地131.37hm²、坑塘水面2.90hm²、农田水利设施用地6.91hm²、农村道路2.83hm²、田土坎5.34hm²。土地整理后水田增加9.47hm²、旱地增加16.15hm²、坑塘水面增加0.27hm²、农田水利设施用地增加0.10hm²、农村道路用地增加1.61hm²、田土坎面积减少27.60hm²。

项目区农作物生产产量的增加，一方面来自整理后耕地数量的增加，另一方面，因为通过土地整理，项目区的农田水利设施、农田道路系统较大程度得改善、地块更为集中规整、耕地更为平坦，多种因素导致耕地质量提高，从而使项目区农作物产量增加。同时，因为项目区农业生产种植制度的调整，提高耕地的复种指数和利用率，也有助于粮食产量的增长。结合项目区实际测算农作物的产量变化情况如表12所示。

表12 案例项目土地整理后农作物产量的变化情况（单位：hm²、kg）

农作物	整理前占比	整理前面积	整理前产量	整理后种植面积	整理后产量	增产量
水稻	1.00	75.57	487426.50	75.57	510097.50	22671.00
玉米	0.75	86.42	362943.00	92.18	414792.00	51849.00
小麦	0.75	86.42	239801.63	92.18	276528.00	36726.37
蔬菜	0.15	17.28	129622.50	23.04	207396.00	77773.50
红薯	0.35	40.33	181471.50	46.09	276528.00	95056.50

项目区整理后，水田的利用保持一季水稻的种植，整理前后种植制度不变，保持一季，面积75.57hm²，而旱地的种植结构因复种指数的调整而调整。此外，项目区整理后增加耕地25.62hm²，其中水田9.47hm²、旱地16.15hm²，按照整理后的粮食产量计算，水稻增产4.262t；旱地利用按照220%的复种指数（即玉米80%、小麦80%、蔬菜20%、红薯40%的利用布局），共计增产农

作物10.982t,其中玉米3.876t、小麦2.584t、蔬菜1.938t、红薯2.584t。因此,根据表11农作物碳吸收率和吸收量参数,表12项目区各地类粮食增产量及新增耕地的类农作物增产量,测算出项目区农田生态系统碳效应情况(表13所示)。其中新增耕地引起的农田系统碳储量增加共计10.79t,包含水稻增加碳储量3.45t、玉米3.97t、小麦2.76t、蔬菜0.15t、红薯0.46t;耕地质量提高、农作物产量增长产生的碳储量增长共计144.47t,其中水稻增产增加碳储量21.82t、玉米增产增加碳储量57.05t、小麦41.95t、蔬菜5.98t、红薯17.67t(如图10所示)。案例项目区土地整治后农作物产量变化及碳储量变化总体上表现为碳汇作用,碳储量增加共计144.47t。

表13 项目区土地整治后农作物产量变化及碳储量变化(单位:hm²、t)

作物类别	新增耕地增产及碳储量		耕地质量提高增产及碳储量		碳储量小计
	粮食增产	碳储量	粮食增产	碳储量	
水稻	22.671	3.45	4.262	18.37	21.82
玉米	51.849	3.97	3.876	53.08	57.05
小麦	36.726	2.76	2.584	39.19	41.95
蔬菜	77.773	0.15	1.938	5.83	5.98
红薯	95.056	0.46	2.584	17.21	17.67
合计	284.075	10.79	15.244	133.68	144.47

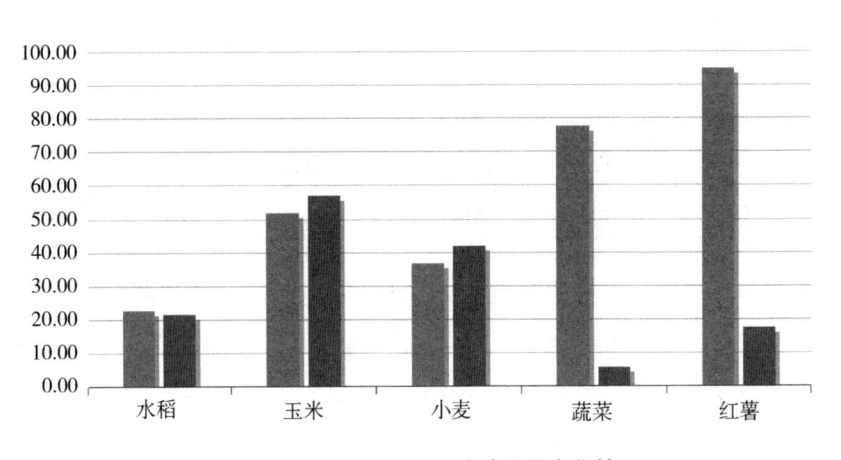

图10 案例区农田生态系统碳储量变化情况

(五) 项目区农田耕作管理活动碳效应的分析测算

1. 项目区农田耕作管理活动碳效应测算的基本思想和方法

农村土地整治项目在竣工完成进入运行实施阶段后的碳效应变化在于农田耕作方式的改变而导致的碳排放变化。农村土地整治项目的实施推进，对土地整治项目区域的灌溉、排水设施，田间路与生产路，土地平整度等均有较大程度的改善，使得项目区域内灌排条件、种植结构、水源储存、耕作方式、种植制度、规模化种植、机械耕种等诸多方面更有利于土地资源的开发利用、节约集约利用和农作物产量的提高，项目区农业生产活动的改变必然引起区域内的碳排放和碳平衡[60]。主要体现在因为耕地质量、生产条件的提高使得农作物生长中的化肥施用量减少引起单位耕地面积化肥使用减少而碳排放降低；同时，土地整治后，农业生产中农药的使用数量有所减少，农业机械耕作更为方便，现代化农业生产技术的推广导致农膜等使用数量有一定程度的增加。因为生产条件的改善、耕地数量的增加，项目区内的农田灌溉面积增加[61]，因此，区域内的农业物资投入导致一定数量上的碳排放增长，引起整治区域内的碳平衡改变。实际操作中，通常采用物料衡算法和农田温室气体通量予以估算[19,54]。测算的基本表达式如下：

$$PC = \sum_{i=1}^{n} A_i \times r_i \qquad (5)$$

式中，PC 表示项目区化肥、农药等全部耕作活动产生的碳排放量，A_i 表示项目区中第 i 类农业耕作活动的投入量，r_i 表示第 i 类农业耕作活动的碳排放系数。计算出项目区内所有生产耕作活动的碳排放量后，再将各类耕作活动的碳排放量相加，等到的结果就是整个农村土地整治项目区农业耕作活动产生的碳效应情况。案例项目区农业耕作及管理活动相应的碳排放系数取值，引用相关学者的研究成果和考虑项目区实际，如表 14 所示。

表 14　案例项目区农业耕作利用活动主要碳排放参数

生产活动	碳排放系数	计量单位	碳排放系数来源参考文献
化肥施用	0.8956	kg/kg	美国橡树岭国家实验室
农药喷洒	4.9341	kg/kg	张利国等[19]
农膜覆盖	5.18	kg/kg	南京农业大学农业资源与生态环境研究所（IREEA）

2. 项目区农田耕作管理活动基本情况

案例项目区农村土地整治实施完成后，耕地面积增加、耕地质量提高、生产条件改善，所以，耕作活动中每年投入的化肥、农药、农膜等物资相较于土地整治前均会产生一定程度的变化，还有如农业生产灌溉区域面积、农地耕作中的翻耕等面积都会相应地改变，从而导致项目区碳循环、碳平衡的变化，既有碳排放量增长的因素，也有碳排放量减少的因素，短期时间内项目区净碳排放量有可能增加，但从区域长期发展的角度，碳排放量在一定时期的运营之后就会抵消，从而促进项目整治区域内产生正向碳效应，促进区域碳达峰、碳中和的实现。为了简化计算过程，也考虑到数据来源和精确性，本研究主要针对土地整治项目实施前后在化肥施用、农药施用、农膜覆盖这三项农田耕作及管理活动量的改变和碳排放的影响进行测算。通过测算，案例项目区整治后化肥施用量减少12.02t、农药使用量减少0.46t、农膜使用量增加2.12t，计算数据显示，案例项目区实施整治后，碳排放总量共计减少2.05t，其中化肥施用减少10.77t、农药喷洒减少2.27t、农膜覆盖增加10.98t，本阶段总体上表现为碳汇效应（如图11所示）。当然，由于测算中没有将区域内的农业灌溉活动、土地翻耕活动等纳入对象范围之内，而这两种耕作活动都是碳排放效应，所以对本阶段的测算结果会产生一定的误差。但是，由于项目区建设实施的范围不大，这两项活动的碳排放总量也比较小，所以影响的程度不会太大。项目区耕作活动的碳效应结果如表15所示。

表15 案例项目区土地整治后农业生产活动及碳排放量

农业耕作活动	计量单位	整治前	整治后	变化量	碳排放/t.a
化肥施用	t	146.15	134.13	-12.02	-10.77
农药喷洒	t	2.37	1.91	-0.46	-2.27
农膜覆盖	t	11.12	13.24	2.12	10.98
合计	/	/	/	/	-2.05

（六）项目区农村土地整治碳效应平衡分析

本研究中案例项目区农村土地整治活动的碳排放效应分析基于项目实施的阶段予以展开，直观上涉及碳排放、碳储存吸收的包括工程建设中因投入钢材、混凝土、标准砖等料，工程施工中使用大量机械消耗掉柴油、汽油、电力

<<< 第四章 "双碳"目标对农村土地整治和乡村振兴的约束

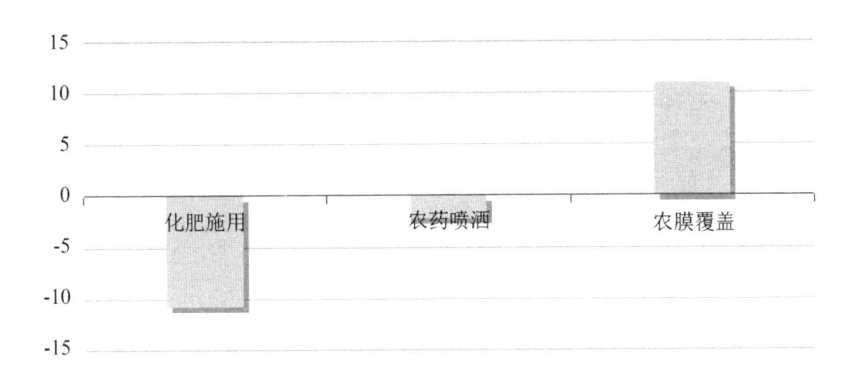

图 11 案例区农田耕作活动碳储量变化情况

等能源排放大量二氧化碳等温室气体，本过程中物料投入、能源消费等都是在工程建设中一次性投入、一次性排放二氧化碳，是项目区重要的碳排放源，对土地整治区域尤其是短期的碳循环、碳平衡影响很大。在土地整治完成后，项目区进入正常的农业生产运行的环节，因项目区生产条件改善，耕地数量增加、耕地质量提高，从农田生态系统的角度，生物生产量一定程度提高，土壤碳储量、植被碳储量都呈现增加趋势，表现为碳储存，即碳汇作用。同时，在项目运行管理中，因为耕地数量、耕地质量的提高，耕地耕作活动如农田灌溉、土地翻耕、化肥农药农膜的使用等导致项目区内碳排放的改变，多数情况下本阶段表现为碳排放源（本项目中因为项目区域小，忽略了农田灌溉和土地翻耕等碳排放量的增加）。再就是土地利用结构的调整对项目整治区域内的碳排放总量的影响，按照当前农村土地整治的主要方向、在生态文明背景下对碳排放的约束，本项内容一般都表现为碳的储存，即碳源效应。

回到案例项目上，整治项目区域内的碳效应平衡状况，主要由工程建设施工碳排放量、土地利用结构调整的碳储量、项目区农业生态系统的碳储量、农业生产活动碳排放量等所决定，通常由工程建设施工碳排放量减去项目区土地利用结构调整的碳储量变化量，以其结果除以项目区整治后农田生态系统的碳储量变化量扣除农田运行管理阶段的碳源（或者碳汇）效应量，得到的结果就是在农村土地整治项目区实现碳循环平衡的时间周期。据此原理和方法，案例项目区工程建设施工碳排放量 1894.46t、土地利用结构调整的碳储量增加 820.77t、项目区整治后农田生态系统的碳储量增加 144.47t、农田耕作管理活动减少二氧化碳排放量2.05t（如表16、图12所示），测算结果表明，项目区实现碳平衡需要经过7.33年的时间，碳效应状况总体良好。

表16 案例项目区土地整治活动碳效应平衡分析表（t）

序号	碳效应产生环节	碳排放效应
1	工程施工碳排放	1894.46
2	土地利用结构变化	-820.77
3	农田生态系统	-144.47
4	农田耕作管理	-2.05
合计		927.17

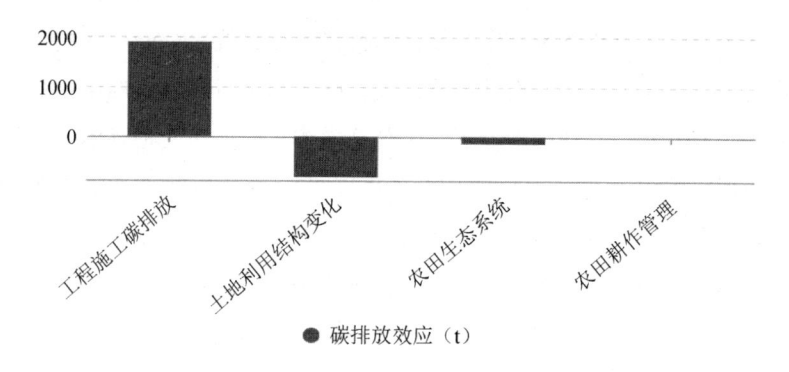

图12 案例区土地整治后碳效应情况

第五节 生态文明建设背景下农村土地整治和乡村振兴的推进方向

生态文明是人类社会历经了农业文明、工业文明之后的新的文明发展阶段，生态文明强调社会、经济的发展必须遵循人类活动、经济发展、社会建设与自然环境之间的和谐、统一，强调生态环境保护、经济、社会与人类活动的可持续发展。生态文明是人类社会发展的必然趋势和演进方向，在新的发展阶段，国家的各领域建设发展都应当以生态文明理念为统领，充分协调人类活动与自然环境之间的良性互动、有机互馈，有效地解决工业文明时期产生的对自然环境和自然资源等的破坏所带来的一系列矛盾，使人类活动无论是经济建设还是社会发展，都应当充分考虑和评估区域生态环境的承受能力，必须在区域自然环境的承载能力范围之内开展建设、促进发展，立足于从整体上统筹协调和保护，建构区域山水林田湖草沙等生命共同体。

一、生态文明建设提出的现实背景和要求

（一）生态文明建设的提出源自工业文明推进产生的资源破坏和环境污染

工业文明起始于欧洲的英国，随后在欧美地区快速兴起，进而在全球范围内逐渐蔓延。工业文明的兴起与推进，给人类的经济、社会发展带来极大的推动力，创造出了无数的物质财富，促进了世界各国科技的腾飞。与此同时，工业文明的负面效应也接踵而至，区域性的环境污染，不同规模的生态破坏，臭氧层空洞、二氧化碳和甲烷等温室气体排放增多，全球气候变暖，土地荒漠化，生物物种减少，水土流失，土壤侵蚀，海洋污染等不断出现，区域性、全球性生态环境危机越来越多地发生，对各国经济的可持续发展、人类社会的生存带来了严重的威胁。1972年6月5日联合国人类与环境会议以来，各国普遍认识到传统的经济发展模式对生态环境带来的重大影响，因此，逐步形成了全世界联合共同拯救地球的共识。于是，生态环境保护、生态文明建设、低碳发展、低碳生活等开始成为各国共同的话语，全球发展已经逐步进入生态文明建设的新时代。

提出并开展生态文明建设是我国历史经历和现实发展的必然。面对我国经济社会发展面临的自然资源紧张、生态环境污染、生态系统退化的严峻形势，党的十八大从新的历史起点出发，审时度势，及时地提出了加强生态文明建设的国家方略，将生态文明建设纳入中国特色社会主义现代化建设的总体布局，将建立社会主义生态文明提升为国家层面的重大战略。同世界工业发达国家一样，中国的发展也经历了一段资源浪费、环境污染、低效发展的历史时期，这是由我国社会主义建设发展起点低、底子薄、基础落后的现实状况所形成的，但是，中国政府历届领导都高度重视生态环境的保护及同自然环境之间的协同共进，清醒地认识到这是一条可持续的发展道路。我国的发展绝不能走西方发达国家所走的"先浪费后节约、先污染后治理"的发展老路，应当根据中国的现实国情选择一条适宜中国特色的发展道路，而开展和推进生态文明建设就是我国现在和未来实现发展最好的路径选择。

(二) 生态文明建设对我国经济社会发展方式和路径的总体要求

生态文明建设是事关中华民族永续发展的根本大计。党的十八大指出:"面对资源约束趋紧、环境污染严重、生态系统退化的严峻形势,必须树立尊重自然、顺应自然、保护自然的生态文明理念,把生态文明建设放在突出地位,融入经济建设、政治建设、文化建设、社会建设各方面和全过程。"从总资源的角度,我国人口众多、人均资源占有量严重不足,耕地、能源、矿产、水等不少资源人均占有量多在世界平均水平的三分之一至四分之一,与此同时,在建设和发展过程中,低效利用、浪费、闲置的情况还比较多;从生态环境的角度,草原退化、水体污染、洪涝灾害、土壤沙化盐碱化及重金属污染等生态环境破坏的案例频繁多发、矛盾凸显,成为经济社会发展的重要障碍,较任何一个工业发达国家所面临的资源紧张和生态环境破坏的挑战都更加严峻。因此,我国在习近平新时代中国特色社会主义建设征程中,面临的资源约束趋紧和生态环境破坏是亟须破解的两大发展难题。过去延续多年的高资源和能源消耗、高污染物和温室气体排放、低生产效率和整体效益的传统发展模式必须彻底改变,有限的资源和超负荷的环境才能够持续支撑、容纳、承受我国经济社会发展的体量和需求。国家从战略的高度将生态文明建设纳入社会主义建设的总体布局中,核心要义就在于从资源的开发利用上保证生态环境的良性循环,扭转资源破坏、生态环境恶化的发展局面,有序、有效地打造优美的生产生活环境,改善农村居民的人居环境,开启美丽中国建设的新时期,推动我国经济社会永续发展。

党的十九大报告指出,"加快生态文明体制改革,建设美丽中国""坚持人与自然和谐共生""到本世纪中叶把我国建成富强民主文明和谐美丽的社会主义现代化强国""人民对美好生活的向往就是我们的奋斗目标"。党的十九大将"美丽"写入了建设社会主义现代化强国的目标,重点论述了加快部署生态文明体制改革,生态文明建设被提升到了前所未有的重要位置和高度,并指出到2035年,生态环境根本好转,美丽中国目标基本实现的奋斗目标,这标志着我国的生态文明建设迈入了新时代。党的十九大以来,"绿水青山就是金山银山"的理念深入人心,融入城乡建设发展的各个角落,建设生态文明,推进绿色低碳循环发展,是我国建设优美人居环境、推进高质量发展的需要,是新时期解决"城乡发展不平衡""农村发展不充分"的现实矛盾的需要。2021年5月14日,习近平总书记在推进南水北调后续工程高质量发展座谈会上强调"水是生存之本、文明之源",指出"尊重客观规律,科学审慎论证方案,重视生态环境保护,既讲人定胜天,也讲人水和谐""重视节水治污,坚持先节水后调水、先治污后通水、先环保后用水",强调加强长江等大江大河的水源涵养和生态保护力度,坚持山水林田湖草沙一体化治理和加强生态环境保护。生态文明建设是实现"美丽中国"的必然路径,实现美丽中国的宏伟蓝图必须坚定生态文明的发展之路。党的十九大报告对我国生态文明建设面临的资源、环境问题等有了明晰的认识,并对如何解决新时代生态文明建设中的困境和问题有了清晰的思路,提出了"打赢蓝天保卫战""像对待生命一样对待生态环境",提出了"要创造更多物质财富和精神财富以满足人民日益增长的美好生活需要,也要提供更多优质生态产品以满足人民日益增长的优美生态环境需要""提高污染排放标准""强化排污责任""改革生态环境监管体制"等具体的思路。

党的二十大报告强调:"大自然是人类赖以生存发展的基本条件。尊重自然、顺应自然、保护自然,是全面建设社会主义现代化国家的内在要求。必须牢固树立和践行绿水青山就是金山银山的理念,站在人与自然和谐共生的高度谋划发展。""我们要推进美丽中国建设,坚持山水林田湖草沙一体化保护和系统治理,统筹产业结构调整、污染治理、生态保护、应对气候变化,协同推进降碳、减污、扩绿、增长,推进生态优先、节约集约、绿色低碳发展。"指出"加快发展方式绿色转型""深入推进环境污染防治""提升生态系统多样性、稳定性、持续性""积极稳妥地推进碳达峰碳中和","坚定不移走生产发展、生活富裕、生态良好的文明发展道路,实现中华民族永续发展"。党的二十大报告指出,"中国式现代化是人与自然和谐共生的现代化",这是我国新时代生态文明建设的战略任务,焦点就是"推动绿色发展""促进人与自然和谐共生",对我国未来发展和建设从产业结构调整、生态环境保护、污染有效治理等多维的角度,阐释了新时期我国推进生态文明建设的策略措施和方法,这是对我国建设中国特色社会主义、经济社会各领域发展的新要求和新部署。党的二十大报告总结了我国已经开展的生态文明建设工作及取得的成效,还站在人与自然和谐共生的高度谋划了未来深入推进生态文明建设、保护优美生态环境的新思路和新举措,"构建优势互补、高质量发展的区域经济布局和国土空间体系""加快实施重要生态系统保护和修复重大工程""深化集体林权制度改革""加快实施重要生态系统保护和修复重大工程",以及构建清洁低碳能源体系、碳减排重要制度和积极参与全球气候变化治理。

二、生态文明建设背景下农村土地整治的推进方向

2015年5月,中共中央、国务院印发《关于加快推进生态文明建设的意见》指出,"优化国土空间开发格局,全面促进资源节约利用,加大自然生态系统和环境保护力度""大力推进绿色发展、循环发展、低碳发展""加快推进国土综合整治""加强农村基础设施建设,强化山水林田路综合治理""支持农村环境集中连片整治",《意见》的出台为未来土地资源开发利用及农村土地整治的推进实施指明了方向。多年来,我国推进工业化、城镇化发展战略的实施,各地都大力推进和高强度开发利用区域土地资源,一方面对生态环境造成了一系列的破坏和影响,另一方面使区域资源环境的承载能力几乎达到极限,导致区域可持续发展面临资源约束和生态环境破坏的尴尬困境。在大力推进生态文明建设、绿色低碳发展的宏观背景下,探索区域低碳农村土地整治,助推实现土地利用方式绿色转型、土地利用结构优化调整,是我国及各区域开展土地利用研究、实践的趋势和方向。

推进人地协调型农村土地整治模式。人地关系理论是研究和探索人类活动与地理环境之间关系的理论,在人类社会发展的不同历史阶段,表现出不同的人地关系模式。人地协调,即人类活动同地理环境之间的和谐共进,是一种坚持可持续发展理念的人地关系。农村土地整治的实施有助于增加整治区域的耕地数量,提高整治区域的耕地、农用地的质量,通过农田水利工程、田间道路工程、土地平整工程等的实施,改善区域的生产条件、生活条件,改善整治区域人居环境的质量,有助于推进区域土地资源的可持续利用和发展,推进人地关系向良性和协调的方向发展。新时期,农村土地整治是推进乡村振兴战略实施的重要抓手和优势平台,发展现代农业、推进新农村建设、建设美丽乡村、建设生态文明都是国家在不同阶段促进农村发展、提升人居环境质量的战略举措,是土地整治区域综合性发展的问题,十分复杂,农村土地整治如何与乡村振兴战略、生态文明建设相结合,这是需要探索和研究的问题。

推进生态型农村土地整治模式。农村土地整治从早期重视耕地数量的增加逐步向耕地数量、质量并重发展,新时期,农村土地整治也逐步愈加关注整治区域的生态环境保护,因而,体现出区域土地数量、质量、生态并重的状态,农村土地整治逐步进入生态型整治发展模式。习近平总书记在党的十八大提出的生态文明思想，要求加强耕地保护，力求做到实现数量、质量、生态"三位一体"全面保护。习近平总书记指出建立"山水林田湖草"生命共同体的系统思想，要求农村土地整治的实施要有机融合农业生产和生态环境的保护，坚持土地资源可持续利用和发展的思想，要保护整治区域的生物多样性，这是发展大势；农村土地整治向生态型转型发展是推进土地整治向综合化、多功能发展的迫切需求，是促进人与自然和谐、实现经济社会持续发展的有效举措；生态型农村土地整治要求从土地整治项目立项设计开始，经过各类工程的具体实施建设、项目竣工验收以及验收合格后的区域农田耕作和管护等全部环节都要坚持可持续发展的理念，探索农田整治工程施工建设与生态环境保护相协调，维护土地整治区域生态功能的平衡[62]。生态型农村土地整治要求在土地整治项目的设计和施工中，尽量立足区域原始的自然条件、地形地貌进行设计和打造，尽量减少对区域原有景观的破坏，在田、水、路、林、村的综合整治过程中坚持生态友好型的理念和模式。

推进低碳型农村土地整治模式。新的时期，加强生态文明建设面临的一个焦点问题就是如何有效地实现降碳减排。一段时间以来，我国政府采取了多重手段如植树造林、调整和优化区域土地利用结构等方式，积极促进二氧化碳等温室气体的吸收和储存，不断推进降碳减排，也取得了显著的成效。在全球的生物质、土壤、大气圈、海洋等五大主要碳库中，与土地利用直接关联的是土壤碳库和植被碳库，区域土地利用的变化可以直接影响植被和土壤碳库，进而影响到区域土地总体的碳储存能力。农村土地整治是一项涉及多领域内容的系统工程，通过一系列的工程措施实现了对土地利用类型和结构的一定改变，由于耕地数量的增加、土地质量的提高、基础设施的完善、耕作管理的调整、人居环境的改善，必然引起土地整治实施区域的碳排放数量的减少和碳平衡。农村土地整治的实施过程既存在二氧化碳等温室气体一定规模的排放问题，造成整治区域短时期内碳排放量的增加，也存在因土地利用结构改变、农田生态系统耕作和管理等，促进区域碳排放减少、增加碳吸收和存储的问题，使土地整治区域碳排放量的减少，在一定时期内可能表现为碳源，但是从长远的角度更多的是表现为碳汇的作用，有助于区域碳达峰、碳中和目标的实现。我国在2012年由国土资源部，德国联邦环境、自然保护与核安全部合作开展了"中德低碳土地利用项目"，项目区以湖南省长沙县金井镇土地整治项目为合作示范点，是我国首个低碳型农村土地整治项目，项目的目标聚焦于研究探索土地整治过程中二氧化碳等温室气体的减排方法和计量方式，已经取得了较好的成效[63]，可以将其成熟的经验予以拓展和推广，为实现农村土地整治、推进区域降碳减排、缓解全球气候变暖趋势提供技术方法借鉴和支持。

三、生态文明建设背景下乡村振兴战略的推进思路

生态环境关乎民族未来、关乎百姓福祉。2022年10月，党的二十大在北京如期召开，党的二十大报告提出"推动绿色发展，促进人与自然和谐共生"。党的十九大提出实施乡村振兴战略，党的二十大报告提出"全面推进乡村振兴"，指出"加快建设农业强国，扎实推动乡村产业、人才、文化、生态、组织振兴""发展乡村特色产业，拓宽农民增收致富渠道""统筹乡村基础设施和公共服务布局，建设宜居宜业和美乡村""巩固拓展脱贫攻坚成果，增强脱贫地区和脱贫群众内生发展动力""深化农村土地制度改革"。因此，新时期，乡村振兴战略的实施，一个重要的目标和内容就是建设宜居和美乡村、实现生态振兴，这与我国当前大力推进的生态文明建设可谓同向同行。在生态文明建设的宏观背景下，如何建设宜居和美乡村、实现生态振兴，这是在乡村振兴战略推进的过程中，必须思考、探索和研究的问题。

坚持生态文明发展方向，深入解决乡村突出的生态环境问题。生态文明建设是新时期各行业、各领域发展的重要指引，要求乡村建设发展中坚持保护与发展并重，推进乡村经济发展和生态环境保护建设同时提升。要求将生态文明理念有机融入乡村振兴的每一个环节、每一个项目，牢固地树立"绿水青山就是金山银山"的新时期生态文明观念。乡村的生态环境问题突出，一部分因素是农村种植业、畜禽养殖业发展中使用大量的化肥、农药、农膜，产生大量的废弃有毒物质，对乡村环境产生污染；另一部分因素在于乡村居民生活中产生的生活垃圾、生活废水等日渐增加，乱丢乱倒，而治理乡村生产生活环境污染的基础设施建设落后跟不上发展的需求，从而使污染和废弃物质无法及时消解造成了乡村的生态环境问题。因此，美丽乡村的建设，乡村振兴的实施，需要有效解决乡村业已存在的生态环境问题，坚持生态文明的发展方向。

发展循环经济，推进绿色产业，实现乡村产业振兴。产业振兴是乡村振兴的关键，推进农业农村的现代化发展，必须实现"让农业成为有奔头的产业"

"让农民成为有吸引力的职业""让农村成为安居乐业的美丽家园"。多年以来，国家的现实国情和体制机制等多种原因，导致农业产业结构不尽合理，农业农村发展质量不高，农业产业价值得不到充分的体现，农业农村环境污染问题突出。广大乡村拥有丰富的、具有区域特色的绿色资源、生态资源，为乡村所独有，蕴藏着巨大的经济价值，如果得以充分地开发利用，将为乡村发展、为生态文明建设带来源源不断的价值和效益。坚持和推进乡村的绿色发展、循环经济，有助于将建设发展的资金、农业项目、技术技能人才等汇集到乡村振兴中去、汇聚到美丽乡村建设中去，有助于引入社会资本投入乡村建设发展、建立多元化的投资主体，让农民切实享受到循环经济、绿色发展为乡村建设带来的丰硕成果，实现乡村的产业振兴。

加强生态文明宣传教育，提高乡村居民的生态文明素养，推进乡风文明。乡风文明的内涵丰富，建设内容包括弘扬社会主义核心价值观、乡村文明优秀成果的传承和发展、乡村基本公共服务的改善、村规民约的遵守与发扬等，是乡村建设的灵魂。由基层党组织、乡镇政府针对乡村村民，组织开展生态文明教育，提升农民的生态文化素养，树立生态价值基本观念，引导村民转变传统的经济至上的价值观念，通过潜移默化的形式提升乡村居民的文化知识水平和生态环保素养，让绿色、低碳、环保等理念入脑入心，让广大农民将保护生态环境、推进可持续发展、参与生态环境建设等变成自觉的行动，内化于心、外化于行，促使更多的人参与到乡村振兴建设中来，使更绿、更健康、更低碳的生产生活方式成为村民的惯常行动。同时，建立农民生态文化服务队伍，培育具有较高文化素养的专业技术人才，充分发挥文化能人、乡贤等在乡村文明推进过程中的带动示范作用，带动农民整体文化素养的提高，专业技能的发展。还可以创造条件，健全体制机制，鼓励城镇优秀人才回乡建设家乡生态文明，村镇及县级政府给予适当的支持、帮助和引导。积极开展乡村文体活动，挖掘乡村文化精髓，推进乡村文化的传承，将具有乡村特色的文化元素有机地植入生态乡风的建设，不断培育优良的生态乡风，推进乡风文明发展。

参考文献

[1] 中国气象局.中国气候变化蓝皮书（2019）[EB/OL].中国气象局网，2019-04-03.

[2] 张黎.全球发展报告：127国提出碳中和目标，覆盖全球88%碳排放

[EB/OL].中国环境（全国生态环境信息平台），2022-6-22.

［3］联合国气候变化框架公约［EB/OL］.百度百科，https：//baike.baidu.com/item/联合国气候变化框架公约/1620452？fr＝Aladdin.

［4］京都议定书［EB/OL］.百度百科，https：//baike.baidu.com/item/京都议定书/761287？fr＝aladdin.

［5］巴黎协定［EB/OL］.百度百科，https：//baike.baidu.com/item/巴黎协定/19138374？fr＝Aladdin.

［6］中共中央 国务院关于完整准确全面贯彻新发展理念做好碳达峰碳中和工作的意见［EB/OL］.中华人民共和国中央人民政府，2021-10-24.

［7］科技支撑碳达峰碳中和实施方案（2022—2030年）［EB/OL］.国家能源局，2022-08-19.

［8］邢广益.推进碳达峰碳中和 促进人与自然和谐共生［J］.新湘评论上半月，2022（3）.

［9］碳中和碳达峰的含义及意义是什么？［EB/OL］.百度知道.https：//zhidao.baidu.com/、question/1869659612881994387.html.

［10］黄润秋.把碳达峰碳中和纳入生态文明建设整体布局［EB/OL］.中华人民共和国中央人民政府网，2021-11-18.

［11］IPCC.Climate Change 2001-Synthesis Report：Third Assessment Report of the Intergovernmental Panel on Climate Change［M］.New York：Cambridge University Press，2001.

［12］吴家龙，苏梦园，苏少青，等."双碳"目标下全域土地综合整治路径探究［J］.中国国土资源经济，2021，34（12）.

［13］HOUGHTON R A, VANDER WERF G R, DEFRIES R S, et al. Chapter G2 Carbon Emissions from Land Use and Land-cover Change［J］. Biogeo Sciences, 2012, 9（01）.

［14］WATSON R T, NOBLE I R, BOLIN B, et al. Land Use, Land Use Change, and Forestry［M］. Cambridge：Cambridge University Press, 2000.

［15］HOUGHTON R A. Revisedestimates of the Annual Net Flux of Carbon to the Atmosphere from Changes in Land Use and Land Management 1850—2000［J］. Tellus B：Chemical and Physical Meteorology, 2003, 55（02）.

［16］HOUGHTON R A, HACKLER J L, LAWRENCE K T. The US Carbon Budget：Contributions from Land-use Change［J］. Science, 1999, 285（5427）.

［17］GREGORICH E G, ROCHETTE P, MCGUIRE S, et al. Soluble Organic Carbon and Carbon Dioxide Fluxes in Maize Fields Receiving Springapplied Manure [J]. Journal of Environment Quality, 1998, 27.

[18] JEAN P C, ANVER G. The Role of the European Union in Globe Change Research [J]. AMBIO, 1994, 23 (1).

[19] 张利国, 王占崎, 李冰清. 湖北省土地整治项目碳效应核算及其分析 [J]. 自然资源学报, 2018, 33 (11).

[20] 赵荣钦, 黄贤金. 基于能源消费的江苏省土地利用碳排放与碳足迹 [J]. 地理研究, 2010, 29 (09).

[21] BOUWMAN A F. Soil and the Greenhouse Effect [M]. Chichester, England: John Wiley & Sons, 1990.

[22] 罗良国, 近藤始彦, 伊藤纯雄. 日本长期不同施肥稻田 N_2O 和 CH_4 排放特征及其环境影响 [J]. 应用生态学报, 2010, 21 (12).

[23] LAL R, BRUCE J P. The Potential of Word Cropland Soils to Sequester C and Mitigate the Greenhouse Effect [J]. Environmental Science & Policy, 1999, 2 (02).

[24] COLE C V. Agricultural Option for Greenhouse Gas Emission [C] // WATSON R T, ZINYOWERA M C. Climate Change 1995: Impacts, Adaptations and Mitigation of Climate Change: Intergovernmental Panel on Climate Change. Cambridge: Cambridge University Press, 1996.

[25] 张庶, 金晓斌, 杨绪红, 等. 农用地整治项目的碳效应分析与核算研究 [J]. 资源科学, 2016, 38 (01).

[26] 刘仁厚, 丁明磊, 王书华. 国际净零排放路线及其对中国双碳战略的启示 [J]. 改革与战略, 2022, 38 (01).

[27] 刘元. 意义深远 使命重大 [J]. 中国农村金融, 2013 (12).

[28] 罗明, 郭义强, 曹湘潭. 低碳土地整治: 打造生态文明建设新平台——以湖南省长沙县低碳土地整治示范项目为例 [J]. 中国土地, 2015 (04).

[29] 翟胜, 高宝玉, 王巨媛, 等. 农田土壤温室气体产生机制及影响因素研究进展 [J]. 生态环境, 2008, 17 (06).

[30] 新华社. 一天三顿米饭也该纳入"减排对象"? 西方科学家指责亚洲水稻排放温室气体 [N]. 绍兴晚报, 2009-12-06.

[31] 陈丹. 非二氧化碳温室气体不容忽视 [N]. 中国气象报, 2009-04-23.

[32] 李晓华. 基于乡村振兴战略的农村人才资源困境及提升路径探析

[J].农村经济与科技,2022,33(09).

[33] 陈卫洪,漆雁斌.农业产业结构调整对发展低碳农业的影响分析——以畜牧业与种植业为例[J].农村经济,2010(08).

[34] HOUGHTON R A, HACKLER J L, LAWRENCE K T.The US Carbon Budget：Contributions from Land-use Change[J].Science,1999,285(5427).

[35] 黄秋兰.基于LCA的装配式建筑碳排放测算与减排策略研究[D].广州：广东工业大学,2022.

[36] 王军,钟莉娜,应凌霄.土地整治对生态系统服务影响研究综述[J].生态与农村环境学报,2018,34(09).

[37] 高向军.土地整理理论与实践[M].北京：地质出版社,2003.

[38] 中国国土资源部,中国国家发展和改革委员会.全国土地整治规划(2016—2020年)：国土资发〔2017〕2号[EB/OL].中国政府网,2017-01-10.

[39] INTERGOVERNMENTAL PANEL ON CLIMATE CHANGE(IPCC).2006 IPCC Guidelines for National Greenhouse Gas Inventories[M].Hayama：Institute for Global Environmental Strategies,2006.

[40] WEI Y, XIAO H L, WEI H, et al.Carbon Effect Calculation and Upgrading Strategy of Agricultural Land Consolidation Project in Urban Edge of Three Gorges Reservoir Area[J].Frontiers in Chemistry,2022.

[41] 俞海勇,曾杰,胡晓珍,等.基于LCA的化学建材生产碳排放量研究分析[J].化工新型材料,2015,43(02).

[42] INTERGOVERNMENTAL PANEL ON CLIMATE CHANGE(IPCC).2006 IPCC Guidelines for National Greenhouse Gas Inventories[M].Hayama：Institute for Global Environmental Strategies,2006.

[43] 崔鹏.建筑物生命周期碳排放因子库构建及应用研究[D].南京：东南大学,2015.

[44] 杨倩苗.建筑产品的全生命周期环境影响定量评价[D].天津：天津大学,2009.

[45] 汪慧颖.广西高速公路建设期碳排放计算及预测研究[D].南宁：广西大学,2022.

[46] 贺大为,金贵,望元庆,等.湖北省不同类型土地整治项目施工阶段的碳排放核算[J].湖北大学学报(自然科学版),2018,40(06).

[47] 张黎维.基于BIM技术的绿色建筑碳足迹计算模型及应用研究[D].扬州：扬州大学,2022.

[48] 万杰.基于LCA的高速公路路面施工碳排放优化研究[D].合肥：合肥学院，2022.

[49] 李兴福，徐鹤.基于GaBi软件的钢材生命周期评价[J].环境保护与循环经济，2009，29（06）.

[50] 董坤涛.基于钢筋混凝土结构的建筑物二氧化碳排放研究[D].青岛：青岛理工大学，2011.

[51] 黎礼刚，李凌云，周紧东，等.护岸工程材料综合能耗和碳排放计算及评价[J].人民长江，2012，43（07）.

[52] 李彦旻，沈育生，王世航.基于土地利用变化的安徽省陆地碳排放时空特征及效应[J].水土保持学报，2022，36（01）.

[53] 王逸韵.农村土地整理项目碳排放研究——基于江苏省盐都区的实证分析[J].农村经济与科技，2016，27（15）.

[54] 翟红宾.石家庄西部太行山区土地整理项目碳排放测算研究[D].石家庄：河北经贸大学，2017.

[55] 程韵琦.土地整治项目碳效应测算及决策优化研究[D].南昌：江西财经大学，2020.

[56] 贺大为，金贵，望元庆，等.湖北省不同类型土地整治项目施工阶段的碳排放核算[J].湖北大学学报（自然科学版），2018，40（06）.

[57] 张中秋，劳燕玲，韦金洪，等.基于PAS2050规范的土地整治碳排放定额测算方法及其应用[J].水土保持通报，2021，41（06）.

[58] 郭义强，陈朝锋，韩赜，等.河北省柏乡县土地整理项目的碳排放效应研究[J].中国农学通报，2015，31（36）.

[59] 李颖.农业碳汇功能及其补偿机制研究——以粮食作物为例[D].泰安：山东农业大学，2014.

[60] 李甜甜.江苏省农田碳源、碳汇分布特征及影响因素分析[D].南昌：江西财经大学，2017.

[61] 宋丹.长春市低碳土地利用分析与结构优化研究[D].长春：吉林大学，2017.

[62] 余青，陈新明，赵玉萍，等.生态化土地整治工程模式的浙江探索——以杭州市为例[J].浙江国土资源，2022（09）.

[63] 罗明，郭义强，曹湘潭.低碳土地整治：打造生态文明建设新平台——以湖南省长沙县低碳土地整治示范项目为例[J].中国土地，2015（04）.

第五章

农村土地整治推进乡村振兴的内在机理

党的十九大报告指出,"农业农村农民问题是关系国计民生的根本性问题,必须始终把解决好'三农'问题作为全党工作的重中之重",实施乡村振兴战略,并明确了"产业兴旺、生态宜居、乡风文明、治理有效、生活富裕"的总体要求和核心内容。乡村振兴战略是党和国家在新时期我国社会主要矛盾已经转化为"人民日益增长的美好生活需要和不平衡不充分发展之间的矛盾"的新形势下提出的治国之方、发展之略。乡村振兴战略的提出是深度解决我国积存多年的农业、农村、农民问题的根本大计和必需良方,是党和国家坚持以人民为中心的发展思想的重要体现。多年来,国家的现实国情和体制机制等诸多原因,使我国经济社会的发展在一段时期内将重心放在城市、放在城镇、聚焦工业,伴随着工业的快速发展、各地园区的拔地而起、城市城镇的规模日益扩大,城镇化水平也渐次提升,我国的经济发展总规模实现了一路赶超,目前已经跃居为世界第二大经济体,人民群众的生活水平、国家的经济科技实力都大幅度地增强。与此同时,面积更为广阔的农村也快速发展,至2020年,我国实现了现行标准下贫困人口全部脱贫的伟大创举和世界奇迹,小康社会也全面建成,但是,我国的城市和农村发展的差距却在逐年增大,繁荣的城市和日渐萧条的乡村反差尤其明显。因此,如何推进农村的进一步发展和农民生活质量的提高成了摆在党和国家面前的一道难题,也成了我国经济社会高质量发展必须破解的一道难题。党和国家适时地提出了实施乡村振兴战略,通过强农业、强农村、强农民,推进城镇和乡村同频共振,推进国家经济社会领域全面发展,进而促进国家的高质量发展、促进新时期社会主要矛盾的有效解决。

农村土地整治是新时期推进乡村振兴战略实施的重要平台和有力抓手,探索和探讨农村土地资源对乡村经济社会发展的作用,分析农村土地整治活动对农村土地资源开发利用和保护的影响,剖析乡村振兴战略对农村土地资源的迫切需求，审视农村土地整治助推乡村振兴的内在机理，对于在新的发展阶段，更加有序地推进实施农村土地整治、推进乡村振兴战略的实施具有极其重要的意义。

第一节 农村土地资源对乡村经济社会发展的重要作用

所谓"万物土中生"，土地资源与人类的生产生活紧密相依，是人类经济社会发展的物质基础和基本载体，没有了土地资源，人类将无法生存。土地作为一种资源是相对于人类的需求和利用方式而言的，在人类文明发展的不同历史阶段，土地资源具有不同的利用方式。农村土地资源具有不同的利用类型，比如直接用于农业生产的农用地，包含耕地、林地园地、牧草地、养殖水面、设施农用地级农村道路、田土坎等；用于农民居住、乡镇企业发展、村域基础设施建设、村域公共设施建设的农村集体建设用地，包含公益性公共设施用地、农村宅基地、集体经营向建设用地，简称为"三块地"；尚未利用或者不具备利用条件的裸土地、荒山、荒丘等土地类型。改革开放以来，随着工业化、城镇化的快速发展，加上我国的人口众多，建设占用的土地资源包含的耕地资源越来越多，耕地资源日益紧张，还由于土地资源的闲置、浪费以及低效不合理利用等，导致各项建设所需土地与土地的有效供给之间的矛盾日渐突出。因此，国家高度重视土地资源的开发利用以及对经济社会发展的基础支撑作用。

农村土地资源是乡村经济社会发展的重要基础和载体，具有不可移动性、稀缺性、稳定性和增值性等特征，具有养育、承载、财产、文化、景观等多种利用功能。土地利用是一个复杂的系统，不同的土地利用类型是土地利用系统的基本构成要素，土地利用功能的实现依赖于区域土地利用结构，外在的表现于多样化的土地利用类型。农村土地利用功能核心在于满足区域经济社会发展在生产、生活、生态（"三生"）和文化领域的功能实现。生产功能是为区域农民提供从事农业、工业等生产的机会；生活功能是为居民提供居住、便利设施和公共服务等条件；生态功能由林地、水域、农田等自然环境提供；文化功能是由庙宇、文化遗产等人文景观产生。因而，农村土地资源对乡村经济发展具有不可替代的重要作用。

一、农业生产发展与农村土地资源

土地是人类赖以生存的物质基础，是农业生产的基础生产资料，是农业、农村发展的重要源泉，从农业生产的角度，农村土地既是一种劳动对象也是生产资料和劳动手段，直接参与到农业生产过程，是无可替代的生产资料。从是否利于农业生产的角度，农村土地资源可以分成三个部分：一是已经利用的农业土地资源，主要是耕地、园地、林地、牧草地、畜禽养殖用地、坑塘水面等；二是宜农未利用土地，是指现阶段尚未利用，但通过土地整治可以开发利用的宜农地、宜牧地、宜养殖地、宜林地等；三是戈壁滩、高寒地、荒漠等现阶段技术经济条件下不可利用的土地。

农村土地资源是农业生产活动的"舞台"和载体，种植各类农作物、饲养放牧牲畜、植树种草栽花等各种农业生产活动，无一例外地离不开农村土地资源。农村土地资源种类多，适宜面广，各地农村土地资源气候、地形地貌、土壤条件区域分异明显，因此农业生产活动需做到因地制宜，发挥区域特色农业生产。我国农村尤其是西南山地丘陵区，地形地貌以山地丘陵为主，山地多、平地少，人均耕地少，适宜开发为农业生产的后备资源。在我国人口众多、经济社会发展及人民生活对粮食等农产品需求旺盛的背景下，农业生产活动需要节约集约利用有限的土地资源，做到地尽其利、地尽其用。粮食安全对一个拥有十四亿多人口的大国来讲，始终都是位居第一的大事和要事，充分合理地利用农村土地资源，尽最大可能满足各领域发展对农产品的需求。在抓紧粮食生产的同时，因地制宜，积极调整区域农业生产结构，发展多样化经营。在科技兴农、科技兴国的时代条件下，大力应用和推广现代农业技术、高新技术，发展优质、高效、高产、生态环保的农业，提高农业生产综合能力，发挥农业作为国民经济基础的重要作用。

农村土地资源的数量和质量对农业生产的发展至关重要，在山地丘陵为主体的西南地区更是如此。由于工业化、城镇化的发展和快速推进、农业生态退耕的影响、工业发展对土地污染等诸多作用，我国农村土地资源呈现日益减少的发展趋势，还表现为土地质量退化、污染破坏等，造成乡村经济社会发展人地矛盾。我国西南地区，山地多、地面坡度大、降水集中，由于植被的破坏造成水土流失、土壤瘠薄，贵州、云南等喀斯特地区，水土流失更为突出。山地农业生产效率低下，土地资源利用效益不高，更加剧了乡村经济社会发展的突出矛盾。通过开展农村土地整治活动，从数量上增加、质量上提高、生态上保障等角度加强耕地资源的保护和改善，是促进乡村发展、农业兴旺的必然途径。尽管科学技术的进步和发展，推动了世界各国经济社会的突飞猛进，但农村土地资源作为基础、源泉的地位永远都不会改变。因此，树立惜地、节地、爱地观念，坚守"十分珍惜、合理利用土地，切实保护耕地"的基本国策应当引起全社会每一个公民的高度重视。

农业强则国家强，农业稳则天下安。党的二十大首次提出农业强国，以加快建设农业强国推动乡村的全面振兴，农业强国首先表现为农业农村对农产品的供给保障能力强，这是新时代农业强国的重要特征，各级政府、全国人民应当深刻理解、深入认识新的历史时期、农业发展的重要定位，健全农业政策体系，科学有效地开发利用和保护农村土地资源，推动农业现代化建设，推动"农业强、农村美、农民富"的如期实现。国家主席习近平在多个场合、多次反复强调，中国人的饭碗要牢牢地端在中国人民自己手里，中国人的饭碗要装中国的粮。中国必须坚持立足国内、确保产能，以科技发展支撑粮食生产保护国家粮食安全的农业发展战略，牢牢坚守国家粮食安全的底线和红线，要加强农业生产领域的科技创新，提高农业生产的创新能力，尽快实现农业生产方式、农业农村发展方式的转变，农业生产要依靠科技进步，农业发展要坚持内涵式发展的道路，不断提升农业全要素生产率。同时，进一步提升农业的国际竞争力，这是农业强国的又一重要表现和核心要义。所以，我国的农业生产发展，应当进一步加强耕地保护和耕地质量建设，加强和落实农村土地流转，发展多种形式适度规模经营，夯实国家高质量发展的根基。

二、农村建设推进与农村土地资源

农村土地资源是乡村经济社会发展的基础和支撑，乡村振兴战略20字方针的第一点就是产业兴旺，足以表明发展农村产业对乡村经济推动、对实现农民富裕的重要作用，而农村土地是产业振兴的基础。乡村振兴的产业兴旺，第一点就是农业产业兴旺，但仅仅依靠农业发展、农业生产，注定无法真正地完成乡村振兴。乡村振兴的产业兴旺应当是以第一产业，即农业生产为基础的，第一、第二、第三产业有机融合发展，实现农村非农产业的建设发展是乡村振兴实现的重要保障。乡村振兴战略 20 字方针的第二点就是生态宜居，建设美丽宜居的和美乡村是乡村振兴战略和农业农村发展的又一重要目标。生态宜居的内容是统筹山水林田湖草的系统，综合治理，包括实现乡村经济社会文化环境协调、人居环境优美、适宜居住工作，目标的实现需要乡村居住区位条件优越、自然风景秀美、基础设施配套完善，需要青山绿水、水质清澈、土壤环保，具有良好的生态环境，具有特色浓郁的乡村气息和乡土文化，以有益于乡村居民的身心健康。因此，因地制宜地开展农村建设，推进实施生态型、低碳型、人地和谐型农村土地整治，有序完善农业农村建设发展的水利、交通、旅游等基础配套设施，是推进农村进一步发展，推进乡村振兴的必经环节。

农村土地资源的种类、数量和质量状况直接影响乡村非农产业的结构、产业建设发展的规模和产业发展潜力。世界各国的建设发展，加速了经济的增长，也催生了严重的环境污染，加剧了人与自然的矛盾，伴随科技的日新月异，人们对土地的开发利用向广度和深度不断拓展。全球气候变暖，海平面上升是当前各国共同面临的生态环境问题，因此，区域农村建设发展必须坚持合理利用土地资源，以保护区域生态环境为前提条件，坚持发展与保护并重。乡村地区土地、水、矿产、森林、牧草等资源状况匹配良好，其非农产业发展和建设的物质基础更为优越，非农产业结构将更加均衡合理。区域土地资源的规模、丰度和基础条件会直接影响甚至决定非农产业发展的经济规模，区域人均土地资源、森林资源、草地资源、矿产资源等的占有量也决定了产业结构模式的选择。此外，土地资源、森林、草地等的质量状况也影响到产业发展和建设的成本与效益，影响到区域产业的竞争力大小和可持续发展的能力，同时，土地资源的空间分布状况对农业、非农产业的空间布局也具有重大的影响，如林木采伐业、矿产采选、水产捕捞等产业的布局直接受到相应资源分布的影响。

党和国家高度重视农业发展、农村建设。党的十六届五中全会提出了建设社会主义新农村的目标，提出了"生产发展、生活富裕、乡风文明、村容整洁、管理民主"的建设要求。党的十九大提出了实施乡村振兴战略，提出了"产业兴旺、生态宜居、乡风文明、治理有效、生活富裕"的乡村发展目标。党的二十大进一步提出全面推进乡村振兴，提出"建设宜居宜业和美乡村"。彰显了党和国家以人民为中心的发展思想，体现了十四亿中国人民对美好生活的向往。新的历史时期，全面深入推进乡村振兴，建设和美宜居乡村，意义重大。新时代的乡村振兴内涵深刻、目标明确，要求农村道路、供水、能源、通信等公共基础建设基本健全，生产生活垃圾处理、公共厕所建设、基础教育、基本医疗、养老托幼等基本公共服务进一步改善和提高，要让更多的农民在家乡就业，拓展乡村发展空间，增加乡村就业容纳能力。同时，推进乡村精神文明建设、乡村风貌的发展，实现城乡各美其美、协调共进。因此，需要镇村两级带领村民加强公共基础设施等基础性、普惠性的名省建设，扎实推进农村道路、清洁能源、农房质量、农产品仓储保鲜、数字乡村等设施建设，优先保障便于生产生活的建设项目，持续推进农村人居环境的改善所需要的农村土地资源，促进建设新时代宜居宜业的和美乡村。

三、农村生态保护与农村土地资源

良好的农村生态环境是农民生活、农村建设、农业发展的基础条件和重要保证，建设和保持优美的农村环境，助力实现乡村经济社会的可持续发展，在我国现代化建设和发展过程中必须长期坚持。长期以来，由于广大农村工农业生产方式粗放、农民环保意识的缺乏、乡村环境保护与治理的基础设施建设薄弱、农民生活习惯的制约，导致农村生产生活垃圾随意扔放和排泄，农村生态环境受到了严重的污染和破坏，生态环境质量持续下降，农药化肥的过量使用、作物秸秆随地焚烧、生产企业污染排放、生活污水随意排放，加上畜禽污染、土壤污染及农业重金属等面源污染比比皆是，如此状况，导致农村土地资源污染严重、质量下降，加剧了乡村地区人地之间的突出矛盾，既成了农村经济发展的重要障碍，又与我国新农村建设、美丽乡村建设、乡村振兴战略要求格格不入。因此，加强农村生态环境建设、改善农村人居环境现状、保护和改良乡村土地资源、提升农村居民生产生活水平与质量成为新时期迫在眉睫的问题。

保护、改良与合理利用农业农村环境，保护和改良乡村土地资源可谓利在千秋，各种政策措施的制定和实施需坚持区域整体发展、统筹规划与发展，坚持治理与保护、建设与管理并重、建设与保护同频的方针，促进各类生态环境治理与保护工程持续发挥效益。农村生态环境的建设应当与区域农村产业发展、农民脱贫扶贫、乡村经济发展紧密结合，充分发动农民群众广泛参与，拓展资金投入渠道，筹集农村生态环境建设发展资金。早在1978年，党的十一届三中全会即计划制定环境保护法、森林法等法律法规，自1992年，我国开始推进生态文明建设，强调"通过生态环境保护，遏制生态环境破坏，减轻自然灾害的危害"。党的十八大以来，中央和国家提出并制定了一系列生态文明建设的新思想、新论断和新举措，为推进美丽中国建设、美丽乡村建设、保护城乡优美生态环境、实现中华民族持续和谐发展提供了努力的方向和实施的路径。

党的二十大报告，明确了我国在新时期生态文明建设的重要任务和实施路径，推动农业农村绿色发展，促进乡村人与自然和谐共生，是生态文明建设的重要目标，各级政府、农业生产发展的主体必须站在人与自然和谐共生的高度谋划乡村振兴、谋划美丽乡村建设、谋划农业农村发展、谋划农村人居环境的改善，从而建设宜居宜业的和美乡村。二十大报告从统筹区域产业结构调整、污染治理、生态保护和应对区域气候变化的不同解读，阐释的新时期生态文明建设的思路，是我国开展农业农村生态环境治理与保护、建设的总体方针和实施方向。未来时期，经济社会高质量发展的关键一环是推进经济社会的绿色发展、低碳化发展。因此，如何推进实施我国农业农村绿色建设发展，农村土地资源的低碳、可持续开发利用是值得研究和探索的科学命题。贯彻落实党的二十大精神，切实坚持"绿水青山就是金山银山"的农村绿色发展理念，持续推进生态优先、农业产业转型升级，农村土地资源低碳化、可持续开发利用，既保护生态环境又促进乡村区域建设发展，统筹推进农业农村经济社会的协调发展，推进农业农村田水路林村综合整治，努力实现农业农村生态保护、绿色发展、民生改善的协调统一。

第二节 农村土地整治对农村土地资源利用的影响

土地是人类的生存之本，对于人多地少的中国农民而言，土地更是农民的命根。1978年11月安徽省凤阳县小岗村的18位农民聚集在一起签订了土地包干责任书，对村内土地分开承包，自此开启了中国农村土地家庭联产承包责任制的实施和推行，即以农民家庭为基本单位，向所在的村、社集体按人口数量和比例承包一定规模的农业用地，并承担相应生产任务的农业生产责任制形式。农民家庭和所在村、社签订承包责任书，对承包土地自主经营和生产，按照合同约定向村、社集体和国家缴纳部分农产品和农业税金，剩余农产品全部归农民家庭所有。家庭联产承包责任制将土地产权分为所有权和经营权，所有权归属于农民集体，经营权则分解给各承包土地的农户，形成了一套"有统有分、统分结合"的农村土地双层经营体制，极大地调动了农民的生产积极性。但这种经营采取家庭分散经营的方式，为了做到农户平等，土地分配上实行"远、近插花""好、中、差搭配"，导致土地碎片化、分散化，承包农田结构细小分散、农民难以建设基础设施、农业生产成本高、不利于规模化经营和农业科技的推广和提升，也形成了农业生产比较效益低下的农业生产现实。

农村土地利用类型包含农用地、农村建设用地和未利用地三大类别，而农村土地整治是综合性整治、全域土地整治，包含农用地整治（以耕地为主要对象）、建设用地整治（以农村居民点为主要对象）以及未利用地开发（以未利用土地为主要对象）。农村土地整治通过土地权属调整、质量提升、结构调整、空间布局和经营模式改变等路径影响农村土地资源利用功能的实现，从而加强农村区域农业生产、工业生产、居住就业、人居环境、乡土文化、公共服务等多功能的供给。

一、调整土地整治区域土地权属

农村土地整治实施必将造成原有地块权属界线的破坏甚至消失，影响土地资源利用。家庭联产承包责任制的实施，使得农村土地分散经营、耕地破碎细小，不利于规模化经营和农村集体土地的流转等现代农业生产经营。农村土地整治，以整治区域内的土地为整体，通过统筹实施田间道路、土地平整、灌溉排水沟渠、防护林网等一系列工程、生物措施，将区域内细小、破碎的田块、地块进行归并，将坡地进行平整，新建田间道、生产路、灌溉渠、排水沟、蓄水池、沉沙函等，对土地整治区域内的农业用地予以重构和调整。一方面通过坡地的平整打破了原有的村社和农户地块界线，坡地变得平缓，小地块变成了大地块；另一方面，一系列道路、水利、林网等基础设施的新建占用了区域部分土地，或者将原有地块分割，也造成相应地块权属的改变。

农村土地整治造成的权属矛盾，对其处置妥当与否直接关系到农村土地整治实施的成败，是项目顺利开展的基础和前提。由于一系列土地整治工程的实施导致区域内农户原有的田块、地块权属界线被打破、被分割、被消失，区域内有的地块耕地面积增加、有的地块土地质量提高。因此，土地整治项目实施中，需要采取一定的方式重新界定涉及农户的土地权属，重新划定分解全部农户的土地面积。由于多年的耕作习惯影响，农民对自己家庭经营的田地权属界线非常看重和在意，在土地权属重新划定中，势必会产生不同经营主体之间的矛盾纠纷，农户家庭之间、农户与村社集体之间都存在不同的矛盾，在农村土地整治中必须高度重视土地权属矛盾，积极关注和响应农民的意见和诉求，让区域农户直接参与到权属调整的工作中，确保项目区域内农民的和谐和安定，保证土地整治项目顺利推进实施。

从农村土地整治的源头，即项目规划设计阶段充分考虑和统筹谋划整治区域内的土地权属调整方案。土地整治权属调整的基本取向是涉及的权属主体权益不受损，在制定的权属调整方案和措施符合国家土地管理法等相关法规的前提下，对土地整治区域内不同权属主体的地块在空间上进行因地制宜的置换调整，调整后有利于土地权属管理，适宜于区域发展规划、土地产出率提升等总体要求。首先是成立由自然资源局、土地开发整理中心、乡镇政府、村社干部等人组成的项目区土地权属调整指导小组，在指导小组的统一安排下，对项目区确切边界、土地确权登记发证等情况进行翔实的摸底调查；其次，在对整治后的农用地分配中，遵守集中连片、方便耕作的原则，按照农户或村社原有的比例确认地块的四至边界，必要时埋设界桩，调整中涉及跨社或组的，应当经过社、组三分之二以上的村民签字同意，再对土地所有权、使用权的变更进行登记造册并上报，分配的总原则是确保项目区内的村社、农户数量不会减少，质量有所提高、利益不受损；最后，在土地整治区域权属调整过程中产生的权属纠纷应当由乡镇政府及村社干部本着实事求是、公平公正的原则，在相关法律、法规的政策框架之下，进一步明确土地产权、确定整治区域土地额的权属，合理分配高中低产田土地，保证数量、质量公平，保证整治区域村民的和谐安定。

二、提升土地整治区域耕地质量

耕地是区域粮食生产的根本，是农业发展的重要载体，耕地质量的高低直接关系到区域内农民的粮食收入、关系到国家的粮食安全和国家的长治久安。农村土地整治工程的实施，通过一系列工程、生物技术措施的实施，通过有针对性地解决项目区域农业生产中存在的定性、气候、土壤、水源等一系列利润问题，进而实现既增加区域内的耕地面积，又在改善区域基础设施的基础上提高项目区域耕地的质量，提高土地整治区域的总体经济收益、保证粮食安全的基本目标。

农村土地整治一系列工程措施改善了整治区域内的生产生活条件，解决了项目区农用地生产中的短板和制约条件。农业生产的发展常常受到自然条件的影响和制约，诸如有的地方降水少、农业生产灌溉欠缺水源，农业种植处于靠天收的境况；有的区域耕地坡度比较大，降水季节性集中，水土流失严重，土壤养分缺乏，较为贫瘠；有的地方地势低洼，易形成涝灾，积水严重，不利于作物生长；有的区域生产耕作不断，内外交通便道缺乏，播种收割受阻。一系列问题都造成区域内的农业生产效益低下、农作物产量不稳定，影响到农民生产的积极性，也造成了区域内农民的贫困。农村土地整治项目，通过设计坡改梯、增加土层厚度，新建和维修灌溉渠、排水沟、蓄水池，新建和维修田间道、生产路等土地平整工程、农田水利工程、田间道路工程，保证区域内农业生产灌溉排水、居民生活、饲养牲畜等的生产生活用水，耕地趋于平缓以保水、保土、保肥，改善"水、肥、气、热"条件，从而提高耕地自身肥力，整治区域生产便利、生产资料和农作物对外流通快捷、农作物适时实现生产价值，解决了耕地坡度大、干旱、渍水、闭塞等问题，使得区域内生产生活条件得以改善和提升，农村居民居住环境进一步改善。

农村土地整治提高了整治区域耕地的质量，增加了农民的收益，助力区域内农民的脱贫攻坚和"三农"问题的解决。农业、农村和农民问题是我国实现城乡融合发展，解决新时期社会面临的主要矛盾的关键问题。"三农"问题的根本在于农民收入低，人居环境差，尤其是在我国西南地区的山地丘陵区，受到地形地貌、土壤水文等条件的限制，农业生产、农民收入对区域的耕地数量、质量的依赖性比较大，农业生产是相当一部分农户家庭的主要收入来源。通过农村土地整治一系列工程生物措施的实施，耕地质量得以提高、生产条件得以改善，因此，区域内农业生产结构、农作物种植制度、耕地复种率等都得到改进和提升；还由于单位面积上的农产品产量提升、家庭农产品总量增长，从而实现农户家庭和整治区域总体上经济收入的增长，缓解了部分农民的贫困窘境。同时，因为农村土地整治改善了区域内的道路、水利等基础设施条件，整治了区域垃圾污染和脏乱差的状况，使得农村人居环境质量得到提升，助力于宜居宜业的和美乡村建设，为推进乡村振兴奠定了基础。

三、优化土地整治区域土地结构

土地利用结构，即一定区域范围内耕地、林地、园地等不同的用地类型在区域土地利用总面积中所占的比重及其组成情况。合理优良的土地利用结构，会产生良好的土地利用总体效益，不同的土地分类分级、不同的社会制度、不同的经济发展水平、土地利用目的及土地利用结构不一样。区域土地利用结构直接影响区域土地利用方向和整体效益，影响区域经济活动空间的分布状态。土地利用结构的调整是一个区域土地利用规划、计划的重要内容，直接关联到区域的发展，各级政府、土地资源管理部门都高度重视，相当多的学者和管理人员、技术人员也对如何更好地调整和优化区域土地利用结构，促进有限的土地资源产生更好、更多的经济、社会和生态效益开展了系列的探索和研究，也产生不同的土地利用结构调整、优化的理论、方法和技术，为区域土地资源利用效益的提高从不同角度和层面做出积极贡献。

农村土地整治的实施，改变了区域的土地利用结构，改进了区域土地资源利用的综合效益。农村土地整治是全域、系统的土地整治，其整治对象涉及农用地、农村建设用地以及未利用地。农用地整理中，通过实施小田块、破碎地块的整治归并，通过水利、道路交通、土地平整等工程的实施，区域内的田土坎面积会减少，灌溉排水蓄水等农田水利设施、坑塘水面等水域面积会有一定数量的增加，田间道路、生产路等的新修、维修也使其面积相应地增加。同时，各类土地整治工程的实施，沟渠、道路、蓄水池等会占用一定数量的耕地、园地或者其他地类，于是，整个项目区内的耕地、园地、其他农用地等的数量结构会发生一定程度的改变，引起土地利用结构的变化。农村建设用地复垦中，通过调查、设计，对项目区内的废弃、闲置、破旧的农村居民点、公共服务设施、乡镇企业、晒谷场等进行拆旧、客土及复垦，增加了区域内的耕地面积，改善了废弃宅基地区域的生态环境，从而使建设用地数量减少，耕地及其他农用地数量增加，引起土地利用结构发生改变；未利用地开发中，将未利用的草地、裸土地、灾毁土地等采取一定的措施进行开发、修复等，开发之后转化为耕地、园地等利用类型，从而使耕地数量增加、未利用地数量减少，引起土地利用结构的变化。通过一系列农村土地整治措施，使区域内的土地资源结构更为优化，土地利用节约集约水平一定程度上得到提高，因此，资源利用效益、经济效益都得到提升。

四、改变土地整治区域经营模式

我国农村土地实施家庭联产承包责任制，农户分散经营、田块地块分散破碎，农业生产基础设施欠缺、农业农村资金投入不足，农业生产为传统的小农经营，生产成本高、综合效益低。农村土地整治采取一系列工程、生物措施，完善区域农田梳理、道路等基础设施，开展土地平整，缓解农村土地资源开发利用的制约因素，促进区域土地规模经营和土地流转，为农业农村产业发展打下基础、创造了条件。结合农村区域土地、森林、矿产、草场等资源禀赋条件，选择适宜区域特色的农业产业类型，以产业发展带动区域土地利用结构、农业结构的调整，是促进农村经济发展的有效形式[1-2]。

中国人多地少的现实国情，决定了农业农村的现代化发展必须采取规模化经营。家庭经营规模小是当前推进农村土地流转、土地规模经营的最大障碍，在我国的西南山区表现尤为突出，土地权属分散、田块破碎化，农业经营效益提高甚为困难，即便少许农户开展葡萄、草莓、辣椒、蔬菜、水果、特色农作物等的规模化、产业化经营，但因缺乏农业技术或者通过向种植经营户"边看边用"的方式，实际的收效很小，进而导致了西南山区农村特别是有一定文化的青壮年大量地放弃农村土地耕作经营，选择到周边场镇、县城甚至东部、南部发达地区务工、经商，农村的土地甚至很多的良田沃土闲置、撂荒，这对我国的粮食安全保障极为不利。采取措施推进农村土地规模化经营，发展适宜区域特色的农业产业，提高区域机械化使用规模，增进农业生产科学技术，引导农村劳动力和社会资本向农村产业发展转移，是改变农村落后面貌、节约集约利用农村土地资源、提升农业生产综合效益的重要路径，而农村土地整治恰好是改变这些发展短板的适宜形式。

农村土地整治通过完善区域基础设施，弥补了规模化经营、土地流转和产业化发展的短板。我国特别是西南山区农村劳动力缺失，农业生产周期长、见效慢，因此一些涉农企业和经营大户投资的积极性不高、顾虑较多[3]，导致部分地区农村建设发展几乎处于停滞状态，乡村地区日渐萧条，由于投入不足，农村道路、沟渠年久失修、杂草丛生。一方面用地紧张、人地矛盾突出；另一方面农村土地闲置、撂荒众多，这些都相悖于我国"十分珍惜、合理利用土地

165

和切实保护耕地"的基本国策。我国的农村土地整治，主体上由国家或地方各级政府组织和投资，通过项目的规划设计，针对性地解决区域土地利用经营面临的基础设施缺乏等短板问题，是解决新时期我国农业农村产业发展、土地资源规模化经营和耕地保护的重要举措，通过对区域田、水、路、林、村实施综合性整治，改善整治区域的生产条件、生活环境，促进了区域土地集约规模经营和农业产业发展，促进了整治区域农村人口的集中居住，与此同时，对我国工业化、城镇化建设发展过程中实现耕地占补平衡，推进城镇化水平的提高起到了不可估量的巨大作用。因此，农村土地整治的实施改变了区域农村土地的经营利用模式，提高了农业生产能力，降低了农业生产的成本，促进了区域农业整体效益的提升。

第三节 乡村振兴实施对农村土地资源的多功能需求

自党的十九大提出乡村振兴战略之后，伴随着乡村振兴战略的实施和推进，如何科学、合理、高效地利用好农村土地资源成了实施乡村振兴战略的重要研究课题。乡村振兴战略实施的目标在于实现乡村地域社会、经济、环境等要素之间的协调发展，需要通过优化区域土地资源的利用结构和合理配置，加强农村土地资源的多功能输入和协调。以生产功能承载产业发展、增加农民收入、推进乡村经济发展，基于生态文明约束，发展绿色经济，保持区域生态环境稳定，实现产业兴旺和生活富裕；以生活功能实现和谐发展推进生活富裕和乡风文明、促进社会和谐、提升文化内涵；以生态功能促进区域生态稳定，提升乡村人居环境，促进社会和谐，实现生态宜居。乡村振兴实现的目标之中，"治理有效"是确保"产业发展、生态宜居、乡风文明、生活富裕"目标实现的基础和有效保障（如图1所示）。

一、产业兴旺、生活富裕与农村土地的生产功能

乡村振兴的20字方针中，产业兴旺是基石，是乡村振兴的核心。因地制宜地发展具有乡村区域特色的现代农业产业是产业兴旺最重要的内容，是解决

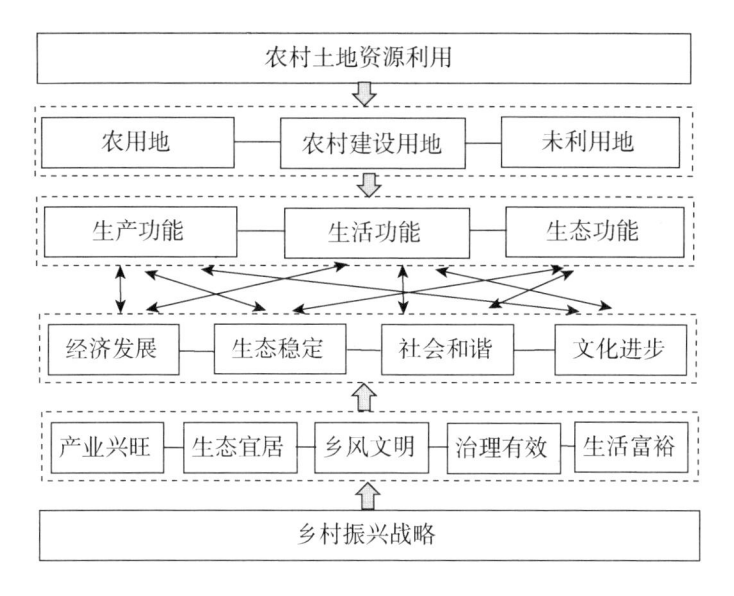

第五章 农村土地整治推进乡村振兴的内在机理

图 1　乡村振兴战略实施对农村土地资源的功能需求

乡村振兴所有问题的前提条件，事关乡村振兴的成败和质量。生活富裕是乡村振兴的目标，以农民为中心推进美丽乡村建设，让农民过上宜居宜业的和美生活。生活富裕的实现需要乡村保持农民收入的快速、稳定增长，不断缩小城乡之间的差距，推进区域城乡有机融合发展，城乡居民共同进入小康社会、共享国家经济社会文化建设发展的成果，产业兴旺是实现生活富裕的基础和保障。一段时期以来，我国农村经济社会发展远落后于城镇，出现了多年都未彻底解决的城乡发展不平衡状态。由于城乡资源、要素的单向流动，农业生产效益低、农民收入低下，一部分青壮年劳动力离开农村进城务工造成农村劳动力缺失。只有乡村产业发展了，才能吸引农民工回乡就业，才能增加农民收入，解决农村发展的人力资源，恢复市县乡村的生机和活力，推进乡村农业、林业、牧业及农产品加工业可持续发展和转型升级，夯实乡村振兴的坚实物质基础。

农村土地资源从大的类别上有农用地、农村建设用地以及村域未利用土地。农村土地资源具有典型的生产功能，体现为土地资源的生产能力、土地资源的人口等承载能力，一方面是指以农村土地作为劳动对象生产各种农产品如粮食、蔬菜、水果等直接用于居民生活或者作为工业生产的基础原材料；另一方面是指以农村土地作为基本载体，实施社会生产而生产出各种矿产品、商品等。乡村现代农业产业的发展必须依赖于农村土地的生产功能，以农村土地的

167

生产功能承载农业生产、农产品加工、农村商业服务业等农村第一、二、三产业的融合发展，以产业发展带动农村经济的整体繁荣、增加农民的收入，奠定乡村振兴生活富裕实现的基础。同时，农村产业的发展须以生态文明理念为指导，发展绿色、低碳农村产业，减少化肥、农药、农膜的使用量，选育优良农作物品种，实施秸秆还田、减少秸秆焚烧，保持和减少乡村农业生产的碳排放量，推进和保持乡村良好的生态环境，实现生态稳定。

二、生活富裕、乡风文明与农村土地的生活功能

生活富裕是乡村振兴战略的最终目标，乡风文明是乡村建设的灵魂。实现农民的生活富裕，一是实现农民收入的增长，二是实现农民精神文化素养的提升，实现物质和精神的双文明、双保障，也只有乡村精神文明建设上了台阶，乡风文明蔚然成风，乡村振兴才能稳步推进，才能吸引更多的主体投资和建设。因此，需要加强农村基础文化教育、促进农村基本医疗卫生的发展，持续、有序提高村民文化素质，有计划地根据农村发展需要，组织开展各种培训，提升农民谋生的技能，乡村振兴方可持续推进。

农村土地资源的生活功能主要是指农村土地为乡村居民在生产、生活及乡村发展中所能提供的生产生活空间、各种保障，包含为农民供给生产生活承载空间（作为载体）、提供物质和精神生活（乡土文化、农耕文明、乡规民约）的保障，如提供农民住宅空间、农业生产空间，农作物及农机具储存空间，物资、资源及生态环境保障等。农村土地资源的生活功能是生活富裕的基础保障，也是土地资源利用的终极目的，但其实现的程度与农村土地资源的生产功能、生态功能等密切关联。因此，乡村振兴战略的实施，生活富裕目标的实现，乡风文明的传承、升级与农村土地的生活功能能够实现有机衔接，能够以农村土地的生活功能作为依托和载体。

三、生态宜居与农村土地的生态功能

乡村振兴战略的生态宜居是实现乡村发展的重要保障、内在要求，是提升乡村居民生活质量的根本。"绿水青山就是金山银山""望得见山、看得见水、记得住乡愁""天蓝地绿、村美人和"，都是对乡村振兴中优美的乡村环境、宜居宜业的和美乡村的精准表达。生态资源丰富、生态环境优美是乡村最大的

财富和发展优势，只有乡村的生态环境变得优美宜居，才能在乡村地域留得住建设乡村的劳动力，实现城镇务工的农村人口回流，进而为乡村振兴的实施提供创业人员和劳动力条件。当前，农村土壤污染、农药污染、农村"三废"物质排放、治污设施缺位等多种因素的影响，使很多农村生态环境状况不容乐观。乡村的生态宜居，是我国当前和未来较长时期内生态建设的重点，实现了生态环境的宜居、农民的安居乐业，才谈得上农民生活质量的提高。

农村土地资源的生态功能内涵丰富，包含通过森林、草地实现大气环境调节，土壤、水体对废弃物、污染物的净化，维持区域生境及生物资源的多样化、涵养水源等诸多方面，依托农村土地的生态功能维持人类生产生活的自然条件及其功能作用。农村土地生态功能的实现和充分发挥，需要在乡村建设、农业生产中合理设计、规划土地生态系统的利用类型和结构，聚焦于持续提升区域农村土地生态系统的生物质生产能力和生物质生产量，使乡村区域生态系统保持和发挥良好的生态环境效益。乡村振兴战略中，生态宜居目标的实现离不开农村土地生态系统、生态功能的发挥和乡村区域生态系统稳定的实现、乡村人居环境质量的改善和提升。

四、治理有效与农村土地制度

乡村振兴战略的目标之中，"治理有效"是核心、是保障，是确保"产业发展、生态宜居、乡风文明、生活富裕"目标实现的基础和有效保障。乡村地域的治理越有效，则乡村振兴战略实施的效果就越好。所以，实现乡村振兴的治理有效，需要地方政府建立健全乡村治理体系，建立由党委领导、政府负责、各界协同及公众广泛参与的村域自治、德治、法治相结合的乡村治理体系，必须夯实基层基础，强化基层党组织的领导和带头作用。

目前我国实行的是社会主义土地公有制，包括土地的全民所有制和劳动群众集体所有制。城市与农村土地的产权主体不同，城市土地为国家所有，农村土地为农民集体所有。我国现行的农村土地产权制度主要包含农村土地的农民集体所有制和农村土地使用制，我国农村土地实行家庭联产承包责任制，由村、社将集体所有的土地经营使用权分散承包给农户，由农户自主经营。农村土地的所有权、使用权的行使都在《中华人民共和国宪法》《中华人民共和国土地管理法》等法律法规和中央、国务院、地方各级人民政府的规章框架之下，依法履行和实施。依法开发利用农村土地资源、促进农村经济发展、保护乡村生态环境是乡村治理的一项重要内容。因此，乡村的有效治理和农村土地资源的合理开发利用，两者是相辅相成、互为支撑的，共同保障和促进"产业发展、生态宜居、乡风文明、生活富裕"的乡村振兴一系列目标的实现，两者目标一致、同向同行。

第四节 农村土地整治推进乡村振兴战略实施的机理

党的十九大提出的乡村振兴战略，以实现"产业兴旺、生态宜居、乡风文明、治理有效、生活富裕"为总方针，乡村振兴战略实施的核心目的是系统地构建人口、土地、产业等多种发展要素的耦合格局。其中，乡村振兴战略的产业兴旺需要农业农村用地为基础支撑，生态宜居的实现与治理有效的推进需要加强乡村生态用地和功能建设，生活富裕和乡风文明的实现需要优化乡村农业用地布局和农村资源的配置，乡村振兴战略实施的需求与农村土地整治中的农用地整治、农村建设用地整治和生态环境治理与修复具有良好的应对关系（如图2所示）。乡村振兴实施面临乡村耕地资源破碎分散、数量减少、质量降低、产业结构不完整、农业产值低下等生产要素问题，农村宅基地闲置浪费、居民村庄空心化、乡村基础设施及公共服务缺失等生活要素问题，还面临农村生活垃圾无设施堆放、生产污染、工业污染物设备治理等生态要素问题。乡村的生产空间制约、生活空间陈旧、生态空间污染、人居环境破坏，亟须增强乡村农用地的生产功能、改善农村建设用地的生活功能、提升乡村生态用地的生态功能，亟须通过农村土地整治解决乡村振兴战略实施中面临的困境。

新时期农村土地整治以农用地、农村建设用地、农村生态用地等农村土地为中心元素，以"山水林田湖草"为整治实施的对象，以实现乡村"要素→结构→功能"转型为主要目标，通过对村域农用地、农村建设用地整治、农村生态环境整治及生态修复，实现乡村资源—环境—生态的全面综合性治理（如图2所示）。农用地整治的作用在于促进耕地集中连片，增加耕地数量提升质量，完善农村产业发展链条，实现生产空间重构，推进区域生产功能增强，助力产业兴旺、生活富裕；农村建设用地整治，其功效在于治理农村人居环境，

```
┌─────────────────────────────────────────────────┐
│                 农村土地整治                      │
└─────────────────────────────────────────────────┘
   ┌──────────┐   ┌──────────────┐   ┌──────────────────┐
   │ 农用地整治 │   │ 农村建设用地整治│   │ 生态环境治理与修复 │
   └──────────┘   └──────────────┘   └──────────────────┘
   ┌──────────┐   ┌──────────────┐   ┌──────────────────┐
   │重塑生产空间│   │ 重塑生活空间  │   │   重塑生态空间    │
   └──────────┘   └──────────────┘   └──────────────────┘
┌─────────────────────────────────────────────────┐
│           人口要素+土地要素+产业要素               │
└─────────────────────────────────────────────────┘
   ┌──────────┐   ┌──────────────┐   ┌──────────────────┐
   │生产空间制约│   │ 生活空间陈旧  │   │   生态空间污损    │
   └──────────┘   └──────────────┘   └──────────────────┘
  ┌────┐ ┌────┐ ┌────┐ ┌────┐ ┌────┐
  │产业兴旺│生态宜居│乡村文明│治理有效│生活富裕│
  └────┘ └────┘ └────┘ └────┘ └────┘
┌─────────────────────────────────────────────────┐
│                乡村振兴战略                      │
└─────────────────────────────────────────────────┘
```

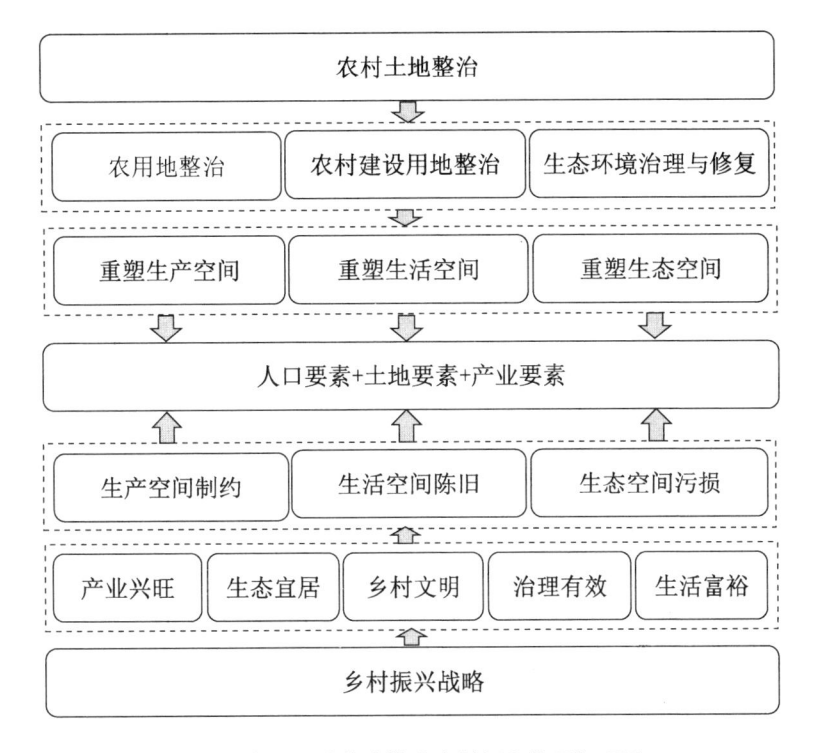

图 2　农村土地整治推进乡村振兴作用机理图

完善基础设施和公共服务，提升宅基地集约利用，优化村庄用地功能布局，实现生活空间重构，改善区域生活功能，助力生活富裕、乡风文明；农村生态环境整治及生态修复，主要目标在于治理生活垃圾、农村生产污染、工业生产污染，强化生态功能，实现乡村生态功能重构，提升区域生态功能，做到生态宜居。因此，农村土地整治以土地要素、人口要素及产业发展要素等为桥梁，能够实现对区域乡村振兴战略的支持和推进。

一、新时期乡村振兴战略实施的现实需求

自新中国成立以来，我国的城乡建设都取得了举世瞩目的伟大成就，城乡居民生活水平日益提高。国家统计局统计数据表明，至 2020 年，我国实现了现行标准下农村贫困人口的全部脱贫，832 个贫困县全部实现摘帽，覆盖人口达 5575 万人，1385 万建档立卡贫困户全部实现了"两不愁三保障"[4]，决战脱贫攻坚取得决定性胜利，实现了全面建成小康社会的目标任务。但由于在一定历史发展阶段，国家对城市和乡村发展上的不同定位，使我国城乡发展不平

衡且差距逐渐加大，不少地方出现了"城进村衰"的现实困境，广大农村地区尤其是西南山区农村表现出人口老弱化、劳动力短缺、土地资源撂荒闲置、农村产业缺失，"三农"问题日渐突出，且成为新时期城乡融合、乡村转型、中国经济社会高质量发展的短板和制约。为深度破解"三农"问题、推进城乡融合发展、提高农民生活质量，党的十九大提出了实施乡村振兴战略，党的二十大提出了全面推进乡村振兴的目标，党和国家高屋建瓴，从国家战略、顶层设计上彰显了新时期党坚持以人民为中心的发展思想，彰显了党和国家对解决困扰我国多年的"三农"问题的坚定决心，彰显了党和国家推进我国经济社会高质量发展的战略导向。

（一）劳动力、土地、资金是推进乡村振兴战略实施的基本要素

乡村振兴战略的实施和推进必须具备适量的劳动力、充足的建设资金和适时可供的土地，这是乡村振兴战略顺利实施推进的三大基本要素。

第一，乡村振兴战略需要足量的劳动力。人才是乡村振兴的根本支撑，乡村振兴战略的实施，产业兴旺是基础、是重点，没有产业的发展就不可能有真正的乡村振兴。但是，乡村产业的发展中，农业生产、农产品加工、生产生活服务等第一、二、三产业的发展都需要人，劳动力和乡村产业相辅相成，没有技术人才、管理人才、生产人才等不同劳动力就没有乡村产业的发展，同样，乡村如果没有产业，再多的劳动力也无所依托、无处就业，终究留不下来。新时期乡村振兴人才的需求主要有四个类别：第一类是新型职业农民，即通过对乡村青年的职业知识、技能、素养的培育，造就一批懂农业、爱农民、爱农村且具备一定经营管理能力的新型职业农民，创造条件，使其成为农业生产专业大户、农民合作社等乡村建设发展的主要技术技能人才，成为乡村振兴建设的主力军。第二类是能工巧匠，在乡村地域精选一批热爱家乡、热爱农村和农业，愿意长期立足家乡建设和发展的石匠、木匠、花匠、农业技术人员、手工艺师傅等工匠和能人，制定一定的措施，基于乡村资源禀赋和优势条件，支持其在家乡创业和发展。第三类是具有专门技艺、才学的市民。乡村振兴实施亟须一批掌握专门技艺如农业、加工业、服务业的企业家，高等院校、科研院所、实体企业的专家学者，还有教师、医生等专业人才，创造条件到农村帮助、指导乡村建设和发展。第四类是新乡贤、本土在外务工经商办企业的能人，支持回乡创业，政府给予资金、土地、基础设施等方面的优惠政策，吸引

他们在家乡创业，带动家乡发展，吸引更多的人在家乡就业。

第二，乡村第一、二、三产业的发展需要适时足量的土地资源。适时足量的土地资源是乡村产业发展的基础支撑。根据乡村发展因地制宜的原则和导向，不同区域乡村发展的产业类型、产业结构、产业之间的融合度差异明显，因此，乡村地域需要依据现代农业、农产品加工业、乡村服务业的结构和规模，适时提供足量的耕地、园地、建设用地、基础设施配套建设等土地资源方能顺利推进。顺应乡村产业发展需求，深入推进农村土地制度改革，围绕农村土地整治，增加和积累村域内可供利用的各类土地资源，拓展各类产业发展土地需求的功底路径，增强乡村地区对各产业发展用地需求的保障和供给能力是乡村振兴实施需解决的关键问题。不同农村产业，其用地标准、规模、效益、生态环保等技术指标不一样，还需政府及自然资源管理部门落实有区别供地的政策、具体的执行标注和方法。针对农村服务业发展的用地需求、农村返乡创业人员的用地需求，结合村域内现有农村住宅、其他农房、公共用房等因地制宜地予以保障和解决。

第三，乡村基础设施建设、生态环境治理保护、现代农业产业发展都需要充足的建设发展资金。首先，乡村振兴的实施，产业兴旺是基础，农村产业之间融合发展、绿色农业和低碳农业的实施、农业农村科技创新等需要大量的资金投入和支持。其次，生态宜居目标的实现，需要改善乡村人居环境，实现污水不乱排、有合理的公厕布局、垃圾有地方可堆、农民住房宽敞明亮清洁安全、乡村空气清新、山清水秀；乡村村容村貌的改造升级，一系列改造、建设需要政府、金融机构、其他投资主体投入大量的建设资金。最后，农村基础设施建设对乡村振兴的推进至关重要，农村基础设施建设不足是乡村振兴推进的障碍和短板，完善农村基础设施，打造山清水秀的乡村风貌，增强乡村对人才、产业、投资主体的吸引力。

（二）中国农村"劳动力、土地、资金"三要素供给现状

多年以来，由于我国的经济社会发展更多地侧重在城市发展，以较快提升国家发展的整体实力，增强我国在国际社会的竞争力，导致了广大农业、农村发展亟须的"土地、资金、劳动力"等诸多要素由乡村向城市单项流入和聚集，农村发展基本要素缺乏，使很多农村地区发展乏力，从而制约着农村的发展，年积月累，形成了现在的城乡发展的不平衡、农村发展的不充分。

第一，我国乡村振兴的实施，建设发展资金需求量的缺口较大。由于多年来我国农村发展的历史欠账较多，基础设施落后，乡村振兴建设资金投入的需求量特别大。国家一直高度重视农业农村的建设发展，各级政府每年也都有大量的资金投入到农村，但现有投入的资金主要投放在农村道路、灌溉排水设施、公共服务管理、电力通信设备、农村饮水治污等基础设施建设，除此之外能够投放到产业发展等领域的资金就甚为有限。由于我国农业农村面积广、各地情况相异，尽管国家近些年一直加大投入，但总体上，现有的以国家为主要投资主体的乡村振兴建设资金投入模式，使得乡村振兴建设发展资金缺口还很大，有待逐渐改善和解决。

第二，我国乡村振兴的实施，人才供给与农村产业化发展的需求不匹配，劳动力资源短缺。伴随乡村振兴战略的实施，推动解决"三农"问题工作的深入，农村人才队伍质量亟须提高，以适应新时期乡村振兴对高素质农业农村人才的需求。当前，我国广大的乡村地区人才资源总量不足，结构和分布也不合理，总体素质水平较低。[5]表现为农业生产的比较效益较低，农村对劳动力的吸引力不强，各地农村劳动力普遍存在不足的情况。农村发展建设人才的文化层次和技术技能还不能满足新农村建设的需求。农村居民目前的文化程度还比较低，以贵州省安顺市为例，统计年鉴表明，2019年辖区内各区县农村居民15岁以上常住成员的文化水平状况总体偏低，其中，小学及以下文化程度的农村居民占比达40.38%~64.16%。文化素质低，尤其是农村的老年人，对农业生产的新思想、新技术、新机械、新品种等接受慢，影响乡村振兴的推进。总体上，农村人才资源尚存数量不足、质量不高、结构不优等一系列问题[6]，尤其是新型职业农民极为欠缺。整体上，国家对农业农村发展人才的教育培训还比较薄弱，且培训的内容与农村建设的发展需求不相匹配。

第三，我国乡村振兴的实施，土地资源需求旺盛，与部分农村土地闲置浪费、生态环境污染现状形成反差。乡村振兴战略的推进，产业发展、生态建设、村庄改善、基础设施建设等都需要不同类型的农村土地资源，土地资源需求量大面广，农村土地资源供给紧张。但是，现阶段，我国不少农村地区，特别是西南山区农村，由于劳动力缺乏、农业生产效益不高等因素的影响，农村土地粗放利用、闲置不用、废弃不管的现象较为普遍，一些乡村用地布局凌乱，闲置废弃宅基地无人管理、农民建房未批先建、占用耕地建房等情况常有存在。西南山区有的乡村土地确权登记工作欠细欠实，土地权属信息不够精准，地方土地流转机制不健全，使土地流转受到限制，制约了农村土地利用效益的发挥。一些地方土地整治项目以及城乡建设用地增减挂钩项目实施完成以后，后期管理跟不上，出现耕地撂荒。有的农村地区对化肥、农药、农膜等过量使用或者使用不当、污染小企业随意发展、非法开采矿产资源等造成了当地生态环境的破坏和水体、土壤的污染等。有的农村为了引资发展地方经济，比如引入农村观光旅游、畜禽养殖等项目，出现了违法用地的情况，对规划的执行和管理不够严格。

二、新时期农村土地整治推进的有效供给

农村土地资源是农业、农村发展的基石，是农民的命根。农村土地整治是以乡村地区田水路林村为对象，实施农用地整理、建设高标准农田、挖掘存量建设用地、改造和修复乡村生态环境，旨在充分利用农村土地资源，调整和改进区域农村土地利用结构，促进农村经济转型发展，提高农民生活水平和质量。农村土地整治围绕乡村"要素→结构→功能"转型的目标，采取土地平整、农田水利、田间道路、农田防护等一系列措施，提高区域农村土地质量、完善区域基础设施、改善区域人居环境，通过对乡村地区生产、生活、生态空间的重塑和完善，增强对乡村建设劳动力投入、建设资金投入的吸引力，增强对乡村建设发展的土地资源的供给能力，搭建乡村振兴建设发展的平台，促进乡村实现"产业兴旺、生态宜居、乡风文明、治理有效、生活富裕"的目标，助力乡村振兴的实施和发展。

（一）农村土地整治解决"劳动力、土地、资金"要素的途径

乡村振兴的实施和推进，遇到的困境和障碍就是乡村地区对"劳动力、土地、资金"等基本要素的供给不足，不能满足乡村振兴建设发展的需求，而农村土地整治通过一系列措施的实施，为区域乡村振兴提供土地需求、资金投入和劳动力等要素的保障和支撑。

农村土地整治保障乡村振兴的实施对土地资源的需求。农村土地整治项目的实施为区域乡村振兴产业发展提供了各类土地资源的需求。农用地整理项目通过对小块、破碎、分散地块的归并整理，使地块规模增大，同时，道路、水利等基础设施的改善，使得生产生活条件更为优越。闲置废弃农村建设用地的整理，为乡村产业发展、基础设施建设提供了建设用地指标。灾毁土地、工程

破坏土地的复垦，改善了乡村生态环境，也增加了农用地的来源。经过农村土地整治后，区域内的土地利用制约因素减少甚至消除，乡村土地更利于规模化经营、更有利于推进土地流转和发展现代农业产业，为农村第一、二、三产业的融合发展提供了基础的土地资源，为农业产业发展保障了用地空间，突破了发展的瓶颈，也有助于推进区域农业产业升级转型发展。如重庆市潼南区半坡村，2019年实施了重庆市规划和自然资源局国土整治项目，国土整治实施规模297.7576hm^2，经过一年的工程施工，如今由重庆三块石农业开发有限公司成功打造成了桃花山万亩桃林，每年3月中旬，潼南桃花旅游文化节都会在潼南桂林街道半坡村桃花山举行，成为当地乡村旅游的热门之地和一张名片，解决了当地六七户村民就业问题，使他们一年增收七八万元。又如，潼南区的天印村，实施土地整治规模约8160亩，其中实施土地平整面积6360亩、排灌沟1796m、生产道路8km，为该村实施乡村振兴奠定了基石，该村集中流转土地3000余亩，发展传统的枳壳中药材种植为主导的农业产业，该村土地整治后由村党支部牵头成立集体经济组织，发展特色经果、苗木花卉等，目前观光旅游、采摘避暑等为一体的现代综合农业产业园区已初具规模。[7]

农村土地整治增强乡村区域对产业劳动力的吸引力。我国西南山区的乡村地区，交通不便、水利缺失、基础设施差，受地形地貌的制约，地块零星破碎，农业生产效率低下，农作物产出水平低。当地村民由于从事农业生产收入无保障、家庭生计较为困难，一年四季辛苦劳作，但只带来微薄收入。为改善生活条件，村民被迫选择外出务工，相当一部分家庭仅留老人和儿童居家务农、看管田地，劳动力短缺，导致农业几乎荒废。通过农村土地整治项目的实施后，农村的道路变得通畅，出行和生产非常方便，农业生产条件和生产力水平均得以改善和提升，不少地方农村土地进行了流转，发展特色农业、林果业、药材、养殖等产业，进行规模化生产，村内劳动力需求增加，吸引了相当一部分外出务工的青壮年返乡，就近就业。这部分务工返乡村民就逐步成为当地农业产业化发展的主要劳动力。如贵州省遵义市播州区枫香镇花茂村，2016年开始瞄准土地整治，实施高标准农田建设，打造出2000多亩"稻"产业和蔬菜基地，开启了发展现代农业的新路，"村合作社成立的6年多时间，发放群众务工工资近800万元，群众分红170万元"，从2015年起，花茂村大力推进农文旅融合发展，共计吸引2000多名外出务工劳动力返乡就业和创业，现在，村民人均收入在2.2万元以上。[8]此外，农民工返乡后同村内未外出务工人员在对年龄、性别、生产技能、文化知识等有不同要求的产业岗位分别就业，解决了村内对技术型劳动力的需求，产业结构也得到了调整，不再是单纯地依靠第一产业，而是向第一、二、三产业多业融合的方向转型。

农村土地整治缓解乡村振兴实施对资金投入的压力。农村土地整治项目的实施，通过采取土地平整、农田水利、农田防护林等一系列工程、生物措施，改善了区域农业生产基础条件，克服了区域农业及其他产业发展的短板，既增加了耕地面积，又提升了土地的质量，使田块变得更为规整，便于规模化经营，为土地流转等打下了良好的基础。因此，提升了对农业产业公司、农业经营大户等投资的吸引力，能够有效地推进乡村特色农业现代化、高效化发展，为区域实施乡村振兴战略奠定基础并缓解建设发展资金的瓶颈问题。如云南省元江县通过实施土地整治，盘活乡村土地资源，激发了乡村发展的新动能，推进了农村集体经济的发展壮大，化解了当地乡村振兴融资难的问题；元江县通过实施"土地整治+水利"模式成功融资，解决了当地农业发展水利工程建设资金瓶颈问题；2021年，以"土地整治+乡村公路"模式，向银行成功融资1.9亿元，为村域公路建设解决了资金问题。[9]

（二）新时期中国农村土地整治的机遇和市场潜力

"十四五"期间，为缓解我国新时期面临的"人民日益增长的美好生活需要和不平衡不充分发展之间的矛盾"，我国经济社会发展的重心将聚焦于深度解决多年累积的"三农"问题，将以推进实现城乡融合发展、缩小城乡发展差距为主要方向，以实现共同富裕为目标。党的二十大指出，"全面推进乡村振兴""统筹乡村基础设施和公共服务布局，建设宜居宜业和美乡村"。乡村振兴的深入实施，是解决"三农"问题的必由之路。

乡村振兴战略的全面实施和推进，必然产生更高层次的国土空间需求，这为未来时段我国农村土地整治的发展带来了良好机遇，也是农村土地整治发展的目标导向。村庄规划是乡村发展的时代蓝图，是对区域国土空间规划战略的落实，是推进国土空间规划优化开发的重要一环，其重要的内容就是"三生空间"的格局划定与落实。为落实和支撑区域乡村振兴实施对国土空间的大量需求，未来的农村土地整治须以耕地资源的有效保护为重心，瞄准乡村宅基地、公共基础设施用地等农村建设用地利用效率的提高，大力开展对闲置废弃低效利用的村庄的整治，以其周转的指标用于农村生产生活条件的改善，推进农村第一、二、三产业融合发展，为农村新产业、新业态发展提供用地保障和支持。

未来农村土地整治的发展，建设资金投入是需要解决的关键问题。尽快建立和完善农村土地整治项目多主体投融资机制，改变当前以国家和各级政府为绝对主体的投融资现状，撬动金融资本、社会资本投资于农村土地整治项目，建构以各级政府投资为引导，促进农村集体经济组织、政府土地整治机构、农业种植大户、村域普通农户、农业生产企业及其他社会资本主体在国家相关法规及规划计划的指导下，积极参与农村土地整治项目投资、融资，形成多主体参与投资的良性局面。因此，未来时期，农村土地整治发展将大有可为，将为乡村振兴战略的推进和实施提供更好、更多的劳动力、资金及土地等基本要素。

参考文献

[1] 高向军，彭爱华，彭志宏，等．农村土地综合整治存在的问题及对策[J]．中国土地科学，2011，25（03）．

[2] 徐绍史．深入开展农村土地整治 搭建新农村建设和城乡统筹发展新平台[J]．国土资源通讯，2009（08）．

[3] 唐良泗．接齐"短板"促流转——推进土地整治与土地流转有效对接的思考[J]．国土资源导刊，2014，11（11）．

[4] 国家统计局：脱贫攻坚成果举世瞩目 5575万农村贫困人口实现脱贫[EB/OL]．上海市人民政府，2021-01-19．

[5] 任静．乡村振兴战略背景下农村人才科技人才培养与引进对策[J]．乡村科技，2019（02）．

[6] 李晓华．基于乡村振兴战略的农村人才资源困境及提升路径探析[J]．农村经济与科技，2022，33（09）．

[7] 潼南：推进土地综合整治助力乡村振兴[N]．重庆日报，2021-5-24（05）．

[8] 刘骏娇．花繁叶茂日子甜[N]．贵州日报数字版，2022-10-16（05）．

[9] 盘活土地资源 助力乡村振兴！元江县土地整治激发新动能[EB/OL]．玉溪网，2022-01-05．

第六章

西南山区农村土地整治现状与乡村振兴战略推进

第一节 西南山区农村土地整治工作开展情况

农村土地整治具有多样化的功能，是区域耕地数量增加、土地质量提高、基础设施完善、生产生活条件改善、土地利用结构优化调整的重要举措，其内涵丰富，涵盖了农用地整理、农村建设用地复垦、农村未利用土地开发的全部内容，对促进区域农业农村发展、农民收入增长和人居环境改善具有不可替代的重要作用，是当前我国土地利用管理中，政府和学界都极为关注的重要内容。我国西南山区以山地丘陵为主的地形地貌，深居西部内陆、远离海洋的地理区位，造就了生态环境较为脆弱，人地矛盾较为突出的区域自然环境特征，成为区域经济社会发展的不利因素和制约条件。西南山区农村土地自然地理禀赋条件欠优越，土壤瘠薄、地块破碎、分布分散、地块坡度大、水土流失频繁发生、交通不便、灌溉条件无保证等众多原因，导致区域农业生产效益低、土地利用效率低、经济收入较为落后。改革开放以来，西南地区城乡发展快速，但相较于东部地区，差距依然突出。统计数据表明，省（市）人均可支配收入上，2021年东部地区人均44980元、西部地区27798元[1]，西部地区为东部地区的61.8%；人均GDP，重庆市、四川省、云南省、贵州省分别为8.70万、6.44万、5.75万、5.08万，而东部地区的江苏、浙江分别达到13.73万、11.39万[2]；农村人均收入重庆市、四川省、云南省、贵州省分别为18100元、17575元、14197元、12856元，江苏、浙江分别为26791元、35247元[3]，西南山区与东部地区差距明显。农村土地资源的价值、农村经济的发展还有较大的潜力空间可以挖掘。因此，探索推进农村土地整治，对促进"三农"问题的解决、增加农民的收入、提升农村人居环境条件、推进乡村振兴的实施意义重大。

国家高度关注西南山区农村的建设和发展，在脱贫和致富的道路上给予西南山区一系列的优惠政策，西部大开发、新农村建设、美丽乡村建设、统筹城乡发展、乡村振兴、2022年新国发2号文件都赋能于西南山区农业、农村的发展，西南地区省、市、县各级政府也十分重视西南山区农村的发展，制定、出台了一系列措施发展和繁荣农村，其中，各省（直辖市）、市（地级市、州）、县（县级市）在不同阶段制定发布的区域农村土地整治政策举措和农村土地整治活动的广泛开展就是十分典型的案例。

一、西南山区部分省市农村土地整治政策文件

为规范各地农村土地整治活动及项目的实施，充分高效、节约集约利用农村土地资源，更好地发挥农村土地资源的综合效益，增加区域耕地数量、提高耕地质量、加强基础设施建设、改善区域农业生产生活条件、提升人居环境质量，促进区域城乡协调、城乡融合发展，充分发挥农村土地整治在新农村建设、美丽乡村建设、生态环境保护中的作用，助力农业、农村、农民问题的解决，缓解不同时期经济社会发展的主要矛盾，西南山区各省市在遵守国家土地管理、土地整治相关法律、法规、规章的前提下，立足于区域自然条件、资源禀赋，兼顾省域工业和城镇发展、农村土地流转、农村产业化、现代农业等发展对土地资源的需求，在不同阶段制定了一系列农村土地整治实施及管理的政策举措、技术标准和规范等，推动了农村土地整治工作的有序发展，技术标准、工程设计、项目实施愈加成熟，有效促进了区域农业农村发展、城市建设、工业发展等。现列举四川省、重庆市、贵州省、云南省等省市的部分政策文件、技术规范等。

（一）四川省农村土地整治部分政策文件及内容要点

1.《四川省土地整理项目管理暂行规定》，四川省国土资源厅于2004年7月27日印发，文号为川国土资发〔2004〕164号，内容包括项目申报条件、申报材料要求、项目立项、项目实施管理、项目竣工验收、成果管理、奖惩措施等，旨在规范土地整理项目管理。

2.《关于印发〈四川省专项土地整理——"金土地工程"国家和省投资

项目资金管理暂行办法〉的通知》，四川省国土资源厅 2007 年 5 月 11 日印发，文号为川国土资发〔2007〕50 号，主要内容涉及项目申报条件、申报材料、立项要求、项目实施、验收程序等，旨在推动四川省"金土地工程"的顺利实施，规范项目资金管理，提高资金使用效益。

3. 《四川省土地开发整理工程建设标准（试行）SCTD/T01—2007》，四川省国土资源厅于 2007 年 5 月印发，阐释了建设目标、建设条件、工程类型区和工程布局、土地平整工程、灌溉排水工程、田间道路工程建设标准等内容和设计要求，旨在规范土地平整、灌溉排水等工程建设标准、项目投资水平，提高项目实施效益。

4. 《四川省农村土地综合整治——"金土地工程"项目管理暂行办法》，四川省国土资源厅于 2009 年 9 月 22 日印发，文号为川国土资发〔2009〕46 号，内容涉及项目申报、实施等，旨在规范和加强省域内农村土地综合整治——"金土地工程"项目管理。

5. 《四川省土地整治项目和资金管理办法》，四川省国土资源厅、四川省财政厅在 2015 年 2 月 27 日印发，文号川国土资发〔2015〕14 号，主要内容有项目管理职责、项目申报和立项、项目实施、项目验收、资金管理、监管、档案管理、责任、附则 10 章 58 条，2015 年 3 月 1 日起施行，目的在于加强和规范四川省土地整治项目和资金管理，确保项目建设质量。

6. 《四川省土地整治项目后期管护办法》，四川省自然资源厅 2022 年 1 月印发，明确了后期管护责任、内容、资金及监督管理，宗旨在于，确保各项工程持续发挥作用，坚决遏制耕地"非农化"、严格管控"非粮化"。

7. 《四川省土地整治项目管理办法》，四川省自然资源厅 2022 年 2 月发布实施，主要内容有项目管理职责、项目申报和入库、项目优选和立项、项目实施、项目验收、项目信息报备和档案管理、项目监管、责任追究、奖惩激励等，目的是规范全省土地整治项目管理。

8. 《四川省土地整治项目规划设计导则（2022 年版）》，四川省自然资源厅 2022 年 6 月 17 日印发，阐释了对土地整治项目规划布局、工程设计、规划设计报告编制、预算编制、图件编制、规划设计成果审查等内容的修订，进一步提升全省土地整治项目规划设计的科学性、系统性、规范性。

（二）重庆市农村土地整治部分政策文件及内容要点

1. 《重庆市国有土地储备整治管理办法》，重庆市人民政府于 2002 年 8 月

22日以政府令第137号公布，该办法根据2012年2月8日重庆市人民政府令第261号修订，于2002年10月1日施行，涉及土地储备、土地整治、土地储备整治资金与出让收益管理、法律责任等内容，主要目的在于加强地产市场的宏观调控，优化土地资源配置，合理利用土地。

2.《重庆市土地开发整理工程建设标准（试行稿）》，重庆市国土房管局于2007年6月发布，对土地开发整治工程类型和工程布局、土地平整工程、灌溉与排水工程、田间道路工程等建设材料、建设标准等予以详细规范，促进了重庆市土地开发整理项目管理统一建设标准，确保工程质量。

3.《重庆市区县投资土地开发整理项目管理暂行办法》，重庆市国土房管局于2008年4月发布，文号为渝国土房管发〔2008〕221号，分前期工作、申报备案、项目实施、项目变更、项目审查等几个部分，涉及从项目申报、立项、实施、竣工验收到后期监管全流程。

4.《重庆市区县级土地开发整理项目核查管理试行办法》，重庆市国土房管局2008年6月4日颁布，明确了核查范围、原则、内容、程序、方法，目的在于规范管理、确保质量。

5.《重庆市人民政府办公厅关于加强土地开发整理工作促进城乡统筹发展的意见》，重庆市政府于2008年7月17日发布，文号为渝办发〔2008〕227号，涉及扎实推进移土培肥二期工程建设等内容，旨在加强农业基础建设，进一步促进农业发展农民增收。

6.《重庆市农村建设用地复垦项目管理规定（试行）》，重庆市国土房管局于2009年5月印发，对农村建设用地复垦的内涵、申报核查程序、申报条件、入库备案提交的资料、实施内容、竣工验收质量标准结合区域实际进行了规定和说明，进一步规范了农村建设用地复垦项目的管理。

7.《重庆市统筹城乡发展土地管理改革2010年工作方案》《重庆市农村土地整治项目工程质量验收标准（试行）》，重庆市农村土地整治中心于2011年3月编制出台，主要涉及区域集体建设用地流转、造地工程、征地改革、地票、土地平整、农田水利、田间道路工程、农田防护与生态环境保持工程、其他工程具体建设标准等内容。

8.《关于开展区县土地整治规划编制工作的通知》，重庆市国土房管局于2010年12月27日发布，旨在促进新农村建设和城乡统筹发展，同步推进市级和区县级土地整治规划有序编制。

9.《重庆市国土房管局关于进一步规范农村宅基地及其附属设施用地复垦管理实行地票价款直拨的通知》，重庆市国土房管局于 2011 年 8 月 31 日发布，核心目的在于发挥地票反哺功能作用，切实保护农户和农村集体经济组织的权益，确保农村建设用地复垦和地票制度改革，真正惠及"三农"。

10.《重庆市国土房管局关于进一步推进农村土地整治工作的通知》，2011 年发布，文号为渝国土房管发〔2011〕56 号。

11.《重庆市土地整治规划（2011—2015 年）》，重庆市人民政府（渝府发〔2013〕77 号）发布，内容包含土地整治目标、任务、高标准基本农田建设重大项目、投资安排、保障措施等。

12.《重庆市农村建设用地复垦项目管理实施细则（试行）》，重庆市国土房管局于 2014 年 5 月发布，文号为渝国土房管〔2014〕319 号，进一步规范了农村建设用地复垦项目申请受理、项目组装立项、项目入库备案和组织实施。

13.《重庆丘陵山区宜机化地块整理整治技术规范（重庆市地方标准 DB 50/T 795—2017）》，2017 年发布。

14.《重庆市农村土地整治领域国有资金投资非必须招标项目随机抽取承包商管理暂行办法的通知》，重庆市国土房管局于 2017 年 5 月 18 日印发，文号为渝国土房管规发〔2017〕10 号，内容有备选承包商信息库建设、随机抽取、合同签订、监督管理等。

15.《重庆市农村人居环境整治三年行动实施方案（2018—2020 年）》，重庆市委、市政府于 2018 年 8 月印发，对重点项目、资金来源等明确规定，旨在进一步提升农村人居环境水平，建设宜居宜游美丽乡村，把重庆建设成为山清水秀美丽之地。

16. 重庆市《土地整治项目规划设计规范》（DB50/T 1015—2020），2020 年 10 月 1 日起施行。

17.《重庆市自然资源保护和利用"十四五"规划（2021—2025 年）》，重庆市人民政府于 2021 年 12 月 28 日印发，文号为渝府发〔2021〕44 号，旨在构建高质量发展国土空间开发保护新格局、推动城乡自然资本加快增值、统筹山水林田湖草沙系统保护修复、落实最严格的耕地保护、节约集约用地制度、推动矿产资源有序绿色开发、加强地质灾害综合防治等。

18.《重庆市农村人居环境整治提升五年行动实施方案（2021—2025

年）》，重庆市农村人居环境整治工作领导小组于2021年12月29日印发，涵盖行动目标、主要任务、重点举措、保障措施、工作要求、支持政策等内容。

19.《重庆市"十四五"土壤生态环境保护规划（2021—2025年）》，重庆市生态环境局、财政局、规划和自然资源局、住房和城乡建设委员会、水利局、农业农村委员会于2022年9月15日印发，文号为渝府发〔2022〕11号，包含指导思想、目标与原则、深入打好净土保卫战、农村污染攻坚治理战、提升监督力等内容。

（三）贵州省农村土地整治部分政策文件及内容要点

1.《贵州省土地整理复垦开发项目管理办法（试行）》，贵州省国土资源厅2009年印发，文号为黔国土资发〔2009〕149号。

2.《贵州省土地整治条例》，贵州省第十一届人大常委会2010年11月30日第十九次会议正式通过，2011年3月1日起施行，对土地整治规划和计划、项目申报和审批、项目实施、项目资金管理、新增耕地指标管理、法律责任明确规定，标志着贵州省土地整治工作步入法治化、规范化轨道。2017年11月30日贵州省第十二届人大常委会第三十二次会议通过该条例修正，2018年1月1日起实施。

3.《贵州省土地整治项目管理办法》，贵州省国土资源厅、省财政厅于2014年11月10日印发，文号为黔国土资发〔2014〕35号，包含项目申报、项目审批、项目实施、项目资金使用管理、项目变更、项目验收、项目监督检查、惩罚等内容，旨在规范财政性资金安排的项目。

4.《贵州省土地整治规划（2016—2020年）》，贵州省人民政府于2017年11月批复，内容涉及对规划期内大力推进城乡闲置、散乱、低效建设用地整理，促进黔中城市群发展，推动美丽宜居乡村建设和山地特色新型城镇发展等，规划至2020年，全省确保建成1035万亩、力争建成1790万亩高标准农田。

5.《省自然资源厅关于开展全域土地综合整治试点工作的通知》，贵州省自然资源厅2020年以文号黔自然资函〔2020〕322号发布。

6.《贵州省全域土地综合整治试点实施要点（试行）》，贵州省自然资源厅于2020年9月30日印发，主要内容有试点乡村的选择、整治区域的划定、整治任务的确定、永久基本农田的保护等。

7.《贵州省全域土地综合整治试点工作指南（试行）》，贵州省自然资源厅于2021年11月印发，规定了全域土地综合整治试点工作流程及职责划分、试点申报阶段流程及审批、试点规划阶段及审批、试点实施等内容。

8.《贵州省国土空间生态修复专项资金管理办法》，贵州省财政厅、自然资源厅2021年12月印发，文号为黔财资环〔2021〕79号，旨在提高资金使用效益，促进国土空间生态修复。

9.《贵州省国土空间生态修复规划（2021—2035年）》，贵州省自然资源厅2022年2月印发，阐释了生态修复面临形势、总体要求与规划目标、国土空间生态修复格局、国土空间生态修复重点任务和工程、保障机制。

10.《贵州省国土空间规划（2021—2035年）（草案）》，2022年11月提请贵州省十三届人大常委会第三十六次会议第二次全体会议审议，草案基于贵州自然资源禀赋和发展基础，从农业、生态、城乡空间及支撑体系四个维度，构建"一环两区、四山八水、一群三带、双向开放"的国土空间开发保护总体格局。

11.《贵州省土地管理条例》（第四次修订版），贵州省人大常委会2022年12月1日发布公告，自2023年3月1日起施行。包括总则、国土空间规划、耕地保护、农用地转用和土地征收、建设用地使用和管理、宅基地管理、监督检查、法律责任等内容。

（四）云南省农村土地整治部分政策文件及内容要点

1.《云南省土地开发整理项目管理暂行办法》，云南省国土资源厅2000年以文号云国土耕〔2000〕10号印发，内容要点有土地开发整理内容、立项原则、项目申报条件、立项程序、项目实施管理、项目验收及成果管理等，旨在促进耕地占补平衡和土地集约利用。

2.《云南省土地开发整理项目管理实施细则（修订稿）》，云南省国土资源厅于2007年9月印发，进一步细化了土地开发整理项目申报、入库审批、工程施工、竣工验收、设施管护、资金使用及管理等工作，是对《云南省土地开发整理项目管理实施细则》（云国土资厅〔2004〕54号）的修订。

3.云南省国土资源行业标准《土地开发整理工程建设标准》，具体明确了工程分区及工程规划、土地平整工程、农田水利工程、田间道路工程、农田防护与生态环境等建设标准。

4.《云南省土地整治项目规划设计报告编制规程（试行）》，云南省国土资源厅于2010年12月印发，内容要点有可行性研究报告、综合说明、项目概况、项目建设条件分析、工程规划、工程设计、土地权属调整、施工条件及主要施工要求等。

5.《云南省土地整治项目制图标准（试行）》，云南省国土资源厅于2010年12月印发，内容要点有现状图、规划图、单体工程设计图、工程设施平面布置图的坐标系统、制图要素等具体规定。

6.《云南省土地整治项目规划设计报告审查纲要》，云南省国土资源厅于2010年12月印发。

7.《云南省土地整治规划（2016—2020年）》，云南省人民政府于2018年2月批复，文号为云政复〔2018〕6号，明确了农用地、建设用地整理，土地生态整治和土地复垦、脱贫攻坚、土地整治重点区域和重点任务等内容，"十三五"期间，确保新增1200万亩、力争新增1500万亩高标准农田。

8.《中共云南省委云南省人民政府关于加强耕地保护和改进占补平衡的实施意见》，2018年5月21日，以文号云发〔2018〕11号发布，强调加强耕地管控性保护、推进耕地建设性保护、改进耕地占补平衡等，激励约束和监管考核等。

9.《云南省农村人居环境整治三年行动实施方案（2018—2020年）》，云南省委办公厅、省政府办公厅于2018年5月27日印发，阐释了行动目标、六项重点任务、发挥村民主体作用、强化政府支持、保障措施等内容。

10.《云南省进一步提升城乡人居环境五年行动计划（2016—2020年）》，云南省委办公厅、云南省人民政府办公厅于2016年8月8日印发，对总体要求、工作任务、措施保障予以规定。

11.《云南省土壤污染防治条例》，2022年1月23日，云南省第十三届人民代表大会第五次会议审议通过，强调土壤污染的预防和保护、管控和修复、保障和监督、法律责任。

12.《云南省"十四五"耕地质量提升规划（2021—2025年）》，云南省农业农村厅于2022年2月发布，规划设计了耕地质量提升的总体要求、区域重点、主要任务、重点工程、环境影响分析等。

13.《云南省土地储备管理办法》，云南省人民政府于2022年5月23日印发，阐释了土地储备职责职能、土地储备计划、土地储备入库、前期开发、管护与供应、资金管理、监管责任等。原云政发〔2015〕85号废止。

二、西南山区农村土地整治开展概况

西南山区农村经济发展水平较低、人居环境条件较差，工业化、城镇化在未来一定时期内还将较快地发展，建设占用一定数量耕地的趋势还将持续。与此同时，在西南山区的广大农村，农业生产技术水平低、农业生产投入不足、农作物产量不高、现代农业产业发展较为滞后、农村土地流转规模较小，农村居民主要的收入来源依赖于农业生产，当地其他就业的机会较少，为了满足农村人口增加对生活收入增长的需求，农业发展对耕地的需求量逐渐增加，不断开垦耕地拓展生产空间就成为必然，但这样无计划、无规划、无保护地开垦土地，加上本身的自然灾害频繁，造成了水土流失等土地破坏、损毁的情况频发，使生态环境更为脆弱。因此，西南山区农村农民对开展土地整治的愿望较为强烈，政府也积极支持，在农村土地整治上从政策、资金、技术等各方面都极力倾斜，农村土地整治开展卓有成效，对改变农村基础设施条件、增加农民收入、改变村容村貌和人居环境等都起到了较好的推动作用。西南山区四川、重庆、贵州等省市，基本都编制了省级、市县级土地整治相关规划，普遍开展了土地整理、农村建设用地复垦和未利用地开发，各省市实践累积了一些好的经验方式，是未来持续开展农村土地整治工作的宝贵财富和良好借鉴。

（一）贵州省农村土地整治开展实施情况

1. 区域简况

贵州省2016年8月列为国家首批、西部首个国家生态文明试验区，生态环境良好但也比较脆弱[4]，喀斯特岩溶区广布，居全国之首，农业生产力水平不高。全省面积17.62万 km^2，92.5%为山地和丘陵，跨长江、珠江两大水系，俗称"八山一水一分田"。2021年全省常住人口3852万人，地区生产总值19586.42亿元，其中第一产业增加值2730.92亿元[5]。根据贵州第三次全国国土调查主要数据公布，耕地面积347.26万 hm^2、林地面积1121.01万 hm^2、草地18.83万 hm^2、湿地0.71万 hm^2、城镇村及工矿用地77.25万 hm^2、交通运输用地33.10万 hm^2、水域及水利设施用地25.54万 hm^2[6]。据2021年8月25日《经济日报》生态版刊发的《喀斯特也能"披绿生金"》报道，全省喀斯特地貌区占62%，总面积达10.91万 km²。

2. 土地整治概况

贵州省现代意义上的农村土地整治历经时间不长，萌发起步于1987年，大致可以划分为萌发起步时期（1987—1997年）、大力推进时期（1998—2007年）、综合发展时期（2008—2018年）、绿色融合时期（2019至现在）等四个阶段，当前正在全面推进贵州省全域土地整治的实践。这几个阶段分别以探索农村土地整治的实施途径，促进耕地数量增加和耕地质量提升，提高农作物产量，缓解"三农"问题和推进土地整治数量、质量、生态三位一体发展等为主要整治目标。农村土地整治的目标趋向综合型发展，对增加农民收入、改善人居环境、助力城乡统筹发展起到了良好的作用。

贵州省积极开展农村土地整治，成效明显。"十五"期间，全省实施土地开发整治项目1450个、面积9.2万 hm²，比"九五"期间耕地增加2万 hm²；2012年完成土地整治项目1279个、整治面积42359hm²；"十二五"期间，全省实施的农村土地整治项目惠及22万农民，人均增加纯收入400多元。据贵州省自然资源厅发布的自然资源综合统计月报数据：2019年，全省完成土地整治投资项目366个，实施总面积19706.98hm²，其中实施耕地提质改造面积7139.65hm²、新增耕地4067.70hm²、新增粮食产能42287.89t、新建生产路859.67km、蓄水池586个、新建灌排沟渠等671.44km、惠及农业人口987230人，其中贫困人口65251人，全省批准占用耕地6774.04hm²、实现补充耕地6722.05hm²[7]。2020年，全省各类资金投入农村土地整治项目1128个、项目总规模91376.09hm²，其中农用地整治面积10447.47hm²、新增耕地10315.99hm²、新增其他农用地面积131.47hm²、建设用地整理面积34.45hm²（全部为废弃居民点复垦），生态修复面积5031.86hm²、其中水土流失治理面积4999.85hm²、自然灾毁土地复垦面积32.01hm²，全省实施耕地提质改造面积41130.24hm²（其中水田4576.16hm²），全年耕地占用6804.53hm²、实现补充耕地6394.58hm²、耕地占补平衡缺口409.95hm²，城乡建设用地增减挂钩节余指标省域内周转量356.27hm²、流转收益106880万元，易地扶贫搬迁增减挂钩结余指标使用任务落实2333.33hm²、可筹措资金700000万元[8]。2021年，城乡建设用地增减挂钩全年实施复垦还耕面积77.44hm²、当年验收备案150.13hm²、增减挂钩节余指标省域内周转量444.59hm²、流转收益133377.08万元[9]，全年实施耕地提质改造规模6554.66hm²，批准占用耕地6494.06hm²、实现补充耕地规模 6494.06hm², 无耕地占补平衡缺口, 实际补充耕地后新增标准粮食产能 50933.99t、实现入库新增耕地指标 3148.07hm²、结余新增耕地指标 230.20hm², 全年新增建设用地 12660.98hm², 其中农用地转用规模 11289.16hm²[9]。2022 年 1 月至 11 月, 全省城乡建设用地增减挂钩当年实施复垦还耕 267.45hm²、验收备案 318.96hm², 政府储备土地 507 宗、总面积 2707.72hm², 全年占用耕地面积 4624.81hm²、补充耕地面积 4670.4hm², 补充耕地项目竣工 1812 个、预计新增耕地面积 9053.95hm², 正实施补充耕地项目 746 个、预计新增耕地面积 2386.67hm², 全年入库新增耕地面积 1169.55hm²、粮食产能 12080.19t[10]。

（二）重庆市农村土地整治开展实施情况

1. 区域简况

重庆别称山城、江城, 是巴渝文化发祥地、红岩精神起源地, 地处中国西南部, 是长江上游地区经济中心、成渝地区双城经济圈的核心城市, 总面积 8.24 万 km²。重庆市大农业和大工业、大城市和大农村并存, 农业基础设施薄弱、生态环境脆弱、后备耕地资源少。区域地形地貌复杂, 山地面积占 76%, 丘陵占 22%, 河谷平坝仅占 2%。2021 年, 地区生产总值 27894.02 亿元、常住人口 3212.43 万。[11]据 2021 年 11 月 24 日重庆市第三次国土调查主要数据公报[12]显示, 全市耕地面积 187.02 万 hm², 其中, 坡度位于 15°~25°（含 25°）的耕地 40.17 万 hm²、位于坡度 25°以上的耕地 33.03 万 hm², 分别占耕地总量的 21.48%、17.66%, 坡耕地占比近 40%。园地 28.06 万 hm²、林地 468.90 万 hm²、草地 2.36 万 hm²、湿地 1.50 万 hm²、城镇村及工矿用地 63.77 万 hm²、交通运输用地 15.58 万 hm²、水域及水利设施用地 27.17 万 hm²。

2. 土地整治概况

重庆市土地整治实践经验丰富、整治队伍不断壮大, 经济社会发展基础坚实, 为土地整治提供了良好的基础支撑。同时, 农业发展资源紧张, 基础设施薄弱, 区域水土流失和石漠化严重, 亟待通过土地整治突破。《重庆市土地整治规划（2011—2015 年）》显示, 至 2010 年, 全市通过农用地整治新增耕地 2.50 万 hm², 复垦废弃工矿地、灾毁地新增耕地 2.57 万 hm², 宜耕后备土地开发新增耕地 0.68 万 hm², 实现耕地补充 6.16 万 hm²。2001—2010 年, 共计验收土地整治项目 1517 个、覆盖规模 25.65 万 hm², 基本实现了区域内的耕地占补平衡。2006—2009年，在21个区县（次）、127个村开展了土地整治推进新农村建设、统筹城乡发展、国土整治项目。2010年在全市开展了整村推进的农村土地整治"千百工程"。城乡建设用地增减挂钩项目成效明显。至2010年，共计批准实施18个区县67个项目实施规划，涉及规模1964hm²。在三峡库区12个区县、118个乡镇，新增耕地604hm²，受益人数达15.43万人。《重庆市土地整治规划（2016—2020年）》显示，"十二五"期间，全市共实施1267个高标准基本农田建设项目、建成高标准基本农田38.15万hm²、土地整治增加耕地5.20万hm²，农用地整治、灾毁地复垦、宜耕后备土地资源开发分别为4.18万hm²、0.05万hm²、0.97万hm²，累计治理水土流失面积79.97万hm²。2012—2015年，全市共计实施稍加改造和全面整治高标准基本农田建设项目1267个、投入资金682.23亿元、建成38.13万hm²、高标准基本农田。一系列农村土地整治项目的实施，较大地提升了区域基础设施建设，改善了农业生产条件，提高了耕地质量，实现了农业发展和农民的增收，促进了区域新农村建设和城乡统筹发展。

（三）云南省农村土地整治开展实施情况

1. 区域简况

云南地处中国西南边陲，青藏高原南延地带，属低纬度内陆地区，主要为山地高原地形，山地占比达84%，高原占10%，盆地占3.0%，东部地区发育有各种岩溶/喀斯特地貌。河流纵横、湖泊众多，土壤类型多样、垂直分布明显，拥有热带到寒带的丰富植物资源，被誉为"植物王国"，旅游资源丰富，有独特的高原风光，有热带、亚热带边疆风物和民族风情，历史文化名村、名镇多。总面积39.41万km²，2021年末总人口4720.9万人，少数民族人口占33.12%，地区生产总值27146.76亿元，三大产业结构为14.3%：35.3%：50.4%。[13]根据云南省2021年12月22日发布的第三次全国国土调查主要数据公报，全省耕地面积539.55万hm²，其中水田99.14万hm²、旱地422.54万hm²，坡度在15°~25°（含25°）的耕地146.89万hm²、占比27.22%，坡度在25°的耕地100.59万hm²、占比18.61%，坡耕地占比较大，易发生水土流失等灾害；园地257.22万hm²、林地2496.90万hm²、草地132.29万hm²、湿地3.98万hm²、城镇村及工矿用地107.37万hm²（其中村庄用地74.80万hm²、采矿用地8.60万hm²，合计占比77.67%）、交通运输用地52.64万hm²（农村道路

31.14万hm²、占比59.18%)、水域及水利设施用地60.85万hm²[14]（其中坑塘水面、水工建筑、沟渠合计占比13.95%）。

2. 土地整治概况

"十二五"时期，云南省大力推进土地整治、重视高标准基本农田建设，耕地数量、耕地质量、耕地保护和节约集约、土地生态环境上都有明显的成效，有力促进了农村生产生活条件的改善，助力城乡建设空间拓展，经济、生态、社会成效较好。根据《云南省土地整治规划（2016—2020年）》成果[15]，全省实施高标准基本农田建设项目1802个、实施面积87.35万hm²、平均提升耕地等别1.43等，共计建成83.98万hm²高标准基本农田，共增产粮食149.39万t；"十二五"期间，通过土地整治共补充耕地9.42万hm²（其中农用地整理补充耕地2.15万hm²、土地复垦补充0.25万hm²、土地开发补充6.85万hm²），整体上耕地补充大于建设占用和灾害损毁，有效实现了区域内的耕地占补平衡。其间共计实施占补平衡项目580个、补充耕地6.85万hm²，保障了城乡建设用地的需求；整治工矿建设用地0.26万hm²、整理闲置、散乱建设用地0.23万hm²，区域内改进和新增机耕面积65.17万hm²、受益农民739.69万人，当地农民参与土地整治工程建设获得收入30097.80万元；整治后土地流转达3.12万hm²、实施扶贫产业665个、农民人均年度纯收入提高824元；云南省还在边境地区的25个县开展"兴地睦边"土地整治工程，完成整治32.67万hm²、建成高标准基本农田19.33万hm²、新增耕地1.53万hm²、提高耕地质量等级1~2等、实现粮食产量提升10%~20%；其间，还实施大量农田基础设施建设和生态保护工程，共计修建灌溉沟渠18.27万km、建成田间道路3.40万km、修建水源工程如塘堰等8.72万座、种植防护林458.53万株、治理水土流失面积31.68hm²、治理污染土壤面积0.11万hm²、新增和改善14.12万hm²防洪面积、治理沙地0.02万hm²、钉螺治理面积1.61万hm²。"十三五"期间，全省新增水土流失治理面积256万hm²、1916个建设项目完成耕地占补平衡3.75万hm²、为210个重大基础设施建设项目落实耕地占补平衡2.50万hm²。云南省以土地整治为基本抓手和平台，建成后提升了项目区田间道路通达度，改进了区域基础设施，促进了生态质量的进一步改善，带动相关产业发展，增加了区域尤其是边境地区群众的收益，促进了民族团结，促进了农村社会的稳定和发展。

(四)四川省农村土地整治开展实施情况

1. 区域简况

四川省地处长江上游,素称"天府之国",盐业文化、三国文化、红军文化、巴人文化丰富,区域内自然资源丰富、科教实力雄厚、产业体系完备、交通设施便利。全省面积48.6万 km²,2021年末常住人口8372万人,其中乡村人口3531.3万人,地区生产总值(GDP)53850.8亿元,其中,第一次产业增加值5661.9亿元,三次产业结构比是10.5:37.0:52.5。[16]四川省第三次全国国土资源调查主要数据公报[17],全省耕地面积522.72万 hm²,其中505.77万 hm²耕地位于一年两熟制地区、占耕地面积的96.76%,514.01万 hm²耕地位于800mm年降水量线以上的地区,占比98.33%,水热条件较为优越,坡度在15°~25°(含25°)的耕地面积91.41万 hm²,坡度在25°以上耕地面积45.61万 hm²,共计占耕地面积比重26.22%。园地面积120.32万 hm²、林地2541.96万 hm²、草地968.78万 hm²、湿地123.08万 hm²、城镇村及工矿用地184.12万 hm²、交通运输用地47.39万 hm²、水利及水利设施用地105.32万 hm²。

2. 土地整治概况

四川省大力推进农村土地整治,着力实施耕地保护、完善田间灌排及道路基础设施、增加耕地面积、提升耕地质量和粮食产能,在区域生态环境改善、促进美丽示范村建设、缓解"三农"问题、城乡经济统筹发展等方面成效良好。2017年5月28日,四川省国土资源厅关于政协四川省第十一届委员会第五次会议第0238号提案的答复函显示,全省在"十二五"期间实施完成农村土地整治项目3762个,建设规模达到198.73万 hm²;2015年底全省建成旱涝保收的高标准基本农田2698万亩,其中,自贡市实施土地整理项目115个、合计投资13.34亿元、共计实施规模110.7万亩、建成高标准基本农田91万亩、实现新增耕地6.01万亩。四川省人民政府信息显示,四川巴中多措并举,促进农村"荒地变富矿","十二五"以来,共计实施174个土地整治项目、实施规模120多万 hm²、新增耕地12万多 hm²、建成高标准基本农田近57万 hm²。又据央广网报道,"十三五"期间全省累计治理中度、重度沙化土地面积88.13万亩,实施半干旱,干旱区域生态综合治理面积8.63万亩,治理石漠化面积1600km²[18]。四川省2021年政府工作报告显示,"十三五"期间,治理水土流失面积2.5万 km²、治理历史遗留矿山地质环境5882hm²。《四川省土地整治规划（2016—2020年）》提出，规划期内，确保建成高标准基本农田1934万亩、力争完成2827万亩的建设目标，确保补充耕地92.72万亩、完成农村建设用地整治45万亩、城镇低效用地开发完成20万亩，确保区域内的耕地占补平衡。规划期间，全面推进农村土地复垦，复垦率达到45%以上，并努力实施省内重点区域生态环境的修复治理，推进区域经济低碳绿色循环发展。据央广网2021年2月7日报道，2021年1月完成全国最大土地整治项目四川乌蒙山土地整治项目，实施规模48.9万亩，新增有效耕地3.19万亩、粮食产能增加6800多万斤、惠及省域内贫困人口23万人，助推了省域内的脱贫攻坚。

第二节　西南山区农村土地整治主要模式分析

西南山区各省市由于山地丘陵为主的地形、深居内陆的自然环境，各类自然灾害相对较多，土地资源受到各类自然灾害影响、人类过度开发利用等作用，多年来人地矛盾都较为突出。各地人民都很重视土地资源，对土地的开发利用开展了不同类别的尝试和探索实践，实施农村土地整治是改善农村土地利用条件、提升乡村土地质量和产出效益、改善农村人居环境的重要形式，经过多年的实践，西南山区主要开展了如下农村土地整治模式的探索，包括"村民自建"式、"先建后补"式、"高标准基本农田建设"式、西南山区边疆"兴地睦边"式、"增减挂钩+地票交易"式、西南丘陵山区特色式、西南山区喀斯特区绿色式、西南山区全域式等农村土地综合整治模式。

一、"村民自建"式农村土地整治模式

农村土地整治在改善区域生产生活条件、提升耕地质量、增加农民收入上作用明显。因此，西南山区各地将农村土地整治与脱贫攻坚工作紧密结合，充分发挥农民的主体作用，将农村土地整治作为助推扶贫脱贫的重要抓手，因地制宜探索实践出了"村民自建型"农村土地整治模式，取得了较好的成效，尤其是贵州省、云南省多地的实践，较好地助推了地方实现脱贫。"村民自建"式农村土地整治是充分发挥当地村民个人、村社农民集体经济组织在土地整治

中的主体作用，由当地农民自发组织，从项目选址、工程设计、工程施工及后期实施管理等各环节全程参与，通过村社集体经济组织统筹规划、调动多方面的力量开展农村土地整治，将农民的真实意愿落实落地，真正实现自主整治农村土地，从而增强村社集体组织经济实力、增强村社集体的凝聚力、提升乡村治理能力和水平的一种农村土地整治模式。多数项目在实施中按照建档立卡贫困户、一般贫困户、低收入村民、村内其他村民、村外农民的基本顺序安排项目施工中的劳动力，保证贫困村民优先获得工程实施的务工工资、增加贫困村民的家庭收入，缓解贫困状况，通过项目的实施，农民获得了优质耕地、务工收入、农田基础设施。[19]

西南山区开展"村民自建"式农村土地整治项目多、地域广、经验成熟、成效突出，以贵州最为典型。贵州省"村民自建"式农村土地整治缘起于2012年，贵州黔南州开展了全域土地整治专项清查，发现当地农村土地整治工程进展较慢、工程质量欠佳、农民意见大；2013年，黔南州国土资源局开展了罗甸县油海村"村民自建"土地整治试点，效果好，省自然资源厅、州自然资源局高度认可；2015年在海油村实施了资金投入500多万元的省级农村土地整治项目。[20]自此，贵州省逐步在全省50个贫困县、14个深度贫困、20个极贫乡镇推进实施"村民自建"式农村土地整治模式。贵州省"十三五"期间，结合精准扶贫工作提出每年为省域内10万、5年共计50万就地脱贫的人口实施整治人均1亩优质耕地的建设目标。[20]同时，《贵州省土地整治规划（2016—2020年）》将省内的建档立卡贫困人口集中的重点贫困村镇作为农村土地整治优先实施区域，在土地整治项目布局安排、资金筹措等方面予以优先考虑。贵州省国土资源厅、省财政厅于2016年、2017年印发《贵州省土地整治服务就地脱贫工作的指导意见》（黔国土资发〔2016〕25号）、《贵州省国土资源厅关于印发贵州省20个极贫乡镇整乡（镇）推进土地整治三年行动计划工作方案的通知》（黔国土资发〔2017〕6号）等文件对"村民自建"式农村土地整治的实施以及年初制订方案、年终检查、年末督查等项目全程监管做了制度性安排，确保项目的落实。2016年，全省完成农村土地整治项目196个、整治耕地面积64087hm^2、建成高标准基本农田62287hm^2、资金投入19.08亿元、人均整治1.03亩优质耕地、项目区村民获得工程施工务工收入共计1.65亿元[21]；2017年，荔波县实施7个"村民自建"土地整治项目、整治贫困户耕地面积1104.17亩，贫困人口420人务工人均收入达到1280元。织金县

2017年完成5个土地整治项目，涉及1026个贫困人员。

二、"先建后补"式农村土地整治模式

根据中央促进现代农业发展、支持新型农业经营主体等政策文件以及国土资源部和财政部联合发文对农村土地整治重大工程试行先建后奖等一系列政策出台，"先建后补"农村土地整治模式在全国很多省市都开展了探索，如湖南省、内蒙古自治区、广西壮族自治区、江苏省、安徽省等。在西南山区各省市"先建后补"农村土地整治项目开展实施也比较多，尤其是重庆市、四川省和贵州省推进的效果良好。"先建后补"农村土地整治模式，通常是由各项目产业业主、联户、龙头企业等提出申请，由产业业主、村民联户、龙头企业或村社集体经济围绕产业发展需求组织负责项目工程建设方案设计，经过所在省级国土资源管理部门审批同意立项，并由村集体经济组织、农民联户等自主组织施工，以项目区域村民为主要劳动力开展建设，按照设计方案建设完成并通过省级国土资源和财政主管部门验收合格后，按照验收认定的工程量和所在地工程单价标准，以省级农村土地整治资金，按照一定比例予以项目补助的农村土地整治建设模式。项目区实施"先建后补"农村土地整治后，其土地多采取流转经营的形式，由龙头企业、农民专业合作社、农业产业主、经营大户等实施规模开发经营，增加了耕地利用面积，较好地改善了生产耕作条件，提高了整治区域农村土地利用效率和土地产出率，有效支持了农业农村的发展，简化了土地整治管理的程序，有效地发挥了各级财政资金引导作用，极大地调动了村民的积极性和主动性。[22]

西南山区"先建后补"式农村土地整治在国家和省、市财政资金的支持引导下，成功地完成了一系列项目，提高了土地资源的利用效率和产出效益，推进了区域村民和集体经济组织土地流转和规模化经营。西南山区"先建后补"式农村土地整治尤以重庆市的探索极富成效、经验成熟。如垫江县白家镇湖滨村四社的"先建后补"土地整治项目，投资125万元，实施规模33.3hm^2，修建排水沟1500m、引水管道1604m、新建蓄水池1口、维修山坪塘2口、新建田间道3100m、生产路3800m、共计新增耕地5.56hm^2，实施后的全部土地流转给白家镇滨江合作社以每亩每年水田200kg、旱地100kg的标准经营，并解决了当地60个农业劳动力的就业，流转之后当地农民平均收入每年增加了

4000元，沉沙函、排水沟、生产路等基础设施配套建设，耕地连片种植，规模效应明显。[23] 又如，重庆市长寿区、潼南区等7个区县稍加改造基本农田建设项目，完成10万亩高标准基本农田建设，村民获得4105万元的工程施工费；铜梁区、云阳县等9个区县的10个农村土地整治项目，全部的土地平整工程由当地的村民自行建设完成，并将2100万元工程建设款直接拨付给村民。[24] 此外，重庆市大足、武隆、万盛等区县开展了一系列"先建后补"农村土地整治项目的试点实践。再如，四川省采取"先建后补"模式，到2020年，省域内共计建成了4430万亩旱涝保收、节水高效、生态友好、集中连片的高标准基本农田，预计到2022年底，将建成高标准基本农田5000万亩，确保全省粮食产量700亿斤以上。"先建后补"土地整治区域，实施前一般采取传统、分散、小块土地的农业生产方式，以种植粮食作物为主，农民收入多数低于1000元，土地"靠天收"的状况普遍，整治后，耕地轮作等周期缩短，加上利用效率提高，经过专业合作社经营，亩均收入在5000元左右，效益凸显。

三、"高标准基本农田建设"式农村土地整治模式

中国是一个拥有14多亿人口的农业大国，稳定粮食生产关乎国计民生、关乎国家的粮食安全。高标准基本农田建设一直备受国家及地方各级人民政府的重视，连续多年的中央一号文件都对高标准基本农田建设予以明确要求，是我国经济社会发展的重要基础，是确保将中国人的饭碗牢牢端在自己手中、让中国人的饭碗里主要装中国粮的重要保障。为加强高标准基本农田建设，国土资源部于2011年9月出台《高标准基本农田建设规范（试行）》，提出到2015年完成4亿亩、2020年完成8亿亩高标准基本农田建设的任务；2021年8月国函〔2021〕86号批复《全国高标准农田建设规划（2021—2030年）》，到2022年建成高标准农田10亿亩，到2025年建成10.75亿亩，到2030年建成30亿亩，促进和规范全国各省市高标准基本农田建设。国家实施和推进"藏粮于地、藏粮于技"重要战略，旨在通过科技创新解决农业发展"卡脖子"技术难题，夯实国家发展基础，推进实现我国农业和经济社会的高质量发展。高标准基本农田建设农村土地整治模式是指通过完善农田水利、田间道路等基础设施，增加有效耕地面积，提高耕地质量，优化土地利用结构，改善自然生态环境，完善后期管理维护等措施，提升区域农田粮食生产能力、抗灾减

灾能力，保障区域农业稳产增产、旱涝保收，满足人民群众和经济发展对农产品的需求，推进高标准基本农田和农业生产可持续发展的土地整治建设模式。

西南山区各省市都坚持因地制宜大力加强高标准基本农田建设，推动高标准基本农田建设式农村土地整治深入开展，粮食产能有效提升。四川省人民政府2022年1月批复《四川省高标准农田建设规划（2021—2030年）》（川农发〔2022〕1号），到2020年底已建成4496万亩高标准农田，规划到2025年，省域累计建设1230万亩高标准农田、累计改造598万亩高标准农田，到2030年累计新建1857万亩高标准农田、提升改造1594万亩高标准农田；2022年5月，《重庆市高标准农田建设规划（2021—2030年）》公布，到2020年底已建成1315万亩高标准农田，规划到2030年建成1960万亩高标准农田、改造提升545万亩高标准农田；云南省2022年5月发布《云南省高标准农田建设规划（2021—2030年）》，到2020年末已建成2453万亩高标准农田，规划期内新建高标准农田2120万亩、累计建成4573万亩高标准农田；《贵州省高标准农田建设规划（2021—2030年）》显示，到2021年累计建成1945万亩高标准农田，到2035年，实现新建高标准农田达到60%的宜机化率。四川省2019—2021年三年新建1149万亩高标准农田，截至2021年底已累计建成4989万亩高标准农田，2022年将完成高标准农田建设450万亩，为建设"天府良田""天府粮仓"打牢了基础。[25-26]

四、西南山区边疆"兴地睦边"式农村土地整治模式

我国西南山区边疆以山地为主，区域地势垂直差异明显，地貌形态组合复杂，生态环境非常脆弱，区域农业生产基础设施薄弱，产业化发展较为滞后，农业生产水平较低，山区土地资源是否合理开发利用直接关系到区域的人地协调和可持续建设发展。[27]西南山区边疆"兴地睦边"式农村土地整治主要是在云南省的边疆山地区域探索实施，通过对边疆耕地进行全面整治，开展农田水利、田间道路等基础设施建设，增加耕地数量、提高土地质量，推进区域农业产业化发展，提升土地资源利用效益，维护民族团结、确保边疆稳定、促进区域农业增产、农民增收的农村土地整治模式。

西南山区边疆"兴地睦边"式农村土地整治模式的探索和实践，较好地改善了区域基础设施，提升了耕地质量，增加了农业收入，一定程度上促进了边

疆山区农业产业化的发展。据《云南日报》2017年12月20日报道，2010年，《云南省"兴地睦边"农田整治重大工程项目实施方案》经由国土资源部、财政部批准实施，该区域耕地少、耕地质量差、现有的1900多万亩耕地中旱地占了70%，计划整治规模322.8万亩。2011年1月18日，该项目在临沧市耿马傣族佤族自治县正式启动，共计用6年时间，针对云南省同缅甸、越南等接壤的西双版纳、临沧、保山等8个州的25个边境县（市）沿线开展农田整治，共计投资87.8亿元，竣工验收子项目609个，实施整治规模491.21万亩，新建田间道路工程14471.19km、水利工程11307件、灌排及管道22425.21km、农田防护设施19058.61km，建成农用桥、涵56299座，新增耕地23.36万亩、建成350多万亩高产稳产农田，使整治后人均耕地提升至1亩以上，耕地质量平均提高1个等级、亩均增产100kg左右、粮食产能共计新增6.15亿斤，解决了20多万农民的"口粮田"问题，同时，通过23.04万亩的土地流转，实现农民人均增收2007.66元，助力区域10.87万农村人口的脱贫，海湾城生态移民2952人、培育和发展672个农业产业[28]，为区域粮食安全做出了应有的贡献，改善了边疆区域的农田生态环境，促进了石漠化的治理，有效防止了水土流失，使云南省边境线上全部乡镇、村和村民均从"兴地睦边"工程中获益。

五、"增减挂钩+地票交易"式农村土地整治模式

我国农村土地资源节约集约利用水平不高，土地资源闲置、废弃、撂荒的现象较为普遍，尤其是农村建设用地（主要是农民宅基地）表现突出，一段时期以来，受到了各级政府、学者们的高度关注。如何盘活农村建设用地、将"沉睡"的土地资源变成有效的资产，引起了各界的研究和探索，其中，"地票交易""城乡建设用地增减挂钩"是农村建设用地资源盘活的有效形式，两者联系紧密。城乡建设用地增减挂钩是依据一定区域的土地利用总体规划，通过对拆旧区内的农村建设用地地块实施复垦，在建新区地块上按照一定标准进行拆旧区内居民的安置建新，以拆旧区和建新区之间的面积差作为周转指标，在土地利用总体规划确定的有条件建设区内等量用于城乡建设，并保持项目区内建设用地总量不增加、耕地数量不减少、质量不降低，实现优化城乡用地布局、盘活农村建设用地的土地开发利用措施。地票即一种土地利用指标，是指通过采取一系列措施对农村宅基地、农村公共设施和公益设施等农村集体建设用地实施复垦，复垦后经过自然资源、土地整治等土地管理部门组织的验收，在合格后产生的指标即为地票，该地票可以入市进行"招、拍、挂"交易。

城乡建设用地增减挂钩和地票交易制度的实施探索，对西南山区农村建设用地的资源盘活，缓解区域城乡建设发展的建设用地指标，变"闲置资源"为"有效资产"，具有重要意义。城乡建设用地增减挂钩实施的时间相对较早，在四川、重庆、云南、贵州都有积极的探索和成效，而地票交易制度的探索以重庆市和四川省更为活跃。地票交易制度，是重庆市首创，2008年12月成立了重庆农村土地交易所，2015年12月3日，通过并公布了《重庆市地票管理办法》，规范了地票交易的组织实施。2008年12月6日，重庆市首单地票交易在重庆农村土地交易所竞拍完成，两宗复垦地票面积分别为300亩和800亩，成交价格均超过8万元/亩，首张地票300亩由一家民营企业竞得、成交价2560万元[29]，极大地提升了农村土地的价值。截止到2021年下半年，重庆市共计实施"地票"交易35万亩，交易金额近7000亿元，其中有25万余亩产生于市内脱贫区县、实现价值近500亿元，地票交易纯收益以85∶15在农户和集体经济组织之间分配，受益农民40余万户[30]，较好地推进了贫困区域的脱贫攻坚。成都市作为城乡统筹试验区，在制度上具备先行先试的优势，面对城乡建设用地供给极为紧张、所辖中心城区无地可供的状况，也对"地票"开展了较早的探索，2020年12月17日，四川省成都市2000亩"地票"拍卖，交易金额约3亿元。通过"地票"探索，在一定程度上缓解了土地供给的困境。

六、西南丘陵山区特色农村土地整治模式

西南丘陵山区特殊的地势地貌条件致使区域生态环境十分脆弱，人地矛盾极为突出，区域内各省市土地资源、劳动力、气候特征、经济发展水平等农村土地整治实施的基本要素各具特色，面临的农业、农村发展困境和约束条件各不相同。西南山地丘陵区海拔高度悬殊、立体气候明显、自然环境独特，不同山体、省市之间农业资源差异明显，对于实施推进山地特色农业发展，优势突出。因此，西南丘陵山区农村土地整治实施应当坚持因地制宜，充分挖掘和利用区域资源特色，开展特色农村土地整治，如以休闲观光农业、山地特色水果业或城郊蔬菜水果业为主的土地整治模式。

西南山区各省市山地丘陵面积广阔，各地农业资源禀赋各具特色，多年的农村土地整治实践和农业农村发展，造就了特色各异的山地农村土地整治模式，因地制宜地促进了农村经济发展和区域生态保护。廖兴勇等人研究总结了重庆市山地丘陵特色农村土地整治模式，经过多年的实践，主要有如下模式[38]：一是山地丘陵柑橘园建设土地整理模式，该模式以开县、巫山、万州、忠县等区县为典型区域，如重庆市万州区甘宁镇永胜等两个村的土地整理项目，通过实施改土、改路、改渠、改沟及土壤改良等配套工程，助推柑橘产业化、规模化生产建设；二是丘陵山区蔬菜基地建设农村土地整治模式，如璧山区璧北蔬菜基地建设项目，总面积126.91hm^2，通过项目区条田、灌排、道路等工程设施标准化建设和功能分区，带动了区域高速公路沿线的蔬菜产业发展和标准化建设，增收效益明显；三是丘陵山区粮油基地建设农村土地整理模式，典型项目如合川区大石镇粮油基地建设项目，总面积958.16hm^2、农用地834.20hm^2、建设用地123.96hm^2，完成了新建生产路14.684km、维修生产路15.277km、新建排水沟4.463km等基础设施建设工程，较大地提高了农民的收入和人均耕地面积。丘陵山区农村土地综合整治模式等都较好地利用了区域特色，服务于区域特色农业发展，改善了生产条件，促进了农民收入的增加。此外，云南、四川、贵州等省各地结合区域自然环境、资源特色等开展了一系列的探索和实践，对当地农业农村建设发展都起到了积极的促进作用，值得在适宜的区域推广实施。

七、西南山区喀斯特区绿色农村土地整治模式

我国喀斯特地貌发育，区域内岩石裸露、石漠化问题突出、水土流失严重，耕地零星破碎，生态环境脆弱，农业生产力水平较低，区域内的农民相当一部分都较为贫困[31]，但喀斯特区内生物多样性丰富。西南山区喀斯特区域以贵州省和云南省东部地区分布最广，此外，在四川盆地西南部，重庆市的武隆区（如天生三桥）、南川区（金佛山）以及万盛经济开发区的黑山谷等地也分布有喀斯特区。由于多年以来，喀斯特区域内的人口压力较大、对资源的不合理利用，造成了区域内的土地资源的严重退化、生物资源快速减少、水土流失严重、生态灾害频繁、矿产资源大量浪费、水资源短缺、耕地质量低劣、土地承载力低、干旱缺水、土壤瘠薄、生态环境恶化等是该区域经济社会发展的重要障碍和约束条件。[32]针对喀斯特区域生态环境脆弱的自然条件，在西南山

区喀斯特区开展农村土地整治应当因地制宜地开展植树造林种草等植被恢复活动，以恢复和重建土地生态、改善和提升农业生产条件为主要目标，开展适宜于区域发展需求的绿色土地整治形式。

面对《全国土地整治规划（2016—2020年）》提出的坚持"创新、协调、绿色、开放、共享"的五大发展理念和西南山区各省市"十三五"土地整治规划提出的"统筹山水林田湖草系统治理""绿色土地整治"等土地整治新理念，西南山区喀斯特区绿色土地整治得以探索和实践，其中以贵州省最为突出。本书以肖红燕、刘弢等人对贵州省喀斯特区绿色土地整治实现途径的研究中相关案例为例予以阐释[33]：如贵州省遵义市花茂村农村土地整治项目，花茂村在2014年、2015年、2016年三年分别实现了66.67hm^2、81.33hm^2、121.33hm^{2}农用地的土地流转，2017年，以政府为主体将95.4hm^{2}土地以退耕还林的方式将其规划为经济林果种植，该项目实施农村土地整治后，土地的产值2017年达到22.5万元/hm^2，较2013年的4.5万元/hm^{2}增长18万元/hm^2，居民的年收入2013年时仅6453元，2017年达到了16000元。土地利用效率及村民经济收入得到极大的提高和改善。茂村农村土地整治项目的亮点在于实施农旅一体化与美丽乡村建设相融合，立足于村域生产、生活、生态等"三生空间"，聚焦土地整治区域优美环境打造和美乡村建设：在农业生产发展上，有特色果园、花椒与林下养殖立体化生产，农业产业结构较为完整；在村域居民生活上，实施农村土地整治平整工程、新建和维修农村生产道路，进而推进村庄发展与产业基地建设紧密融合，以本村农民手工制作业、特色农业产业链等带动全村旅游业等新业态发展；在村域生态建设上，在项目区内因地制宜开展农田防护林网建设，既防护了农田风沙危害，又美化了项目区的整体生态景观，为喀斯特区绿色农村土地整治模式探索提供了样板。从案例可以看出，喀斯特区生态环境脆弱，区域内的农村土地整治应当以保护区域良好的生态为基本约束，在项目设计和工程建设实施中，坚持绿色发展理念、推进绿色土地整治、研究实践喀斯特区适宜的生态修复技术，推进生态经济林业、生态农业、生态旅游、牧草建设等绿色发展导向，实施区域"山水林田湖草"生命共同体建设。

八、西南山区全域农村土地综合整治模式

2019年12月10日，自然资源部发布《自然资源部关于开展全域土地综合

整治试点工作的通知》（自然资源发〔2019〕194号），指出按照《乡村振兴战略规划（2018—2020年）》的部署要求开展全域土地综合整治试点工作，由乡镇政府负责组织统筹编制村庄规划，将土地整治的任务、相关指标等落实到实际地块，至2020年，全国试点不少于300个、各省市原则上不超过20个。全域农村土地综合整治以乡镇作为实施的基本单元，以区域国土空间规划尤其是村庄规划为指引，以农用地整理、农村建设用地复垦、未利用土地开发和乡村生态保护修复为基本内容，以田、水、路、林、村、草为综合体整体开展土地整治，从而实现农村生产条件、生活条件的改善、生活环境的提升，促进区域农村土地、人口、产业等基本要素进一步调整和优化，实现城乡一体化融合发展的综合性土地整治工程。全域农村土地综合整治是贯彻落实新时代生态文明建设理念，推进实施乡村振兴的重要抓手，在西南山区有序推进试点及实施，有助于深度解决农业、农村和农民问题，推进区域乡村振兴的实施和经济社会高质量的发展。

全域农村土地综合整治是我国农村土地整治发展的必然方向，是实现乡村生产生活条件改善、现代农业产业发展、乡村生态环境保护修复和宜居宜业和美乡村建设的主要抓手和平台，西南山区各省市积极响应国家号召，各省市都结合自然资源发〔2019〕194号通知要求与本区域实际制定了区域试点实施办法，积极推动具有区域特色的全域农村土地综合整治的探索和实践。如重庆市合川区涞滩镇两堂村积极探索"村庄规划+全域土地整治模式"，建设宜机化农田3583亩、新增耕地495亩，项目实施整合8973万元涉农资金，目前已完成5000多万元投资，现已引进两个绿色生态循环农业企业，推进12000余亩土地流转发展水稻、玉米和牛等产业[34]，以产业赋能区域乡村振兴。2021年6月29日，四川省确定全域土地综合整治试点41个乡镇名单，劳动镇、田家镇、九龙镇等20个镇为国家级试点乡镇，周坡镇、三家镇、高山镇等21个乡镇为省级试点乡镇。[35]据四川新闻网2022年11月5日报道，四川大英县卓筒井镇全域土地综合整治试点项目实施方案已顺利通过县、市、省三级审查，成为全省首个报自然资源部备案的试点项目。据《滇中新区报》报道，2022年8月5日，云南省昆明空港经济区率先在沙井社区启动全域土地综合整治试点项目，包含4大类10个子项目，该项目一期工程总投资4.80亿元。[36]据悉，云南省拟申报25个项目为全域土地综合整治试点项目。贵州省拟从20个国家级全域土地综合整治试点项目中，选择仁怀市长岗镇、水城区勺米镇、贵安新区高峰镇等 5 个项目开展示范引领，总规模 2200hm^2、可整治农用地面积 1940hm^2、生态修复 315.47hm^2、基本农田保护 1029.57hm^2、预计新增耕地 54.49hm^2，目前，正积极推进实施中。[37]

第三节　农村土地整治实施推进面临的问题

西南山区自然条件区域分异明显，总体上人多地少的情况、山地丘陵为主的地貌特征、喀斯特岩溶地质广布的地质环境，使得区域经济社会发展面临着较为突出的人地矛盾，因而对农村土地整治的需求尤为强烈。四川、重庆、贵州、云南等省、市经过多年的探索，尤其是"十二五""十三五"期间，从省级政府层面在不同的发展阶段制定、出台了农用地整治、城乡建设用地增减挂钩、未利用地开发、农村土地流转等一系列政策文件，也制定了符合国家宏观政策法规，适宜于区域特色的规范、技术标准、实施办法等。各省市通过"十二五""十三五"土地整治规划的制定和实施，开展了一系列农村土地整治项目，对区域耕地数量的增加、耕地质量的提高、农业生产基础设施的建设、生产条件的改善、新农村的建设、农民收入的增加、人居环境的提升等都产生了不同程度的积极作用，也探索出了"金土地工程""兴地睦边"、整村推进的"千百工程""地票"等农村土地整治的成功经验，可供后续农村土地整治实施学习和借鉴。但在农村土地整治实施的过程中，也存在一些区域性的或主观或客观的问题以及实施中面临的困境，需要在持续推进的农村土地整治过程中予以改进和完善。

一、农村土地整治目标依然较为单一，系统性生态修复整治体现不够

西南山区各省市由于区域特定的自然地理环境所限，农业农村发展对破解土地资源约束的意愿较为强烈，多年来的农村土地整治活动积极探索实践，以及"十一五""十二五""十三五"期间大规模、大范围的农村土地整治项目的安排和实施，较好地落实了服务于区域农业、城乡、工业发展的基础需求。但是，各阶段发展中，农村土地整治规划的编制、工程的落地，其目标更多地集中在区域耕地数量的增加、耕地质量的提高上，以及逐步重视对整治区域灌

排条件、农田建设道路等基础设施的改善和提升，对损毁土地等的整治复垦等，对生态修复特别是系统性的修复生态等关注不够。例如，国家的"十三五"土地整治规划、西南地区各省市的"十三五"土地整治规划，都对全国或者本省市高标准基本农田建设、耕地补充等指标予以了分解落实，但是生态类指标并没有明确的设定，实施过程中，多数省市土地整治活动依然是以高标准基本农田建设任务、耕地补充的任务为重点。尽管在"十二五""十三五"时期，不同省市的农村土地整治规划也提出了生态保护、生态修复的理念和目标，安排了一些重大的生态保护与修复的建设工程，并取得了一定的成效，但对生态文明建设、低碳发展等理念、原则体现较多，而具体实施中缺乏可操作性的指导方法和可行的措施，因此，推动区域山水林田湖草系统性、整体性建设修复，切实打造"山水林田湖草"共同体，有待于在后续农村土地整治实施中落实、落地。

二、农村土地整治实施结合区域特色不够，实施形式有待丰富

西南山区各省市特色明显，山地丘陵、喀斯特区域、少数民族、古镇古村落、多样化生物种类等，农村土地整治项目需充分挖掘整治区域自然和文化特色，但在实践中，不少农村土地整治项目的设计、施工等环节都是以常规的形式进行设计和施工，部分项目是套用其他项目的模板，没有或者很少考虑区域自然条件的约束、人文环境的要求，农村土地整治实施的形式还较为单一。如贵州省各地正在开展的农村土地整治项目，有一部分都是各地常见的土地整治形式，实施土地平整、开展坡改梯、新建灌溉排水、蓄水池等农田水利工程，修建田间道、生产路等田间道路工程等，工程设计中对区域喀斯特岩溶地质地貌特色结合、融合不够，一些土地整治项目追求工程的数量，还有的项目实施后新增耕地土层厚度不够，导致有的项目竣工验收后在实际生产中没有得到利用，耕作层厚度、肥力等达不到农业高效生产的需求，农业生产效益不高。重庆、云南、四川、贵州等地山地丘陵多，生物资源丰富，少数民族文化浓郁，农村土地整治需要结合当地地形地貌、民族文化、自然环境、当地种植生产习惯等，方能取得较好的效果。

三、农村土地整治项目规划设计工作不扎实细致，实施方案变更频繁

西南山区各省市多年的农村土地整治规划和实施实践经验表明，部分项目

由于在可行性研究、项目初步设计、具体工程建设安排等环节上缺乏对项目区的深入了解和认识，缺乏对项目区全域的实地踏勘、走访或者踏勘走访不到位，使得项目在工程实施过程中，发现工程设计不合理，迫切需要的工程没有或者不够，不必要建设的工程项目较多或者建设规模过大、过多，因此项目经费预算等没法执行，导致不得不暂停施工，交由规划设计单位重新调整、变更修改原来的设计方案。这部分项目在实施过程中进行工程建设项目的变更设计，体现为项目设计人员踏勘调研工作不细致扎实，现场调研中没有与村民交流或者与区域村民交流不够深，项目区域的真实需求、项目区需要解决的短板等没能很好地体现出来，造成设计方案不实用，有的农村土地整治项目甚至变更二次、三次。同时，设计的项目有一部分对耕地数量、基础设施考虑比较多，而忽略了区域土地整治对生态保护、生态修复的需求，造成耕地质量提升不够、区域生态环境保护不力。反复变更方案，既浪费施工进度又增加了项目的实际开支。

四、村民参与项目设计、参与项目实施不够，公众参与不到位

当前，各行各业工程建设、规划设计、措施制定等都十分强调公众的参与，目的是使项目、方案、举措更为可靠和有效。目前，农村土地整治项目的立项、设计、施工及验收各环节，公众的参与度还不够高。农村土地整治是公益性项目，服务于区域农民、农村和农业的发展，项目的实施，应当从立项、设计阶段开展大力的宣传，要让当地的村民了解、接受项目的实施，调动当地农民参与的积极性，现有实施的项目中，尤其是设计阶段、各类工程的工程量及规格、项目区内工程总体布局、工程的具体施工实施、项目的竣工验收等，当地村民参与得还不够多、更不够深入，设计出来的项目不符合当地发展的需求，农民对土地整治意义不够了解，也出现了一些项目老百姓不支持的情况，有碍于项目的实施推进。

五、农村土地整治项目的后期管理滞后，项目后续持续效益发挥不够好

一些农村土地整治项目，工程施工竣工、项目验收合格以后，项目区工程设施没有专门安排人员管理、维护，有的项目验收专家刚走就有人对田坎等进行了破坏，不少山区项目灌溉、排水沟渠由于缺乏专人维护，泥沙淤积、砂石堆积，时间长了以后部分渠系无法使用。有的项目，山坪塘、蓄水池、沉沙函里杂草丛生，没有起到蓄水、灌溉的作用，工程设施形同虚设。项目区在刚开始的那些时间，水利、道路等设施尚可以正常地运作，年长月久之后就不能再发挥作用，所以，后期管护问题的缺失，使得项目区后续作用和效果无法体现，造成资源、资金的浪费。

六、农村土地整治项目的资金投入机制有待完善，须避免交叉、重复投入

当前，农村土地整治项目的资金投入，主要源自政府的专项资金以及部门的涉农资金，国家对西南山区的省、市、县，尤其是贫困县尚有专项资金的倾斜性扶持。各地方与农业农村建设发展相关的多个部门如农业、林业、水利、自然资源、交通、民政等，都从各自业务领域管理着一部分支持、服务农业农村发展的资金。不同部门均从自己工作业务的角度向亟须建设发展的农村进行投入，有时导致同一个地方多个部门重复投入、重复立项，比如高标准基本农田建设项目，农业部门、自然资源管理部门都在投入建设资金，实施中诸如道路、水利等基础设施重复建设，耗费资金多又占用了土地。同时，各部门涉农建设资金的投入，申请、审批的程序，投资对象的审核等都有严格的规定、要求，统筹整合的难度较大，需要从政府层面，特别是省级政府及以上层面，研究制定符合区域实际的农村土地整治、农村建设发展资金投融资机制，统筹协调、整合资源，形成政府主导、部门联动的组织实施模式，高效利用涉农资金，协同推进农村土地整治实施，将有限的资金投入更多亟须建设发展的区域和领域。

第四节 西南山区乡村振兴战略实施推进现状

一、政府高度重视，加强顶层设计，乡村振兴成效突出

农业、农村、农民问题是困扰西南山区各地实现城乡融合发展和推动经济社会高质量发展的问题，乡村振兴战略的实施和推进赋予了西南山区各区域解决"三农"问题的方向和活力，各地政府高度重视，省、市、县各级在国家乡村振兴战略的指导下，因地制宜地制定服务于区域乡村振兴和破解"三农"问题的一系列举措，从区域顶层设计的高度，引导和保障区域农业的发展，乡村振兴总体成效突出。

政府顶层设计，引导乡村振兴发展，各地地方政府协同配合，乡村振兴成效凸显。从省级层面，四川省委、省政府自 2004 年以来连续 18 年以省委一号文件的形式落实和部署"三农"问题。2018 年 9 月印发《四川省乡村振兴战略规划（2018—2022 年）》；2021 年 3 月发布《中共四川省委 四川省人民政府：关于全面实施乡村振兴战略 开启农业农村现代化建设新征程的意见》；2022 年 1 月出台《中共四川省委 四川省人民政府关于做好 2022 年"三农"重点工作 全面推进乡村振兴的意见》；2022 年 12 月，出台了《关于坚持农业农村优先发展 推动实施乡村振兴战略落地落实的意见》。2021 年 11 月公布《四川省乡村振兴促进条例》，2021 年 11 月，四川省林业和草原局、省发展改革委、财政厅、省乡村振兴局出台了《关于实现巩固拓展脱贫攻坚成果同乡村振兴有效衔接的实施意见》。全省通过总体要求和目标、基层党建引领建设、建设美丽四川宜居乡村、深化农业农村改革、加快农业农村现代化、促进农民全面发展、打造乡风文明新乡村、推进乡村建设人才支撑、健全现代乡村治理体系、科技创新等为推动治蜀兴川再上新台阶提供有力支撑。

重庆市委、市政府积极响应和落实国家乡村振兴战略，先后制订和印发《重庆市实施乡村振兴战略行动计划》《关于聚焦乡村发展难题精准落实"五个振兴"的意见》《重庆市实施乡村振兴战略规划（2018—2022 年）》，为区域乡村振兴的实施搭建总体框架；2019 年 12 月印发《重庆市人民政府关于促进乡村产业振兴的实施意见》（渝府发〔2019〕38 号），2021 年 8 月印发《重庆市推进农业农村现代化"十四五"规划（2021—2025 年）》（渝府发〔2021〕22 号），2021 年 9 月印发《加快推进乡村人才振兴的重点措施》，提出 26 条措施鼓励和引导各类人才投身乡村建设；2022 年 5 月出台《重庆市乡村振兴十大重点工程实施方案（2020—2022 年）》，计划集中 3 年时间实施十大重点工程推进乡村振兴；2022 年 7 月，公布《重庆市乡村振兴促进条例》。一系列文件、规划、方案的出台和实施，为重庆市乡村振兴层层深入谋划，搭建了政府政策和体制机制平台。

云南省委、省政府紧跟国家乡村振兴战略步伐，有序推进乡村振兴战略实施。2019年2月印发《云南省乡村振兴战略规划（2018—2022年）》，对5年间乡村规划做了部署安排；2021年4月印发《关于全面推进乡村振兴加快农业农村现代化的实施意见》，提出10个方面共计38条具体措施推进实施乡村振兴；2021年12月，云南省巩固脱贫攻坚推进乡村振兴领导小组印发《关于支持乡村振兴重点帮扶县的若干意见》；2021年12月印发《加快推进乡村人才振兴实施意见》；2022年3月印发《关于做好2022年全面推进乡村振兴工作的意见》；2022年4月，发布《中共云南省委 云南省人民政府关于做好2022年全面推进乡村振兴重点工作的实施意见》；2022年5月发布《关于调整完善土地出让收入使用范围优先支持乡村振兴的实施意见》；2022年9月，省民政厅、乡村振兴局发布《关于动员引导社会组织参与乡村振兴工作的通知》。

贵州省围绕耕地保护、粮食增产、农民增收等任务，积极采取措施，为区域乡村振兴的实施推进导航指向。贵州省委、省政府2018年印发《关于乡村振兴战略的实施意见》（黔党发〔2018〕1号），明确了总体要求、基础建设及乡村振兴建设20字方针内容；2022年10月14日公布《贵州省乡村振兴促进条例》，涵盖乡村振兴推进实施的全部内容；2022年11月印发《关于全面推进乡村振兴加快农业农村现代化的实施意见》，共计37条，提出了全面推进乡村振兴，加快农业农村现代化的举措及目标任务。

西南山区各省市一系列规划、通知、实施意见、行动方案及地方条例等的制定出台，为区域促进农民增收、加强耕地保护建设、农业产业化发展、科技引领农业现代化、基础支撑、乡村治理、宜居乡村建设、生态环境保护、党对乡村振兴的组织领导等明确了方向和实施推进措施，各省市积极探索适宜于区域特色和实际的乡村振兴举措，较好地推动了区域农业增效、农民增收、农村增色，促进了城乡之间的进一步融合，缓解了区域"三农"问题和矛盾。

二、立足山地资源特色，推进乡村产业振兴

西南山区自然环境独特，资源种类丰富，区域内各地深度挖掘乡村资源特色，不断发展和壮大特色乡村产业，壮大农民集体经济，增加农民收入，夯实乡村振兴基础。重庆市立足山地特色，发展现代山地高效农业，成效明显。2021年，重庆市柑橘、榨菜、柠檬等十大现代山地特色高效农业综合产值突破4500亿元；2021年全市农产品加工业总产值增加14.6%、网络零售农产品额增加17.5%,"巴味渝珍"品牌授权产品销售收入超67亿元并入选新华社民族品牌工程;全国第一个基于智慧物联网大数据的丘陵山地数字化无人果园落户在渝北区大盛镇的青龙村,大大降低农民的劳动强度;重庆市重点打造了柑橘、中药材、榨菜等八大产业链延伸了农业产业链条;忠县的三峡橘乡田园综合体,打造了"从一粒种子到一杯橙汁"的完整产业链,实现加工产值6亿元;2021年重庆柳荫镇共计接待游客10万人次以上,旅游收入超过1000万元,实现集体增收150多万;丰都县三建乡利用闲置土地发展笋竹、冷水鱼等,实现农户户均增收3000多元。[39]据《四川日报》2022年5月10日报道,截至2021年底,全省建成470万亩高标准农田、52万亩高效节水灌溉面积、农作物播种面积14999.9万亩,菜、果、药、茶、鱼等特色产业实现现值3569.1亿元。全省农业园区建设加快,创建国家产业园13个、省星级产业园107个;2021年粮食总产量达716.4亿斤、生猪出栏6314.8万头(居全国第一)、油菜籽338.7万吨、8300个村开展实施乡村旅游业,"川字号"农产品做大做强,全省规模以上农副食品加工业1511户、物流服务业渐趋完善,2021年实现网络零售和餐饮收入27.7亿元。[43]云南省积极开发少数民族地区、边疆民族地区特色资源,发展区域特色产业,效果良好:如云南怒江州脱贫后,积极打造咖啡、茶叶、草果等10个现代农业特色庄园,仅草果业就实现13.2亿元的综合产值,带动了区域16.5万人稳定增收[45];又如,云南边疆民族地区历史文化旅游资源丰富适宜发展特色旅游业,诺邓古村落即为典型村落,该村2020年接待游客45.15万人次,带动了村域423人就业,仅旅游收入一项人均达到5324元。[46]贵州省旅游资源独具特色、少数民族分布广泛,采取"旅游+少数民族文化"模式,旅游业发展有序,乡村旅游扶贫重点村达到2422个,据不完全统计,2020年全省累计接待乡村旅游游客5238万次,旅游收入达到235亿元,成为全省旅游业发展的重要支撑。[47]

三、探索农村治理体系改革,推进乡村组织振兴

西南山区各省市乡村振兴的实施,要注重发挥基层党支部的组织带动作用,合理赋予农村集体经济组织和村民自治组织的职责和建设任务,创造条件、探索搭建平台发展乡村多样化的经济组织和社会组织,有机融合乡村振兴各类主体,形成合力推动乡村振兴。重庆市围绕乡村善治,推进完善基层党组织领导下的乡村治理体系，坚持法制、德治、村民自治相结合；至2021年，全市实现98%的村域村书记、主任"一肩挑"，派驻优秀干部6394名担任驻村第一书记，推进实施"清单制""积分制"，培育村社"法律明白人"3.3万多名，累计建成89个"全国民主法治示范村（社区）"，打造平安示范村社1000个。[41]《重庆市推进农业农村现代化"十四五"规划（2021—2025年）》显示，"十三五"期间，全市完成农村集体产权制度整市试点，"三社"融合改革新型农业经营主体受益面达7.4万户、基本消除集体经济"空壳村"；民生领域显著改善，城乡养老保险和医疗保险超过95%，城乡居民人均可支配收入比下降到2.45∶1。重庆市积极加强党对"三农"工作的领导，制定提出了"五级书记抓乡村振兴"的要求，2021年8月专门出台《重庆市乡村振兴驻乡驻村干部管理办法》，落实驻村第一书记工作制度，定点帮扶贫困区县乡村建设发展，2015年，累计选派扶贫"第一书记"2249人，派驻工作队2451个、队员近1.8万人、落实结对帮扶干部19.9万人，实现全市48.2万户贫困户帮扶的"全覆盖"。[40]村民富不富，关键看支部；村子强不强，要看"领头羊"，贵州省乡村振兴的实施，高度重视基层党组织的领头作用，自2020年起，两年共选定30个村作为试点，打造红色美丽试点村庄以带动区域乡村振兴，采取抓党支部建设、抓和谐稳定和社会治理、抓产业支撑、建和美家园以及为民办实事等工作举措。[47]组织振兴是乡村振兴的关键，基层党组织是落实贯彻党的方针政策的"最后一公里"，四川省充分发挥基层党组织的领头雁作用，加强基层党组织的战斗堡垒作用，村"两委"换届后，书记、主任"一肩挑"占97.5%；县、乡两级党政班子换届中加强熟悉"三农"工作、能担责任、能带领乡村振兴工作、善处理复杂问题的干部的选拔任用，村级党支部书记从优秀农民工回引培养工程"台账"中选拔，共计选拔8000多名，同时还培养后备力量6.1万名，并积极发展优秀农民工为中共党员，较好地推动了区域乡村建设发展；四川省2021年完成新一轮驻村干部选派共计3.5万名，确定帮扶1.2万个贫困村[48]，通过上述措施，激发了乡村振兴的组织动能，基层治理体系建设推动效果良好，奠定了乡村振兴工作的坚实基础。

四、积极吸纳和培训乡村建设者，推进乡村人才振兴

乡村振兴的实施推进，人才是关键。西南山区各地近年来通过技能培训、乡村就业、引进高校毕业生、能工巧匠、乡贤能人，充分发挥本地的"土专家""田秀才""村干部"的作用，不断提高乡村专业人才的比重和广大农民的文化科技素质，在乡村振兴中发挥了积极作用。

重庆市近年来持续完善政策环境，打造人才成长氛围，激发人才活力，培养乡村建设发展的带头人，主动对接联系乡村外出务工的能人、巧匠、乡贤，为有意投身乡村建设的人搭建平台，不断培养和充实"懂农业、爱农村、爱农民"的乡村振兴人才工作队伍。重庆市《加快推进乡村人才振兴的重点措施》提出，计划5年内培育高素质农民10万人左右，每年选派1000名市级科技特派员、2000名县级科技特派员，5年内引进乡镇青年人才2万名、5年内招募"三支一扶"高校毕业生3000人，力争2025年前实现每村拥有至少1名大学生。2021年全市实施在乡、返乡、入乡"三才"工程，认定农村致富带头人2000人、培育高素质农民20000人、累计培育农民合作社3.77万个、家庭农场3.2万户、社会化服务组织1.1万个，累计回引本土人才15694名返村挂职、创业，引导支持135名"三师一家"下乡服务乡村建设6682人次、培训乡村建筑工匠5100余人，引导农民工返乡创业就业31.2万人次。[41]《2021四川乡村振兴年度报告》指出，四川阿坝州积极推进乡村振兴人力资源建设，三年开发2.3万个公益性岗位，完成5期共计761名乡村致富带头人、脱贫劳动力技能培训，夯实了4万名脱贫劳动力就业；2021年全省实现脱贫劳动力就业226万人。云南省《加快推进乡村人才振兴的实施意见》指出，每个乡镇卫生院须配备1名及以上公共卫生医师，各村从外出务工返乡人员、退役军人、致富能手及本土大学生中培养35岁以下优秀人才2~3名作为村级后备力量，吸引优秀农村人才回乡[42]；贵州省农村劳动力外出务工比例较高，乡村振兴建设人才缺乏，引导本村务工劳动力回流乡村就业、创业，制定务工人员返乡就业创业的资助扶持政策是乡村人才振兴的重要工作。

五、挖掘乡村文化资源、传承乡土文化，推进乡村文化振兴

文化振兴是乡村振兴的精神基础，是乡村振兴的灵魂，是乡村振兴五大振兴内容的客体之一。西南山区各地积极探索、挖掘乡村文化资源，推进传承区域中华民族优秀传统文化，取得较好的成效。《重庆市推进农业农村现代化"十四五"规划（2021—2025年）》显示，重庆市深挖文化底蕴，深化"家风润万家""红樱桃公益四季有爱"等活动，推进乡土文化传承和乡村文化建设，共计建成 3107 个社区综合文化服务中心、累计建成 8318 个农家书屋、10000 余个农村文化大院，分别建成 4134 个县级以上文明村、555 个县级以上文明乡镇。2021 年，深入推进"百乡千村"乡村文化示范建设，新建乡情陈列馆 150 个、"一村一品"特色文化活动 120 个、设计绘制 13 个镇村的艺术外墙近 80 幅作品。[41]《2021 四川乡村振兴年度报告》显示，四川省推进实施乡村振兴"千百万"工程、乡镇公共文化服务提质增效工程，持续开展群众性文明创建活动，促进乡村移风易俗和乡风文明建设，如四川凉山州，制定了"3+2""9+3"等职教计划帮扶提升行动，探索乡土文化传承；广元市实施推进村支部书记、村主任"一肩挑，促进农村社会文化事业发展"。贵州省少数民族众多，乡村物质文化、非物质文化遗产极为丰富，截至 2018 年，全省共有国家级代表性传承人 96 人、省级代表性传承人 404 人、市州级代表性传承人 1196 人，还有县级代表性传承人 2000 多人[49]，并具备一定的文化基础设施和民族文化教育，具备较好的民族文化传承的基础，贵州省十分重视民族文化遗产传承并与旅游相融合、与现代传媒融合发展，实施效果良好。云南省在我国各省市中少数民族人口最多，近年来的发展，积极贯彻中央民族工作会议精神，大力推动少数民族地区乡村振兴，积极推进传统彝族文化如刺绣的发展，采取培养传承人、收藏创作刺绣精品、改善刺绣发展方式及拓宽销售渠道等措施，推动了刺绣的发展，同时，还使教育政策向农村倾斜、不断改进农村教育的基础设施条件、大力发展农村基础教育尤其是民族地区的基础教育，不断提升乡村地区居民的文化教育水平，促进区域乡村文化振兴。

六、加强宜居乡村建设，推进乡村生态振兴

农民以乡村立足，"望得见山、看得见水、记得住乡愁"是区域乡村振兴的愿景、深入贯彻"环境就是民生，青山就是美丽"的建设理念，西南山区各个地域积极贯彻中央关于生态文明建设发展的理念，加强乡村人居环境建设，打造丘陵山区的良好生态，有力构建了我国西南地区良好的生态屏障。

《重庆市推进农业农村现代化"十四五"规划（2021—2025 年）》显示，重庆市三年农村人居环境整治行动成效突出，全市完成 99.9%的行政村生活垃圾治理、建成 300 个美丽宜居村庄和 1500 个绿色示范村庄、完成 32.45 万户旧农房整治、实现82.5%的农村自来水普及率和82%的户厕普及率、建成4543km乡镇污水管网;"十三五"以来,农业生产化肥施用量累计减少7%、农业减少9.3%,家畜家禽粪污综合利用率80%以上。四川省多措施促进生态源转化,相较2012年,森林覆盖率从41.44%增长到42.28%、林业总产值从23.54亿元提升到49.97亿元[44];据《2021四川乡村振兴年度报告》,2021年四川省重点推进"美丽四川·宜居乡村"建设,评选20个"最美古镇"、30个"最美村落"、316个"水美新村",农村卫生厕所普及率达94.0%、生活垃圾有效治理100%、污水有效治理69.6%。重庆市坚持生态优先,同步推进保护和绿化,全市村域绿化率超过40%,建成6个国家级森林示范县、85个森林公园、20个市级以上康养基地、3300家森林人家,建立19个试点扶贫造林专业合作社,有序推进"村美、业兴、家富、人和"的生态宜居和美乡村建设[44];贵州省绿化乡村与产业发展相融合,通过开展"四在农家·美丽乡村"11项小康行动计划,有力促进了区域乡村人居环境的改善和村寨的绿化,如遵义市湄潭县油茶园50万亩,通过县政府的9.8亿元投资,绿化216个乡村、面积20086亩、绿化公路通道852km、河岸250km、街道25km,荣获"全国生态示范县""全国无公害茶叶生产基地示范县"等称号[44];云南省瞄准全国生态文明排头兵的定位,累计投入35177.8万元开展生态建设,绿化覆盖率达到44.96%、绿化社区村庄221个、道路1330km,云南省腾冲市发展林下种植16.5万亩、养殖2.2万户、实现产值12.2亿元,其中河顺镇成为"全国森林小镇"之一,江东银杏村、和睦村等成为"全国生态文明村",生态宜居建设成效突出。[44]

参考文献

[1] 居民收入水平较快增长 生活质量取得显著提高——党的十八大以来经济社会发展成就系列报告之十九 [EB/OL]. 国家统计局,2022-10-01.

[2] 各省人均GDP,2021年各省人均GDP一览 [EB/OL]. 财经数据,2022-09-19.

[3] 2021年全国31省市居民人均可支配收入排行榜:东部沿海地区成绩突出 [OB/OL]. 知乎,https://zhuanlan.zhihu.com/p/509700148,2022-05-06.

[4] 贵州入选首批国家生态文明试验区探索欠发达省份经济生态双赢路径

[EB/OL]．中华人民共和国中央人民政府，2016-08-25．

［5］贵州［EB/OL］．百度百科．https：//baike.baidu.com/item/%E8%B4%B5%E5%B7%9E/37015?fromtitle=%E8%B4%B5%E5%B7%9E%E7%9C%81&fromid=20475641&fr=Aladdin．

［6］贵州第三次全国国土调查主要数据公布：耕地5208.93万亩［OB/OL］．铜仁网，2021-12-30．

［7］贵州省自然资源厅综合处．2019年贵州省自然资源综合统计月报（1—12月），2020.01．

［8］贵州省自然资源厅综合处．2020年贵州省自然资源综合统计月报（1—12月），2020.12．

［9］贵州省自然资源厅综合处．2021年贵州省自然资源综合统计月报（1—12月），2021.12．

［10］贵州省自然资源厅综合处．2022年贵州省自然资源综合统计月报（1—11月），2022.12．

［11］重庆市［EB/OL］．百度百科．https：//baike.baidu.com/item/%E9%87%8D%E5%BA%86%E5%B8%82/436625?fr=aladdin．

［12］重庆市第三次国土调查主要数据公报［EB/OL］．重庆市统计局，2021-11-24．

［13］印象云南［EB/OL］．云南省人民政府．https：//www.yn.gov.cn/yngk/．

［14］云南省第三次全国国土调查主要数据公报［OB/OL］．https：//www.yn.gov.cn/zwgk/gsgg/202112/t20211221_231929.html，2021-12-22．

［15］云南省国土资源厅，云南省发展和改革委员会．云南省土地整治规划（2016—2020年），2018-01．

［16］四川概况［OB/OL］．四川省人民政府，2022-03-08．

［17］四川省第三次全国国土资源调查主要数据公报［OB/OL］．四川自然资源，2022-01-17．

［18］"十三五"期间四川治理沙化土地超88万亩［EB/OL］．央广网，2020-06-20．

［19］邓冬冬，杨维彬，王泽贵．"村民自建"土地整治项目服务就地脱贫实施情况分析——以贵阳市为例［J］．河南农业，2017（17）．

[20] 顾鹏. 浅析黔南州村民自建土地整治项目 [J]. 低碳世界, 2017 (29).

[21] 金桃, 潘伯娟, 廖小锋, 等. 以"村民自建"土地整治模式助力脱贫攻坚——以贵州省为例 [J]. 南方国土资源, 2019 (03).

[22] 蔡琳亭, 张幻琴. 重庆市"先建后补"改革试点 创新农村土地整治模式 [J]. 科技与创新, 2017 (02).

[23] 胡业翠, 仝金辉, 刘桂真. 农村土地整治创新模式思考——基于重庆"先建后补"土地整治项目的启示 [J]. 国土资源情报, 2016 (12).

[24] 马杰, 蔡万春. 农村土地整治"先建后补"模式的实践与思考——以重庆市为例 [J]. 安徽农业科学, 2017, 45 (09).

[25] 张海明. 四川"十四五"将新建高标准农田1230万亩、改造提升598万亩 [OB/OL]. 潇湘晨报, 2022-07-20.

[26] 杨博. 四川今年将建设450万亩高标准农田 [EB/OL]. 封面新闻, 2022-04-22.

[27] 许明军, 杨子生. 我国西南边疆山区农村土地整治模式初探——以云南省为例 [J]. 国土资源科技管理, 2014, 31 (05).

[28] 云南省"兴地睦边"农田整治重大工程通过省级专家验收 [EB/OL]. 云南日报, 2017-12-20.

[29] 张国圣. 重庆: 地票交易敲响第一槌 [OB/OL]. 光明新闻, 2008-12-08.

[30] 规划司. 新型城镇化试点示范等地区典型做法之117: 重庆市"地票"制度缓解城乡建设用地供需失衡 [OB/OL]. 中华人民共和国国家发展和改革委员会, 2021-12-13.

[31] 金桃, 肖玖军, 董艳艳, 等. 喀斯特山区土地整治与区域生态环境的耦合协调性分析——以贵州省为例 [J]. 贵州科学, 2019, 37 (05).

[32] 杨庆媛, 周宝同, 涂建军, 等. 西南地区土地整理的目标及模式 [M]. 北京: 商务印书馆, 2006.

[33] 肖红燕, 刘弢, 任海利, 等. 贵州喀斯特地区绿色土地整治实现途径浅析 [J]. 国土与自然资源研究, 2020 (06).

[34] 重庆合川: 全域土地综合整治 谱写乡村振兴"新篇章" [EB/OL]. 中国网新重庆, 2022-08-09.

[35] 四川申报全域土地综合整治试点乡镇名单公示［EB/OL］.四川自然资源，2020-10-10.

[36] 资讯丨空港经济区率先启动全域土地综合整治试点项目［EB/OL］.滇中新区报，2022-08-08.

[37] 贵州省有序推动国家级全域土地综合整治试点工作［EB/OL］.贵州省人民政府（贵州要闻），2022-03-23.

[38] 廖兴勇.重庆丘陵山区土地整理模式及其关键技术研究［D］.重庆：西南大学，2012.

[39] 重庆：打好现代山地特色高效农业牌 点燃乡村振兴新引擎［EB/OL］.华龙网，2022-09-22.

[40] 胡燕磊.2016年重庆两会：打赢脱贫攻坚战［EB/OL］.参考网，2016-03-15.

[41] 2021年度重庆乡村振兴工作呈现十大亮点［EB/OL］.乡村发展网，2022-02-09.

[42] 中共云南省委办公厅 云南省人民政府办公厅印发《关于加快推进乡村人才振兴的实施意见》［OB/OL］.云南省人民政府，2021-12-06.

[43] 史晓露.四川乡村振兴交出亮眼成绩单［N］.四川日报，2022-05-10（02）.

[44] 绿文.产业助力乡村振兴 西南地区效果凸显［J］.国土绿化，2020（01）.

[45] 杨静.云南怒江州：特色产业助力乡村振兴［N］.经济参考报，2022-07-26（05）.

[46] 高德萍，王万平.乡村振兴背景下云南边疆民族乡村产业发展路径研究——基于大理白族自治州的三个案例［J］.保山学院学报，2022，41（06）.

[47] 徐佳佳.发展乡村旅游 助力贵州乡村振兴［EB/OL］.参考网，2022-11-14.

[48] 向文.四川：充分激发乡村振兴的组织动能［J］.乡村振兴，2022（07）.

[49] 刘陈铖，乔辉辉.贵州民族地区乡村文化振兴的现实境遇与实现路径［J］.农村实用技术，2022（11）.

第七章

西南山区农村土地整治推进乡村振兴的困境识别和时代诉求

我国地域辽阔，在960万平方公里的广袤国土上区域分异十分明显，地形地势上自西向东形成了三大阶梯，干湿度分带上自东南向西北形成了湿润、半湿润、半干旱和干旱四个干湿度地带，经济发展水平上形成了东部沿海、中部地区、西部内陆地区的梯次差异。西南山区地形上以山地丘陵为主体，气候上主要是亚热带季风气候、高原山地气候以及亚热带季风性湿润气候，经济上与中西部地区相比较为落后。西南山区自然地理环境独特、自然灾害频繁、基础设施条件欠完善、人居环境欠佳、现代农业产业发展滞后，因此，人地矛盾较为突出。西部大开发、城乡统筹发展、新农村建设、美丽乡村建设、乡村振兴战略等一系列国家战略的实施，使我国取得了举世瞩目的脱贫攻坚伟大成果，实现了现行标准下全部贫困人口的脱贫、全部贫困县的摘帽，并在2020年顺利完成全面建成小康社会的重大任务，推进了新时代中国特色社会主义建设和新时代中国特色社会主义强国的建设，实现了我国人民从站起来到富起来到强起来的巨大飞跃。一系列国家战略的实施和推进，较大地促进了西部地区、西南山区经济社会的发展和农业、农村、农民的快速进步，但由于历史的欠账较多，区域内各省市农业、农村的发展相较东部依然较为落后，人地矛盾突出，城乡发展不平衡、农村发展不充分尚较明显和突出。新时期乡村振兴战略的提出，特别是党的二十大提出全面推进乡村振兴，给我国"三农"问题的深度解决和新时期社会主要矛盾的解决指明了方向、明确了路径。乡村振兴战略是新时期中国社会解决"三农"问题的总抓手，而农村土地整治是西部山区乡村振兴战略实施推进的重要抓手，现阶段，农村土地整治、乡村振兴在实施过程中还面临一定的困境，农村土地整治助力和推进乡村振兴的融合中也面临一定的问题，需要在实施过程中通过探索和实践予以解决和克服，从而促进西南山区乡村振兴的顺利实施，推进西南山区农业农村农民问题有效解决，进而推进中国经济社会的高质量发展。

第一节　西南山区乡村振兴实施的困境与时代诉求

党的十九大提出了乡村振兴战略的20字方针即"产业兴旺、生态宜居、乡风文明、治理有效、生活富裕",在20字方针的指引下,乡村振兴目标的实现,需要在乡村产业、乡村人才、乡村文化、乡村生态和乡村组织等五个维度实现振兴,自党的十九大提出乡村振兴战略后,各地都因地制宜地开展了形式各异但目标一致的乡村振兴探索和实践,在乡村产业、人才、文化等五大振兴内容上也都遇到了各自的问题和发展短板,摸清并努力解决现实的困难是推进区域乡村振兴的必然路径和选择。西南山区因其独特的自然地理环境以及农业农村的发展历史,现阶段乡村振兴的实施推进面临的困难和问题主要如下:

一、农业规模经营推进困难,产业发展水平不高,产业转型升级受到约束

西南山区各地因山地丘陵为主的地形地貌,导致农村土地地块比较破碎,加之农村土地多年来的家庭联产承包责任制,农户家庭式分散经营承包土地,地块较为分散。因此,未经过较大规模农村土地整治的区域,耕地布局在空间上零散、破碎、面积小,贵州、云南、重庆、四川的丘陵山地均较普遍,地块小且分散不利于集中利用和规模经营,加上区域内农业劳动力的流失使农地缺少人手经营。因此,区域内的农地流转及规模化流转利用的比例不高,农地规模经营推进难度比较大,是影响区域农村经济社会发展的重要因素,需要通过农村土地整治等方式予以调整和优化。

四川省政府数据表明,2016年,全省农地流转共1785.5万亩,农地流转比例为33.8%,较同期全国土地流转比例低1.3%,全省30亩以上的农地流转共1198.2万亩,占流转总面积的81.3%[1];2020年,四川省土地流转率29%,土地规模流转率26%,较全国发达省份尚有一定差距[2]。至2009年5月,重庆市流转土地累积518.15万亩,占农村承包土地的26.34%,其中"一圈"流转274.67万亩、"渝东北翼"流转181.76万亩、"渝东南翼"流转61.72万亩,单个业主连片经营的最大规模为45110亩[3];2017年《第三次全国农业普查公报》《重庆统计年鉴》数据表明，重庆市确权（承包）耕地面积 152.05 万 hm^2，全市采取转让、转包、转租等形式流出的耕地面积 32.04 万 hm^2，流入的耕地面积 31.07 万 hm^2，农地流转有序发展，但总体比例不高[4]。据贵州省人大网数据，截至 2020 年，全省家庭承包耕地经营权流转总面积 1275.91 万亩，土地流转率 19.61%，其中，农民合作社流转共计 506.52 万亩、家庭农场和农户流转 313.95 万亩、企业流转共计 343.09 万亩、其他经营主体流转 112.35 万亩，全部土地流转中，流转经营面积在 50 亩（不含 50 亩）以下的经营主体占总量的 90% 以上[5]，规模化经营比例小。截至 2021 年年末，云南省家庭承包耕地流转面积达到 1200 万亩以上，占全省耕地总面积的 16% 左右，涉及土地流转户数近 200 万户，约为全省的 20%[6]，通过流转促进了农户的收入，引导小农户土地进入适度规模经营，但流转比例还比较低。

西南山区农村经济总量小，基础设施配套不足，招商引资困难，产业发展水平较低，产业转型升级困难。由于西南山区自然地理环境的约束、各地农业农村发展历史欠账多、基础设施较为落后，所以经济总量不大且区域内部差异明显，区域招商引资中以资源为依托的项目不多且规模以上的少，对区域资源优势向经济优势转化带来困境。2021 年，全国人均 GDP 8.1 万元，西南山区各省市人均 GDP 重庆市 8.7 万、四川省 6.44 万、云南省 5.75 万、贵州省 5.08 万，在全国各省市排名分别为第 8、第 18、第 23、第 28 位，与北京的 18.39 万、上海的 17.38 万、江苏的 13.73 万及全国平均水平差距还比较大[7]，且区域内部差异也比较明显，贵州省仅为重庆市的 58.4%。经济上发展水平不高，农业生产自然环境的约束，使农业整体竞争力不强，与农业大省差距还比较大，高品质、品牌性农产品还不多，产业转型升级困难。

二、农民素质整体偏低，新型职业农民数量不足，乡村建设人才缺乏

西南山区乡村建设发展需要管理型、技术型、生产型、服务型等各类人才，但现实中，乡村建设人才很匮乏。西南山区乡村建设人才匮乏，主要表现在以下三点：第一，缺乏具备统筹能力、管理能力、带领能力、示范效应的农业经营主体。这部分主要是农业发展的龙头企业、家庭农场、农业种植大户、农民合作社等，尤其是相关主体的负责人，这类主体是新时期新型职业农民的重要组成，具备一定的农业管理经验、生产知识与技术，能够承担并带领村民

进行较大规模农业用地生产经营，示范效应良好，需要各地大力推进考评和培训。第二，乡镇、村社等基层干部的文化素养有待提升，基层干部是农业农村建设发展的直接带领者、决策者，由于素质有限，缺乏表达和引导能力，农村工作方法陈旧老套，思维拓展不力，对区域发展政策、发展机遇认识领悟理解不够，带领群众致富能力不足。西南山区村社干部具备高中以上学历的不多。第三，农业生产普通劳动力文化素养低，务工人数多，劳动力数量不足。西南山区农业生产效益低，相当部分劳动力都外出务工、经商，不愿意从事农业，农村留下的主要是老人、妇女和小孩，导致劳动力缺乏。如《2021年四川省人力资源和社会保障事业发展统计公报》显示，全省输出农村劳动力2613.08万人，其中，省内转移1475.48万人、省外输出1137.60万人。[8] 又如《2021年重庆市国民经济和社会发展统计公报》数据显示，重庆市农民工2018年766.03万人、2019年758.6万人、2020年736.6万人，2021年末农民工总量达到756.3万人，其中，到市外的农民工513.6万人，本地农民工242.7万人，总体上略有下降趋势，大量农民工外出，使得乡村生产建设的农业劳动力严重缺乏。[9]

三、农民社会观念更新滞后，优秀传统文化挖掘不够，乡风文明推进困难

近年来，我国乡村农民文化素养及新观念、新意识逐步提升，乡风文明建设成效明显，但是，我国多年的农地家庭分散经营传统习俗和农村农民历史积淀，相当一部分农民仍具有"小富即安"的心理意识，接受新技术、新观念的意识不强，同时，农民尤其是农民中的中年、老年人整体上文化素质较低，对乡村传统文化认识不够。因此，乡村文明、优秀文化传承较为困难，这既是西南山区也是我国大多数农村农民在乡村振兴中面临的问题和困境。

一方面，乡村文化基础设施落后，农村文化建设投入不足，文化活动不足，农民接受新思想、新观念、新技术的渠道不够畅通。如贵州省尚有一些偏远的山寨，文化娱乐设施就很少，没有阅报栏、没有农村书屋、没有休闲健身场地，连以前的电影院也改作他用；又如黔东南一些地方，有的村寨组织了芦笙队但因缺少户外活动场地、音响设备、道具等而难以展开。在文化活动组织上，据贵州的一项农村文化生活现状调研表明，64.41%的调研人员认为当地偶尔组织文化活动，22.03%的人认为没有组织，只有13.56%的人认为经常组织活动。有的地方偶尔会举办招商、旅游等大型主题文化活动,但都是临时的,同农民的关联度不是很高;另外,不少镇村资金非常短缺,农村图书购置、场馆建设、设备更新等严重缺乏资金,因此文化建设较为缓慢。[10]另一方面,对乡村优秀传统文化认识不足、重视和挖掘不够,乡村文化传承受阻。西南山区不少农村基本公共服务水平依然落后,村民日常生活中玩手机、打牌、看电视、聊天等是主要的休闲娱乐方式,对乡村乡土民俗、农耕文明、历史趣事等关注度不够,导致一些优良的传统面临失传,乡风建设和文化传承存在障碍因素。

四、基础设施欠账较多,人居环境条件欠佳,宜居生态建设困难

由于近年来政府大力投资乡村农业建设项目、土地整治项目、农田水利建设项目、交通建设项目、农村厕所革命、饮水工程、垃圾污水处理等,西南山区各地的农村基础设施均有一定程度的改善和发展,乡村人居环境和生态建设保护也在逐步改善和提升,但由于农村基础设施历史欠账较多,基础设施和人居环境等仍不能满足农民对美好生活的需求、对宜居环境的要求。因此,需要进一步加大力度建设基础设施、改善人居环境、推进宜居宜业的和美村庄建设。如云南少数民族地区,30户以上的自然村通硬化道路、通自来水的比例还比较低,乡村医疗卫生设施还有短板,一些民族地区脱贫乡村其乡村公路、农田灌溉排水设施受自然灾害破坏较大,医疗服务和管理水平不高[11];又如贵州省,民族地区基础设施供给不足,乡村公路路况不好、农村农产品等物资运输困难,制约着乡村经济社会发展;再如四川省因山地丘陵多,农村基础设施建设依赖于财政,而地方财政资金有限,因此,交通、水利、供电、供气、通信等基础设施建设较慢,滞后于现代乡村发展的需要,较大程度上制约着经济发展[12]。

西南山区地势地貌和自然地理环境造成了区域水土流失、泥石流、霜冻、干旱、洪水、石漠化等自然灾害多发。同时,由于村民文化素养不高,对区域生物多样性认识和保护意识不足,一些地方存在过度开发利用如森林、草场等生物资源,对生物资源保护不足加上工农业生产污染等,导致生物多样性快速减少;在贵州、云南、四川等喀斯特石漠化区域利用陡坡耕地,致使岩石裸露、易于造成水土流失等灾害。西南山区不少地方经济社会发展与生态环境保护的矛盾凸显,如四川省作为全国的重要生态功能区,现有56个国家重点生态功能县（市）,而且主要位于贫困地区、少数民族区域等生态脆弱区或生态关键区,区域保护功能居多,一般规划设计为禁止开发区或者限制开发区,既需要保护又需要发展,于是形成了保护与发展的矛盾,如果在区域发展中,不考虑长远和可持续发展,引进大的建设项目,就会在资源大量开发中破坏生态环境[12],这是需要在乡村振兴实施中破解的矛盾。

五、基层组织建设困难,农村政策体系不全,农民自治能力不高

伴随着党的建设日益加强,我国地方各级党组织、党的基层组织建设快速推进、日趋完善,党组织在各行业、各领域的领导作用、指引和带动作用日益发挥和凸显,特别是在近几年的新冠疫情期间,党员的先锋模范作用充分凸显,一系列生动的案例赢得了人民的拥戴和赞赏。但也存在少数农村基层党组织民主决策机制、民主监督机制、激励约束机制等不够健全,基层党组织后备人才缺乏、队伍发展壮大困难,对乡村建设发展及老百姓的重要民生等问题,集体决策体现不够好,存在少数村干部或者以党员会议代替广大村民做决策的现象,村民参与乡村建设、村务管理、村务监督和意见表达的途径不畅通,村基层党组织、村社集体经济组织、农民群众融合不好,需要进一步健全机制,充分发挥基层组织在乡村振兴中的领头羊作用,为农民谋利益、为农村谋发展,带领群众增产、增收、有序推进建设宜居宜业和美乡村。

农村政策体系不健全、农民自治力不高,乡村自治、德治、法治有机融合不够。西南山区不少农村,因为信息闭塞、对外交流学习机会不多,村社干部依然采用传统的乡村治理思路开展农村建设、农业发展等一系列工作,对村民的服务意识不够或者服务方法不对,同村民交流沟通不够,对群众的需求掌握不透、掌握不全,村社干部与村民互动机制和平台欠缺,因为自身综合素养、领导能力、谋划思维等不足而缺少对村民的有效引导和教育。再则,村社年轻干部、支农大学生村官等成长政策不够明确,影响了农村工作的青年干部的成长、工作及创新的积极性。我国农村治理的基础形式是村民自治,自治组织就是村民委员会,现阶段有些村民委员会流于形式,没有充分发挥乡村能人、乡贤、"土秀才""土专家"及能工巧匠的示范带头作用,还是存在由村社干部决策代替村民委员会集体决策现象,农业农村发展也存在"等、靠、要"的消极思想，主动作为不够，对组织农民生产、带领农民致富、引导乡村发展的办法不多、思路不宽等，要进一步引导广大村民自觉、主动参加村域管理、村域治理，促进乡村发展。

六、投资主体多元化不足，山区特色开发不够，乡村发展不平衡矛盾凸显

近年来，坚持农业农村优先发展、城乡统筹发展、乡村振兴战略等国家战略和政策的实施推进，一定程度上改善了我国业已严重的城乡失衡关系，政府也进一步加大了对农业农村的财政投入，有效推进了农业农村发展，西南山区近年来农村交通、水利、通信、用电用气等基础设施建设也得到了快速的发展。但是，目前乡村建设的投入，以国家为主体，社会资本投入甚微，多元化乡村建设发展的投资体制尚未建立，乡村发展常规化，特色和创新不够，产品市场竞争力不强，发展乏力，乡村之间发展不平衡也凸显了一些矛盾和不和谐，这是当前我国乡村振兴战略实施中面临的普遍性问题。

我国推进解决"三农"问题、乡村振兴战略实施等都需要大量的建设资金投入农业、农村发展和基础设施建设，但现阶段，农村建设资金投入主要是地方各级政府的专项建设资金。一方面，专项资金必须用于专项建设、村镇统筹，使用会受到限制，一些村民急难愁盼的问题可能得不到及时解决，投入资金的最大化效益没能很好地体现；另一方面，近几年受新冠疫情等因素的影响，国家及地方整体经济发展乏力，政府面临的发展压力加大、资金投入增长较为困难。

农村发展资金投入见效慢，农业生产比较效益不高，建设周期较长，资金回笼慢，导致农业企业、经营大户、农民合作组织及其他社会资本投入农业、农村的意愿不强，曾经的不成功案例让投资者缺乏投资的勇气和积极性。因此，多元化投资主体尚未形成，由于投资不足难以满足农业农村大体量建设和乡村振兴对资金投入的巨大需求。同时，各级政府投入农村的建设资金，有的资金内容是投入具备一定条件的乡村、有的资金是选择试点村先偿先试，并不是每个乡村都能获得国家支持农业农村建设发展的各项资金或者农业项目，所以，得到资金和发展项目的乡村可能就先得到发展，村民、村集体先受益，导致乡村之间发展的不平衡，未获得发展的村域因为对国家政策不了解，可能会对资金投入缺乏理解，凸显一些发展中的矛盾，一定时期内可能会影响参与建设发展的积极性,因此,需要县、乡镇政府在乡村对国家的各项政策多做宣传,让农民接受和理解并积极支持。

第二节　西南山区农村土地整治推进乡村振兴实施的困境识别与诉求

开展农村土地整治是西南山区农业农村发展、基础设施建设、解决"三农"问题和实施乡村振兴战略的重要抓手,由于西南山区农业农村农民在生产生活中的多种需求,使农村土地整治推进较快,对农业、农村发展和农民增收起到了较好的积极作用。但是,在当前乡村振兴大力推进的背景下,区域农村土地整治的实施对接乡村振兴推进的困境和需求,也面临着全国农村土地整治推进存在的共通性问题以及西南山区的区域性问题,如部门之间涉农资金分散使用、整合困难、政府统筹规划不够,农村土地整治主要由政府投资,多元投资体制尚未建立,整治资金缺乏,一些农村土地整治项目踏勘不到位,规划设计较粗糙,适应性不够强且耕地质量和实施效果不佳,由于政府相关部门的政策宣传、土地整治理念知识宣传不够,部分项目农民参与的积极性不高、参与度也不够,以及地块过于分散破碎、基础设施太差、建设难度大等诸多问题和困境。

一、分散破碎的地块整合难度大,不适应农业现代化发展规模经营的用地需求

发展现代农业、推进乡村地区农业现代化是新时期乡村振兴的必由之路。现代农业的发展、农业现代化的推进需要区域农村土地相对集中连片,以利于开展农地的规模化经营。同时,农业现代化的一个重要的表征和基础就是农业生产的机械化,现代农业的高效率、机械化农业生产、农地的集中规模经营三者通常紧密相连。

我国西南山区,无论是四川省、重庆市,还是云南省、贵州省,全域以山区丘陵地形为主,农业用地坡度较大、平坦地面较少、地块较为破碎,缺少大规模连片分布的农业用地区域,并且多年以来的家庭联产承包责任制使得区域内的农地都是由农户家庭独立承包经营,地块使用权属上相当分散,这与东部地区、东北地区的平原地形相比,是实施土地流转、规模化经营和发展现代农业的重要制约条件,是乡村振兴实施的重要短板。统计数据表明,西南山区各省市,即便是拥有西南地区唯一平原成都平原的四川省,2016年全省乡村农地流转比例仅为33.8%、2020年土地流转率仅为29%、土地规模流转率仅为26%;重庆市2009年5月流转的农用地只占全市农村承包地的26.34%;贵州省到2020年农村土地流转率为承包土地的19.61%,且主要是小块分散流转形式;云南省2021年家庭承包耕地流转率占全省耕地的16%左右。各省市流转的农用地中,还有一定比例的农户、亲戚、邻居等进行的流转,严格意义上讲还不一定算是现代农业发展意义上的土地流转经营。全部流转的农业用地中,小块分散经营也分别占据一定的比例和面积,与现代农业发展的集中连片规模经营也不相符合,较低的土地流转率与区域自然地理条件和环境密切相关。

因此,西南山区各省市由于区域独特的地形地貌影响,地块破碎、分散、零星,不利于集中规模经营,土地流转率较低,是乡村振兴实施中发展现代农业的重要约束条件,但是,西南地区山地丘陵为主的地形地貌注定了促进地块集中连片的难度较大,需要各级政府主导和组织,瞄准农业现代化发展的需求,针对性地采取适宜的农村土地整治工程措施以及农户土地权属的调整措施,并加以优化和调整解决。

二、多部门分散实施农业农村建设,不利于聚焦解决乡村农民急难愁盼的问题

乡村振兴的内涵丰富,内容广泛,产业、人才、生态、文化、组织等都是乡村振兴的内容和要素,不同区域乡村发展面临的基础自然条件和经济社会条件各异,区域乡村振兴面临的短板也不相同。乡村振兴战略的顺利实施,须重点解决当前农村存在的道路交通、水利灌排、用电通信、自然灾害、耕地质量、生态破坏、人居环境等各类问题,聚焦于解决区域农民急难愁盼的问题,取得农民的认可和积极支持,将有限的资金用于刀刃,让村集体和农民获得实实在在的利益,能够看得到、有期盼。

西南山区农村土地整治内容复杂,涉及面广、系统性强,通常关联农业农村、林业、自然资源、水利、乡村振兴、渔业等多个部门的建设和投入,现阶段实践表明存在农村土地整治聚焦性不够、多部门间各自为政、区域土地整治整体规划统筹不够的问题,不利于解决群众亟须解决的问题。近些年随着"三农"问题的日益突出，国家支持农业农村发展的政策、资金、项目力度越来越大，西南山区各地由于农业基础条件差，农村土地整治、基础设施改善的需求尤为迫切，地方市县各级政府也从多领域、多部门筹集建设发展资金投资支持山区农业农村的建设和发展。实践中，农业、林业、水利、自然资源、乡村振兴等部门都从本部门工作领域的角度，对区域内农业发展薄弱、人居环境条件差、灌溉水利及道路设施落后的乡镇、乡村规划建设项目和投入资金以加强某一方面条件的改善，进而出现了部门之间建设项目区重叠交叉、重复建设的情况，导致山区各地本就紧张的资金重复投入、使用效率不高，重复建设占用和浪费土地资源等情况。有的农村区域，相继出现了2个、3个部门的资金及项目投入，但由于各部门的资金专款专用、项目专项专建仅解决所在部门领域范围内的建设内容，山区农村亟须的，如基础设施、人居环境或者灾害治理等问题无法得到解决，有的部门投入的资金又不足以支撑解决某一亟须解决问题的建设。

现阶段农村土地整治事前的统筹规划、统筹设计不够，涉农建设项目资金投入分散，聚焦解决山区农村发展的关键、瓶颈问题不够。因此，西南山区农村土地整治项目的实施，需要由当地政府从区域整体的角度，研判区域农业农村发展建设中的关键问题，亟须解决的问题，对农业产业发展、农村基础建设和农民增收有约束性的问题，进一步加强统筹规划各部门协同建设，合力推进区域乡村振兴。

三、农村土地整治多元投入不够资金不足，不能支撑农业农村发展宽领域需求

多年以来的城乡不平衡发展，使我国农村的土地、资金、人才等发展要素更多地流向工业、城市的发展和建设，使得我国农业农村基础差、底子薄，尤其是西南山区农业农村基础设施、人居环境、产业发展的欠账太多，经济发展水平低。要实现产业兴旺、生态宜居、生活富裕的乡村振兴目标和推进农业农村科技创新，需要大量的资金要素投入，而现阶段资金要素短缺和投入不足是乡村振兴的瓶颈和约束。

多年来，我国农村土地整治资金主要由国家和地方政府财政投入，企业、村民等投入很少，资金筹集很困难，整治资金不能满足农村发展实际需求，制约了农业农村的进一步发展和乡村振兴的推进。相较于东部地区，西南山区深

居内陆、山地丘陵广布、道路交通偏少、水利设施较缺、人居环境较差、地块小且零散，达到同等建设标准其单位面积农村土地整治的资金投入更大。同时，山区生存条件较差，农村土地整治实施中，涉及高山移民、整村推进拆旧建新等工程量更大，增大了资金投入筹集的难度。当前，我国的农村土地整治主要由自然资源管理部门统一规划实施，以政府的资金投入为主，西南山区城乡总体经济力量薄弱，农业企业、生产种植大户、专业合作社、农民投资农村建设的意愿不强，即便投资其资金量也甚为有限。其他部门的建设项目如村庄整治、联网公路、农业综合开发、农村用水用电改造等难以统筹利用，金融机构农村建设信贷机制欠健全，所以，仅靠政府投入的资金难以满足和支撑农村土地全面整治对资金的庞大需求。项目建设缺乏足够的资金保障和支持，既是农村农业发展的重要障碍，更难以保证各类工程建设的质量，达不到预期的规划设计效果。

因此，建立健全农村土地整治的投融资和激励机制，吸引更多的投资主体投资于农村土地整治，统筹协调各方面的涉农建设资金和项目，调动社会各方农村土地整治投入的积极性，是西南山区农村土地整治良性持续推进、助推山区乡村振兴的必然路径和急迫需求。

四、部分项目规划欠精准缺特色，不利于区域因地制宜发展特色产业提升竞争力

坚持因地制宜、充分挖掘区域资源等优势发展特色产业，促进第一、二、三产业的融合发展，是解决农业农村农民问题的有效途径。西南山区自然地理环境和经济社会发展情况复杂，农业农村发展需解决的问题多，乡村区域之间各具特色、差异明显，现有部分农村土地整治项目规划及工程设计不到位，区域特色欠考虑，总体实施效果与预期目标有差距。西南山区农村面积广、环境复杂，拥有山地、丘陵、喀斯特岩溶、石漠化、低温、缺水、土壤瘠薄、水土流失等各种自然地理条件，城郊、偏僻山村、少数民族、山区边疆、旅游、文化、经济、人口等人文社会条件，区域内乡村之间差异明显、各具特色。

一方面，西南山区部分已经实施的农村土地整治项目，项目规划编制和设计人员，在规划设计环节对山区项目调查不足、对山区建设地质及水文等工程的复杂性考虑不够、实地勘测调研以及测量的精度等不够、对区域内的农民经济来源与经济收入状况了解不清、对乡村区域的发展历史及文化脉络不明、与当地村民及村社干部等熟知村情村貌的人交流探讨和请教不深、对整个项目区实际需求和需要解决的关键问题预判欠缺把握不准、设计过程缺乏相关部门的技术指导和对接，甚至有的项目套用其他区域的项目工程设计方案，从而导致项目区工程措施规划设计与实际建设需求不符，项目在工程建设过程中，部分项目需修改调整工程建设规模、类型和设计标准，既耽误项目工期又导致资金利用效率不高等问题。另一方面，西南山区有的农村土地整治项目，由于区域基础设施设计建设不配套，使得项目竣工验收后，不能开展有效的农业耕作活动，山区地块破碎、农地平整工程后没有解决耕地细碎化和地块的规整问题，导致项目整治后几年时间就闲置荒废，杂草丛生；还存在有的农村建设用地复垦或城乡建设用地增减挂钩项目，在设计和实施中，偏重于项目建设用地节余指标的利用和效益而对复垦耕地质量及耕作配套设施有所忽略，耕地质量达不到预期的标准和要求。

所以，部分项目工程实施质量不高，实施效果达不到农民需求，造成资源、人力、物力的浪费，需自然资源相关管理部门加强对农村土地整治项目从立项审批、规划设计、工程施工、项目验收、后期管护等全流程环节加强指导和监管，确保项目达到预期的要求和效果，让农村土地整治项目真正服务于农业生产、农村建设和农民增收。

五、村民参与项目建设积极性不高，不利于改善乡村治理主体单一的短板和局限

治理有效是我国乡村振兴战略的目标之一，推进基层党组织领导和指导下的乡村村民自治、德治和法治相结合的治理体系建设是新时期乡村振兴工作的重点内容，直接关系到乡村未来的可持续发展，关系到乡村产业兴旺、生态宜居、乡风文明、生活富裕的实现，是乡村有序发展的重要保障。乡村基层党组织领导乏力，村民集体经济组织、专业合作社等自治组织凝聚力不够是现阶段我国农村实现治理有效的主要困境，需进一步彰显基层党组织的领导作用，充分发挥村民、村集体经济组织的自治作用，完善乡村治理体系和结构。

西南山区农村土地整治的开展，因为乡村地区消息闭塞，部分项目实施前、实施过程中对土地整治政策宣传不完全到位，一些农民对土地整治政策，土地整治的作用、目的和意义不了解，导致村民参与土地整治实施、建设和管理的不多，取得的村民认可和支持还不够。农村土地整治项目实施的目的不仅仅在于实现区域城乡建设发展占用耕地的占补平衡，更重要的是聚焦于整治区域耕地质量的提高、基础设施条件的改善、耕地产能的提升、生态环境的稳定，从而确保国家的粮食安全，实现区域经济社会的可持续发展。农村土地整治项目的实施应当主要服务于农业、农村和农民，需遵从区域农民的意愿，并积极引导农民更多地参与到项目建设实施的过程之中。当前，西南山区农村土地整治项目多数由政府主导实施，尚未建立或者未完善农村土地整治项目实施中公众与政府的协调对接机制。农民对项目实施的诉求无畅通的渠道表达和反馈，农民参与项目尤其是在申报、立项、选址等环节的比较少，在项目的工程建设施工阶段有少量村民经由项目施工方认可和指定后参与建设和监督，但参与的深度也不够。因此，项目的前期环境没有经过与农民的充分交流，未征求意见，农民在项目实施过程中缺少话语权，施工方与农民之间欠缺相互了解和信任，导致部分项目在实施环节与村民产生了不和谐、矛盾和不支持的情况，意见征集不充分，使得项目设计的一些工程不切合区域的实际需求，有效实施较为困难。此外，农村土地整治项目资金使用管理非常严格，镇、村两级无项目资金的支配使用权利，项目实施获益很少，农民主要是务工收入，一些地方的村民还因为文化层次低，村民无法参与，因此不少地方项目区村民参与项目各环节的积极性不高。

因此，为保障项目有效实施，政府组织申报立项农村土地整治项目时，应当通过宣传栏、同农民座谈、公示等多种形式向农民宣传项目实施的政策和规定，取得村民的认可和支持，积极吸引村民参与到农村土地整治的各个环节，提升村民参与乡村治理的积极主动意识和能力，从而确保土地整治项目按照村民的需求开展实施，发挥农村土地资源的更大效应，节约集约使用财政投入资金，助力区域农业农村发展和乡村振兴的实现。

六、农村土地整治项目生态修复保护功能不足，与生态宜居目标的匹配度不高

生态宜居是乡村发展质量的重要保证，涵盖了村容整洁、村貌舒适，具备完善的道路、水利、用电、通信等基础设施，尊重、保护和敬畏自然的生态文明理念，以及村民安居乐业的生产生活状态等诸多内容。生态宜居的乡村振兴目标提倡保留和保护乡土气息、保护乡村良好的生态系统，抵制以人工生态环境取代自然生态系统的破坏式乡村建设发展方式与思维，坚持以村民和乡村生

态保护为中心，减少对生态环境的污染和破坏，建构"山水林田湖草"生命共同体，贯彻"望得见山、看得见水、记得住乡愁"的乡村绿色发展理念，努力实现人与自然的和谐共生。坚持生态优先、开展生态型农村土地整治是建设生态宜居美丽乡村的重要手段和途径。

西南山区山地多平地少，由于区域特定的自然地理环境所限，农村耕地等土地资源较为紧张，农业农村发展对破解土地资源约束的意愿较为强烈，近十余年来，由国家及各级政府投资实施的农村土地整治项目较多，增加了较大数量的耕地资源，在一定程度上保障了区域工业、城乡发展对耕地占补平衡及农业产业发展的需求。现阶段农村土地整治项目实施中，土地整治项目的可行性研究、申报立项、工程设计、工程实施等各环节，在目标上更多关注和追求的是耕地数量的增加、农田水利及田间道路等基础设施的提升改善、项目总体的经济效益，总体上对整治区域生态保护、环境治理、城乡协调发展及项目完成后的运行实施管理等的需求兼顾不够，在项目设计中坚持生态保护等更多的是停留在原则上、理念上，实际落实状况不佳。如西南山区各省市"十三五"土地整治规划中，各级规划对基本农田保护指标、新增耕地指标等在规划中予以了明确的分解落实，但对生态修复和整治类的指标，多以原则性的表达为主，也有少量的重大生态建设项目，对区域城乡发展、生态环境建设和脆弱区生态修复的助推作用发挥不足、区域之间协同开展土地整治不够，不足以支撑区域城乡融合发展战略和乡村振兴。

因此，西南山区农村土地整治的持续推进，需要向绿色低碳理念转型，加强顶层设计，实施"田水路林村湖草宅"生命共同体的整体保护、系统修复和综合治理，加强农村人居环境整治，对区域生态环境项目与工程坚持落实落地，建构有机融合的"三生"空间，促进区域生态文明建设，有效助力乡村振兴的实施。

参考文献

[1] 杨玉莹.四川省农业土地适度规模经营研究——基于因子分析方法[D].成都：四川师范大学，2019.

[2] 刘家琴：可探索"土地银行"试点 用"盘活整贷"让"闲土地"变"金土地"[EB/OL].四川党建网，2022-01-24.

[3] 重庆稳步推进农村土地流转 流转面积达到518万亩 [EB/OL]. 中央政府门户网站, 2009-05-14.

[4] 谢文雄, 赵伟. 重庆市农地适度经营规模测度及其实现路径研究 [J]. 安徽农业科学, 2021, 49 (19).

[5] 省人民政府关于全省农村土地制度改革情况的报告 [OB/OL]. 贵州人大, 2021-06-30.

[6] 截至2021年末, 云南省家庭承包耕地流转面积超过1200万亩 [EB/OL]. 云南新闻, 2022-07-15.

[7] 全国省份人均GDP排名2021最新排名, 各省GDP一览 [EB/OL]. 财梯网, 2022-12-17.

[8] 2021四川省人力资源和社会保障事业发展统计公报 [EB/OL]. 四川省人力资源和社会保障厅, 2022-07-19.

[9] 重庆市统计局. 2021年重庆市国民经济和社会发展统计公报 [EB/OL]. 重庆市人民政府, 2022-03-18.

[10] 方克敏. 贵州农村文化生活现状调查 [EB/OL]. 参考网, 2013-11-03.

[11] 怎么推进云南民族地区乡村振兴？一篇调研报告说清楚 [OB/OL]. 昆明乡村振兴, 2022-11-03.

[12] 郭晓鸣, 虞洪. 四川乡村振兴战略的实施基础、短板制约与推进重点 [J]. 四川农业科技, 2018, (11).

第八章

"双碳"目标下西南山区农村土地整治推进乡村振兴战略的逻辑进路

第一节 西南山区农村土地整治推进乡村振兴效益的宏观分析

新时期,农村土地整治是乡村振兴战略实施推进的重要抓手和平台,乡村振兴通过对区域农民收入的提升、乡村优秀传统文化的传承、人居环境的改善、宜居乡村的建设、治理体系的建构以及农民生活水平等提高的状况彰显其实施的效果,农村土地整治通过对区域耕地质量的提高、耕地产能的提升、基础设施的改善、人居环境的建设、土地权属的调整,以及农地规模化集约化的经营程度、乡村离乡外出人员引回等的作用程度体现其实施的效果。西南山区农村土地整治实施和乡村振兴战略推进在区域自然地理环境和社会经济发展水平的双重约束下都面临一系列问题和困境,农村土地整治和乡村振兴的效果如何?农村土地整治对乡村振兴推进的作用、效果怎么样?针对区域发展的短板,农村土地整治推进乡村振兴的未来路径会怎么样?这些问题的梳理对西南山区新时期开展农村土地整治和乡村振兴具有重要的引导、指示和借鉴意义。

一、乡村振兴战略的主要目标及实施效果分析思路

"产业兴旺、生态宜居、乡风文明、治理有效、生活富裕"是乡村振兴战略的20字方针,乡村振兴战略的目标归结为"五大建设",即产业振兴、人才振兴、生态振兴、文化振兴和组织振兴。产业兴旺是经济建设的重要基础,重在资源整合、产业培育、经济转型与收入增长,是解决当前农民收入不高、吸引进城务工农民回流、缓解城乡发展不平衡问题的关键一环。生态宜居是生态文明建设的首要任务，关键是农村景观优化、环境美化、人居环境质量改善，发展绿色生态新产业、新业态，致力于建设宜居宜业的和美乡村，建构农业农村优美环境，贯彻绿水青山就是金山银山的建设理念，促进农村环境优美和建设完善的服务设施，是吸引村民在家乡就业的基础和保障。乡风文明是文化振兴的重要举措，其关键是乡村优秀传统农耕文明等文化的传承、思想观念的转变、和谐社会的构建、软实力的发展，这也是加深邻里乡情、增强人与人之间信任、提升村民文化素养和整体素质的有效举措。治理有效是政治建设和实现产业兴旺、生态宜居、乡风文明、生活富裕的重要保障，关键内容是农村基层组织建设、民主自治、科学决策与机制创新，是解决乡村基层组织弱化、基层自治缺失、基层德治不力等问题，实现"自治、德治、法治"有机结合和乡村有序发展的重要手段。生活富裕是社会建设的根本要求，关键是居民享有平等参与权利、共同分享现代化成果，也是乡村振兴的核心目标，是实现区域城乡差距缩小、贫富差距缩小以及解决当前我国社会主要矛盾的重要举措。

乡村振兴战略是解决我国城乡发展不平衡、农村发展不充分矛盾的重要战略，其终极目标是推进实现农业强、农村美、农民富。区域乡村振兴能否实现、乡村振兴实现的程度、乡村振兴战略实施的效果怎么样，可以通过建构一定的评价指标和评价方法予以分析评价。乡村振兴战略提出和实施的时间不长，现有关于乡村振兴实施效果及水平评价的研究成果较少，如王金梅以自然地理条件、农业资源、开发建设水平、休闲娱乐设施建设为4个准则层，建立了包括海拔、道路密度、耕地、公园与绿地等在内共17个具体指标的指标体系，采用熵权TOPSIS法并以惠州市为例开展了实证分析。[1]郝妙春以西部地区12省份2019年相关数据为依据，建立了包括产业兴旺、生态宜居、乡风文明、治理有效和生活富裕5个准则层，第一产业产值占地区总产值比重、农村人口数等32个指标的指标体系，分析测度西部地区乡村振兴综合水平，通过实证分析提出整合西部地区自然资源和社会资源的优势，完善其生态农业、农产品加工业等提升乡村振兴效果的措施。[2]朱建华等学者提出对乡村振兴水平分析评价有助于稳步推进乡村振兴战略，基于乡村振兴战略20字方针，从产业发展水平、生态宜居水平、城乡治理水平、生活富裕4个维度建构共14个指标，采用熵权法对山东省潍坊市乡村振兴发展水平开展实证分析，结果与实际较为吻合。[3]刘慧芳坚持科学性、战略导向性、综合性和重点性相结合，可比性和可行性相结合等原则,以韩城市乡村振兴发展水平为目标层,以产业兴旺、生态宜居、乡风文明、治理有效、生活富裕为准则层,建立了包括粮食总产量、农业劳动生产率、农业总产值等33个指标的指标体系,采用层次分析法和熵值法相结合的方法赋予指标权重值,并以韩城市为案例进行了乡村振兴水平的实证研究。[4]申云、陈慧等人以农产品产业体系、农业多功能产业体系、农业支撑体系为一级指标,以农产品供给结构、农产品生产能力、农产品竞争能力、经济功能、社会功能、生态功能、文化功能、农业科技体系及农业信息服务体系为二级指标,建立了共计18个三级指标的指标体系,采用熵权TOPSIS法测定和分析比较了全国30个省份的乡村振兴发展指数。[5]贾晋、李雪峰等人基于乡村振兴的20字方针任务,遴选了35个具体指标,构建了"六化四率三治三风三维"的指标体系,采用熵权TOPSIS法对全国30个省市的乡村振兴发展水平予以了测度和比较。[6]2018年9月,中共中央、国务院印发的《乡村振兴战略规划(2018—2022年)》,从产业兴旺、生态宜居等5个维度,建立了包括22个指标的乡村振兴战略规划主要指标,为乡村振兴战略实施效果分析评价给予了指导和方向。

乡村振兴战略的区域条件和建设发展基础各异,尤其是西南山区,其自然地理条件、农业用地资源禀赋状况、基础设施建设水平、公用设施等差异较大。所以,乡村振兴战略实施效果的分析评价应当在国家乡村振兴战略主要指标的框架下,综合考虑区域经济社会发展的基础条件,结合乡村振兴的目标,建构差异化的评价指标体系、指标权重和计算方法模型。

二、农村土地整治的主要目标及实施效果分析思路

农村土地整治的主要目标是按照有利生产、方便生活及环境改善的原则,通过一系列的工程措施和生物措施,实现整治区域内的耕地数量增加、生产生活条件改善、耕地质量提升,提高农业生产能力、优化用地结构及布局,进而达到促进农业增产、农村发展和农民增收的核心目标。农村土地整治是新时期乡村振兴战略实施的重要抓手和平台,各省市基于省域实际因地制宜地开展了一系列探索,如江苏省的"万顷良田建设工程"、浙江省"千村示范、万村整治"工程,都得到了国际国内的认可,具有重要的示范作用和效应。近年来,国家大力推进农村土地综合整治,以山水林田湖草为整治对象,并与农村闲

置、散乱、低效利用的农村建设用地整治紧密结合,从而充分发挥农村土地整治的综合效益,促进农业、农村、农民的持续、协调发展。

农村土地整治实施的效益是一个涉及面广的系统性工程,关乎的因素众多,从整治区域来看体现为综合效益,包括经济、社会和生态等效益内容。学者们对农村土地整治效益研究较多,既有综合性效益,也有经济社会生态及减贫等单方面效益的探讨。如贺胜年、史治乐等学者以四川、贵州、河北、云南等5省典型贫困村为案例,采用调查和访谈方法,基于多维度贫困视角开展了土地整治的减贫成效评价,以土地整治实施前后作为比较测度并分解了农户多维度贫困指数[7];齐艳红、黄辉玲等人从土地整治类型、空间分布与农业土地、试点项目地市覆盖率、地方特色等4个方面分析了黑龙江省土地整治绩效评价试点项目的特征[8];丁继辉、朱永增等学者以乡村振兴与生态文明建设要求为视角,以淮安市黄河故道地区为案例区域,从生产、生活、生态领域出发,建立了耕地质量提高值、新增耕地率、粮食产值增加率等15个指标的指标体系对研究区进行了分析测算[9];刘社堂以陕西榆阳区岔河则项目为案例,从生产、生活、生态融合的视角探讨了土地整治项目综合效益的评价方法[10];高艺菡基于"三生"视角对内蒙古自治区不同类型土地整治项目的综合效益进行了分析测算等[11];饶静采用文献法、专家法研究了土地整治社会评价的内涵、原则、内容体系、框架方法以及步骤,提出引入土地整治社会评价可以全面评价土地整治产生的社会、生态、经济等综合效益,提高公众的认知[12];刘春芳、薛淑艳、乌亚汗等人采用Citespace1.0软件的文献计量分析和归纳法,以国内外自2000年以来的聚焦土地整治生态效应主题的文献为分析基础,归纳凝练了土地整治对生态环境在土地景观、生态环境要素、生态服务系统等三方面的影响作用机制,提出了未来"生态化"土地整治的应用路径[13];孙瑞、金晓斌等人借助于土地利用数据和村域土地权属信息,以"构建指标—定量评价—统计分析—特征提取"的总体思路,立足于耕地细碎化内涵,综合考虑耕地景观的数量、形状、蔓延等特征,围绕景观斑块及景观类型尺度共计选取设计了27个评价备选指标对研究区耕地细碎化进行评价[14];肖玖军、谢刚、谢元贵等人从社会保障功能的角度,以贵州省4类土地整治项目为对象,基于医疗保险费率标准、失业保险费率标准、养老保险费率标准等土地整治项目的社会效益进行了分析测算,并指出了当前研究存在的问题和进一步研究的方向[15]。

新时期，农村土地整治是在生态文明建设、乡村振兴战略实施推进的背景下开展的综合性土地整治，其效益应当是包含经济、社会、生态效益在内的综合性效益，开展农村土地整治效益分析和评价，须将农村土地整治项目实施对农村基础设施建设、人居环境改善、综合产能的提升、土地利用结构优化等的作用综合起来予以考虑和建立评价指标体系、选择评价方法、设置指标权重。评价中基于乡村振兴视角，结合生态文明建设，农村土地整治统筹山水林田湖草综合治理，实现"生产空间集约高效、生活空间宜居适度、生态空间山清水秀"的成效。其生产目标主要是围绕粮食生产、耕地质量、农田设施、田块布局、道路便捷等，为农业产业化发展提供资源支撑；生活目标立足于改善居民生活，调整人口分布，优化村落布局、完善基础设施、改善人居环境，增加农民收入，提高生活质量；生态目标在于结合农用地、农村建设用地，优化配置土地资源，提高农田生态景观功能，依托区域山水林田湖草的综合治理，优化生态空间布局，改善人居环境。

三、双碳目标下农村土地整治推进乡村振兴的效益评价分析的思路

农村土地整治项目与乡村振兴战略的实施可谓同向同行，都在于优化和调整乡村生产空间、生活空间和生态空间，即"三生"空间的结构和功能，聚焦于农业、农村、农民等"三农"问题的解决，提高耕地综合产能、增加农民收入、改善区域基础设施条件和人居环境水平，缓解当前面临的城乡发展不平衡和农村发展不充分的社会主要矛盾。新时期，农村土地整治和乡村振兴战略都在中央、国家提出的生态文明建设，碳达峰、碳中和的目标之下开展，因此，需要以生态文明建设目标和碳达峰、碳中和目标为约束而展开，实施农村土地整治项目和乡村振兴战略需将有助于推进生态文明建设和碳达峰、碳中和目标实现以及实现的程度作为衡量的重要指标。因此，在双碳目标下厘清农村土地整治推进乡村振兴战略的效益大小分析思路，有助于为建构评价指标及制定相关政策举措奠定基础、做好铺垫。

基于碳达峰、碳中和目标下的农村土地整治推进乡村振兴战略效益评价，总体上，以乡村振兴战略的主要指标为基础，以农村土地整治项目实施对乡村振兴战略各指标实现的程度为方向，以农村土地整治项目和乡村振兴战略对区域温室气体减排作用为约束，建构分析评价的指标和方法，根据不同指标的作

用大小设置权重值,开展效益作用的综合评价。基本思路为:在低碳减排目标下,以乡村振兴战略"产业兴旺、生态宜居、乡风文明、治理有效、生活富裕"五大目标为效益评价指标维度,结合国家乡村振兴战略规划提出的乡村振兴发展指标,以农村土地整治在乡村振兴目标下实现"生产空间集约高效、生活空间宜居适度、生态空间山清水秀"的主要功能以及通过土地整治实现的低碳减排成效构建农村土地整治推进乡村振兴的效益评价指标体系。根据构建的评价指标体系,以西南山区各省市如四川省、云南省、贵州省和重庆市某区域农村土地整治推进乡村振兴发展为案例,开展农村土地整治推进乡村振兴的效益评价实证分析,以检校构建的评价指标的合理性、科学性与可操作性,分析存在的问题并修正。

第二节 西南山区农村土地整治推进乡村振兴战略的路径设计

新时期西南山区农村土地整治推进乡村振兴战略实施主要面临破碎地块整合难度大、多部门各自为政开展农业农村建设、农村土地整治多元投入资金不足、部分项目规划欠精准缺特色、农村参与积极性不够高等问题。在国家大力推进生态文明建设和努力实现碳达峰、碳中和目标的背景下,为有序、有效开展西南山区农村土地整治,并与乡村振兴建设目标有机融合,本书以农村土地整治推进乡村振兴实施的效益分析思路为基本方向,以推进农村土地整治、构建"山水林田湖草"生命共同体、推进西南山区乡村振兴战略实施的效益为目标,贯彻低碳减排理念,坚持政府主导、国土空间规划约束和乡村高质量发展,提出西南山区农村土地整治推进乡村振兴战略的如下路径和措施:

一、坚持规划引导空间结构,提升区域碳汇能力

新的发展阶段,国家提出了实施国土空间规划战略和实现碳达峰、碳中和的发展目标,为区域农村土地整治的开展和乡村振兴战略的实施带来了新的理念和发展方向,同时也带来了新的条件约束。乡村振兴战略的实施需要优化配置区域空间要素,重构乡村区域生产、生活和生态空间,推进和完善乡村治理

体系建设，改善和提升乡村的人居环境。乡村振兴战略的核心目的是系统构建区域人口、土地、产业等多种发展要素的耦合格局，而农村土地整治则为乡村振兴战略实施需要的劳动力、农业产业发展提供基础的资源支撑，是有效激活乡村发展人口、产业和土地等要素的关键手段。[16]相关研究表明，土壤是地球陆地生态系统中最大的碳库，不同农业土壤类型在实现减少区域温室气体排放、减缓全球气候变暖趋势中的作用不同。因此，通过调整区域土地利用结构、农业产业结构及不同的土地利用方式对发挥区域土地的碳汇效应效果明显。[17]新时期的乡村振兴战略推进和农村土地整治活动都须以低碳减排助力"双碳"目标的实现为基本约束。坚持绿色发展和高质量发展理念下的国土空间规划尤其是村庄规划对区域生产生活活动的导向和指引，合理统筹优化区域土地、产业等要素的空间结构，严格遵循国土空间规划的约束，是实现和拓展区域碳汇作用的关键途径，是确保乡村振兴生态宜居建设和农村土地整治绿色低碳发展的有力举措。

二、强化顶层制度设计，完善项目准入制度和验收标准

当前，农村土地整治是推进解决"三农"问题、促进乡村振兴战略实施的重要抓手和平台，需加强政府的顶层设计，对项目的准入和验收标准予以细化和明确，确保有序推进农村土地整治和区域可持续发展。我国农村土地整治和乡村振兴建设的资金主要源自国家和各级政府的投入，农村土地整治的实施对乡村振兴战略的效果和作用发挥关键在于政府的主导和引领，需要采取和建构各级政府和相关部门之间的协调联动以及区域村民广泛参与的模式和实施机制。

现阶段，农村土地整治主要由自然资源主管部门实施完成，与农业、水利、林业、农业农村等部门之间的协同作用尚未充分发挥，聚焦解决农业农村农民急难愁盼问题作用不够，需要政府从区域整体的角度统筹，因地制宜制定举措、出台政策方能取得良好的综合效益。一是制定政策规范农村土地整治项目的准入实施，如以土地整治实施前后的减碳效应作为项目入库、立项的基本条件，以政策规定在可行性研究中开展土地整治项目碳效应分析评价并以其结果作为衡量是否立项的依据之一，同时，以项目可行性论证对区域基础设施条件、人居环境改善、项目区产能提高程度等作为基本目标对项目是否入库、立

项等进行考核评价等，加强项目准入制度建设和完善；二是结合西南山区的实际条件建立项目实施验收标准，具体规定验收的内容、验收程序、验收办法、验收的指标标准条件，从而确保农村土地整治项目的实施做到有据可依、有例可循，达到增加农民收入、改善乡村人居环境等目的，规范农村土地整治的实施和评价；三是结合西南山区农村现状条件和需求制定农村土地整治产生的建设用地指标的使用用途、资金使用用途和分配办法，确保农村基础设施建设资金保障，推进农村基础设施建设，保障区域农民群体的基本利益。

三、因地制宜开展规划设计，优化配置山区土地要素

区域人口、土地、产业等多种发展要素耦合格局的形成和乡村生产、生活、生态空间的重构需要农村土地整治为其提供基础资源的支撑。农村土地整治内涵丰富，包含农用地整治、高标准基本农田建设、农村建设用地整治和乡村生态环境的治理与修复，是采取一系列工程和生物等措施对乡村区域田水路林村草的综合性干预和整治的过程。农村土地整治要实现对区域生产、生活、生态空间的重构和促进人口、土地、产业等要素的优化配置，在农村土地整治规划设计的过程中必须坚持因地制宜，使规划设计方案符合区域发展实际，实施方案具有可操作性，能够达到预期的效果和目标。

这就要求：一是结合西南山地区域乡村振兴中面临的农业、农村发展短板，因地制宜地编制农村土地整治规划。西南山区地形地貌等自然地理条件复杂，在项目可行性研究论证、项目立项之前务必开展扎实的区域自然、经济社会情况的调研，对区域内农业生产、农村建设、农民增收等存在的地形、土壤、气候、水文、资金投入、基础设施、生产要素配置等的短板和困境精准掌握，在项目土地平整、田间道路、农田水利及农田防护等工程设计和安排中立足于解决发展短板，促进区域内农村产业发展。二是扎实访谈和研判，充分了解区域自然和人文资源及特色，挖掘区域内的优势自然和人文资源，项目设计中为发挥资源优势提供保障和调整土地整治的方向，奠定产业发展的土地要素等基础，优化配置和合理使用山区土地整治区域的土地等发展要素。

四、完善农村土地整治市场，引入多元资金支撑乡村发展

改变我国农村土地整治单一投入主体，推进实施农村土地整治市场化运作

模式，引入政府、企业、农户、村集体经济组织、农业专业合作社等多元主体投入，合力解决土地整治工程实施和乡村振兴建设发展资金短板是未来推进农村土地整治的必然路径。农业、农村、农民问题一直困扰我国多年，在西南山区农村表现更为突出，是我国实现高质量发展、提升国际竞争力必须解决的制约因素。农业强、农民富、农村美是乡村振兴战略的主要目标，而建设发展资金投入不足是现阶段乡村振兴和农村土地整治推进面临的共同困境。

一段时期以来，我国农村土地整治项目的实施其资金投入主要是国家及各级政府，项目实施过程也主要由国家和各级政府统一管理，农村土地整治市场化运行机制尚未有效建立，土地整治资金投入较为单一。由于西南山区农村基础设施建设的欠账较多，农业产业发展落后，加上农业生产投资多、见效慢甚至零效益、负效益，农业生产企业、种植养殖大户、村集体经济组织、农民等主体不愿意投资农村土地整治项目或者投入的积极性不高，导致多年来都是由政府为绝对主体进行投入的情况。由于政府的财政资金投入有限，农村土地整治工程、农村发展需求的资金多，其缺口较大，无法满足农业农村发展的需求。未来发展中，应当着力建立农村土地整治市场，对整治产生的新增耕地、建设用地等指标赋予资金投入主体一定的自主交易权利，对产生的效益分配向投资主体和农民倾斜，合理保障企业、村集体经济组织、农民和国家的多方权益，提升多主体投入资金的积极性，从而支撑区域乡村振兴的发展。

五、破解土地破碎化难题，促进农业产业规模经营

乡村振兴的推进，发展现代农业、实施农业产业化是必不可少的一环，因而农业规模经营就成为提高农业生产综合效益的必然。农业生产规模经营的一个基础条件就是要求农业农村土地集中连片分布，而西南山区地形地势、家庭分散承包经营及基础设施落后的现状是推进农村土地规模经营、发展现代农业产业的重大约束条件，四川、云南、贵州等地山地丘陵多、地块分散极大地制约了农业农村的发展和农业、农村、农民问题的解决，也是山区社会经济发展水平相对落后和贫困人口相对较多的原因之一。

西南山区自然地理环境的特殊性造就了区域农业用地地块破碎、零散的土地资源本地现状，须由地方政府统筹实施农村土地整治，集中调整农户承包土地权属，统一规划工程建设项目内容，破解山区土地破碎化的难题，促进区域农村土地规模集中经营和农业产业化发展。破解农村土地破碎、分散的问题，建议由县级人民政府统筹主导、乡镇人民政府组织实施、村集体经济组织协作落实的方式，通过邀请或者公开竞标，落实具体的农业生产企业或者工程施工企业等负责土地平整、基础设施建设等工程实施，聚焦于解决区域的基础设施问题和地块破碎，促进地块相对集中和成片分布；土地整治完成后可以由县乡两级政府与村社集体经济组织和农户协商，将整治后的土地交由农业公司或集体经济组织统一经营3~5年（或更长的时间）作为其土地整治资金投入的补偿，按照市场行情和历年的土地产出水平按年度给予农民合理的收入补偿，在协议的经营期限满后，再根据企业等经营主体和村民、村集体经济组织的意愿，集体决定区域土地后期经营事宜。

六、提升公众建设参与度，推进乡村治理体系建设

农民是乡村振兴实施的主要建设执行者，是农业农村建设的主体力量，也是农村土地整治项目实施的主要受益人。农民世世代代生活、耕种于所在的村域，对区域内的气温、土壤、地势地貌、降雨等基本条件最为熟悉，对区域内土地资源的分布、农地综合产能差异等了如指掌，对家乡的田、地、山、水等具有深厚的感情，对开展土地整治和家乡的建设发展具有较高的积极性和意愿，提供渠道让农民参与农村土地整治项目的设计立项、施工建设、后期管护等环节工作，既有利于提高农民的主人翁意识，更有利于农村土地整治项目朝着更可行、更有利于生产生活发展和生态保护的方向发展和延伸。

乡村治理体系建设坚持以自治、德治、法治相结合的方式开展，须充分发挥村民和村集体经济组织的自治作用。一段时期以来，农村农民对区域乡村建设发展情况不知情、对农村土地整治内容和整治意义不理解，加上农村留守农民自身的文化水平和素养不高，不愿意或者没机会、没能力参与到村域建设发展的事务中，村民自治几乎仅存形式，新时期农村土地整治和乡村振兴必须扭转这种局面，坚持农民的主体地位。针对农村土地整治和乡村振兴，可以建立由多户农户自愿组建的合作社，畅通沟通交流渠道，积极支持农民参与农地整治的工程安排和规格设计、工程施工建设和后期的管护，让建设工程更实用更合理，不断提升农民的主体意识。同时，在工程施工建设过程中，注重吸收并合理采纳农民的意见和建议，坚持按照农民的意愿开展农村土地整治，体现以人民为中心的发展思想，切实保障农民的知情、参与和决策等权利，充分保障农民享有利益，保障农民在农村土地整治实施和乡村振兴建设中的主体地位，推进实现乡村自治、德治、法治相结合的治理体系建设，实现治理有效。

七、致力区域生态环境治理，建设宜居宜业和美乡村

保护乡村生态环境是乡村振兴战略实施必须坚守的一条红线，建设宜居宜业的和美乡村是乡村振兴的重要目标，也是农村土地整治的重要发展方向和关注的重点内容。当前，农村土地整治是综合性土地整治，涉及田水路林村草等诸多对象构成的统一体，在生态文明建设和"双碳"目标推进的背景下，通过土地整治综合性措施提升区域森林草木质量、加大林草营造规模、保护区域内生物的多样性，通过调整区域内的地表植被覆盖增加区域内的土壤固碳能力，加强区域内森林、水体、矿山等的生态保护和修复，是减少土地整治区域温室气体排放、增强区域内碳汇作用的重要途径和策略。

开展农村低碳型土地整治，着力实施区域生态环境治理和修复，加强农田生态系统建设保护，推进建设宜居宜业的和美乡村是新时期农村土地整治推进乡村振兴建设的重要保障。乡村振兴战略的最终目标是农村生产空间、生活空间、生态空间的有机融合，乡村自然景观、农田系统、人文景观等的建设都须坚持"绿水青山就是金山银山"的发展理念，在农田水利、农村道路、土地平整等工程建设和空间布局上，要兼顾生产、生活需求和生态保护的需要，注意到整个区域内自然、人文景观的和谐，及时解决和处理废水、废渣、废气等"三废"污染物质。同时，通过低碳土地整治对乡村生态环境的打造，突出城镇与乡村的差别，彰显乡村特色风貌，助力发展乡村旅游业，将区域内的生态资源转化成乡村发展的经济资源，从而推进乡村振兴发展。

八、聚焦完善区域配套设施，引回乡村建设人才

西南山区因山地丘陵的地形地貌及深居内陆的地理环境，农业灌溉排水、农村道路、电力通信、废弃物处置等基础设施相较东部欠账多、设施落后、人居环境较差，与现今人们对追求日益美好的生活需要之间尚存矛盾和差距，农村建设投资环境欠佳，这是当前农村土地整治和农业生产建设投资主体单一的重要原因，也是乡村农业劳动力向东部沿海及区域内相对发达城镇流失的重要

因素。因此，加大西南山区农村道路、灌排、通信、饮水等基础设施建设，提升区域人居环境质量是促进农业农村建设和乡村振兴实施、吸引乡村进城务工劳动力返乡建设和创业、促进城镇企业及其他主体投资农业农村的重要和必然举措。

未来农村土地整治项目及相关涉农项目的安排和实施应当结合区域乡村振兴的需求，结合区域农业农村发展的制约条件和短板，由县级政府统筹安排，将多个部门的涉农项目整合安排，聚焦解决关键问题，促进资金有效利用。多年来，西南山区各地高度重视农业发展，自然资源、农业、水利、林业、农业农村等多个部门都有涉农建设发展项目，对区域农村建设及投资各自为政，造成建设内容重复，未形成乡村发展和建设的合力，导致有限的资金没有发挥更好的作用。因此，区域县级及县级以上政府要从区域统筹发展的角度，合理优化安排农业农村土地整治和建设发展项目，集中力量打造良好的生态环境与和谐适度的基础设施，吸引山区外出务工人群的回流，返乡创业，参与乡村建设，吸引城镇涉农相关企业及其他主体到农村投资，开展农村土地整治，改善区域生产生活环境，助力发展山区特色产业和提高农村增收。

参考文献

[1] 王金梅. 乡村振兴评价指标体系的构建与实证分析——以惠州市为例[J]. 乡村科技, 2022, 13（02）.

[2] 郝妙春. 西部地区乡村振兴指标体系构建及实证分析[J]. 商业经济, 2021（12）.

[3] 朱建华, 殷凤朝. 基于熵权法的潍坊市乡村振兴水平评价指标体系构建及实证分析[J]. 乡村科技, 2022, 13（14）.

[4] 刘慧芳. 韩城市乡村振兴评价指标体系构建与实证[D]. 咸阳：西北农林科技大学, 2022.

[5] 申云, 陈慧, 陈晓娟, 等. 乡村产业振兴评价指标体系构建与实证分析[J]. 世界农业, 2020（02）.

[6] 贾晋, 李雪峰, 申云. 乡村振兴战略的指标体系构建与实证分析[J]. 财经科学, 2018（11）.

[7] 贺胜年, 史志乐, 王升. 多维贫困视角下土地整治的减贫成效评价

[J]. 农村经济, 2019 (04).

[8] 齐艳红, 黄辉玲, 赵映慧, 等. 黑龙江省土地整治绩效评价试点项目特征分析 [J]. 经济师, 2010 (05).

[9] 丁继辉, 朱永增, 张梦婷, 等. 基于"三生"视角的土地整治综合效益评价 [J]. 人民黄河, 2020, 42 (10).

[10] 刘社堂. 基于"三生"共融视角的土地整治综合效益评价探析——以陕西榆阳区岔河则项目为例 [J]. 安徽农学通报, 2020, 26 (11).

[11] 高艺菡, 高阳. 基于三生视角的内蒙古自治区不同类型土地整治效益评价 [J]. 中国农业大学学报, 2018, 23 (03).

[12] 饶静. 土地整治社会评价内涵、原则及框架方法 [J]. 中国土地科学, 2017, 31 (12).

[13] 刘春芳, 薛淑艳, 乌亚汗. 土地整治的生态环境效应: 作用机制及应用路径 [J]. 应用生态学报, 2019, 30 (02).

[14] 孙瑞, 金晓斌, 项晓敏, 等. 土地整治对耕地细碎化影响评价指标适用性分析 [J]. 农业工程学报, 2018, 34 (13).

[15] 肖玖军, 谢刚, 谢元贵, 等. 基于土地保障功能的贵州省土地整治社会效益分析 [J]. 中国农业大学学报, 2020, 25 (03).

[16] 龙花楼, 张英男, 屠爽爽. 论土地整治与乡村振兴 [J]. 地理学报, 2018, 73 (10).

[17] 张庶, 金晓斌, 杨绪红, 等. 农用地整治项目的碳效应分析与核算研究 [J]. 资源科学, 2016, 38 (01).

第九章

研究结论与未来展望

第一节　研究结论

本书以我国西南山区农村山地丘陵地域特色为视角开展农村土地整治推进乡村振兴战略实施研究，重点内容包括"双碳"目标对农村土地整治和乡村振兴的约束、农村土地整治推进乡村振兴的内在机理、西南山区农村土地整治推进乡村振兴的困境识别和时代诉求、西南山区农村土地整治推进乡村振兴战略的逻辑进路等几个部分。全书从研究背景与意义分析出发，梳理了农村土地整治与乡村振兴的国内外研究成果，界定了农村土地整治和乡村振兴等核心概念和内涵外延，分析了农村土地整治与乡村振兴战略的研究现状和面临问题。结合农村土地整治和乡村振兴的历史使命、主要内容、实践探索，分析逻辑联系，以研究区农村土地整治实践情况为素材，研判和识别实施中的问题、困境，剖析新时期乡村振兴战略推进和农村土地整治实施的相互需求，研判农村土地整治推进乡村振兴的结合点，解析其作用机理。最后，基于农村土地整治与乡村振兴战略的逻辑联系、现实困境、相互作用机理，开展了农村土地整治推进乡村振兴效益的宏观思路分析，基于宏观分析思路和研究区区域特色因地制宜设计了农村土地整治推进西南山区乡村振兴实施及其实施效益的逻辑路径和政策建议。主要的结论有：

一、新时期赋予了农村土地整治和乡村振兴战略丰富的内涵和外延

党的十九大提出的乡村振兴战略，是加速推动我国从农业大国迈进农业强国的国家战略,是新时期"三农"工作的根本遵循。第一,新时期的历史方位提出了乡村振兴战略的新的要求:乡村振兴战略是中国新时代解决"三农"问题的总抓手,只有彻底解决了"三农"问题,才能推动实现社会的全面进步和高质量发展。第二,新时期的主要矛盾赋予了乡村振兴战略新的目标:推进要素资源合理流动,缩小城乡发展差距,解决城乡发展不平衡问题是乡村振兴战略的首要目标;坚持农业农村优先发展,实现农民生活富裕,解决农村发展不充分问题是乡村振兴战略的重要目标。第三,新时期的发展步骤部署了乡村振兴战略新的路径:乡村振兴战略分"三步走"阶段性推进实施;乡村振兴战略分"七方向"整体性推进落实。同时,乡村振兴战略的推进落实包含了共计十大板块的内容。

二、新时期生态文明建设和"双碳"目标是农村土地整治和乡村振兴战略的重要约束

(一) 碳达峰、碳中和目标对农村土地整治的约束

在碳达峰、碳中和目标下,实施降碳减排是我国经济社会实现绿色低碳发展的重要战略,碳达峰、碳中和目标对农村土地整治的新要求。第一,碳达峰、碳中和目标与生态文明建设同向同行:碳达峰、碳中和目标的有序推进是解决我国新时期资源环境问题和实现经济社会可持续发展的迫切需求;建设生态文明推动绿色低碳循环发展是一条深刻践行和探索生产发展、生活富裕、生态良好的文明发展道路。第二,碳达峰、碳中和目标和生态文明建设协同催生低碳农村土地整治新模式:低碳减排是未来我国农村土地整治的必要目标;农村土地整治是实现低碳土地利用的关键环节。

(二) 碳达峰、碳中和目标对乡村振兴的约束

"碳达峰、碳中和"战略目标为乡村振兴及建设发展模式提出了更丰富的要求:第一,以"双碳"目标为约束,发展农业现代绿色产业,实现农业经济收入增长与碳排放相"脱钩"的发展模式;第二,以"双碳"目标为约束,推进乡村低碳发展实现生态宜居,增强乡村林地、草地、农林等生态系统的碳汇功能,增加土壤碳库功能;第三,融"双碳"目标和低碳生活理念于乡村文化,树立农村低碳价值观,建设低碳乡风文明;第四,融"双碳"目标于乡村治理工作,锚定"低碳村庄",构建新时期符合"双碳"目标政策的乡村治理

体系；第五，对接"双碳"目标政策，培育践行低碳理念和科学发展的新型职业农民，提供乡村振兴人才支持；第六，对接"双碳"目标政策，扶植符合双碳目标的乡村建设发展项目，夯实乡村振兴低碳绿色发展模式，实现"低碳"目标下的生活富裕。

三、农村土地整治是乡村振兴实施的重要抓手，与乡村振兴战略互为需求相互促进且紧密联系

（一）农村土地整治对农村土地资源利用的影响

农村土地整治是综合性整治、全域土地整治，包含农用地整治、建设用地整治以及未利用地开发、生态环境的治理与修复。农村土地整治通过土地权属调整、质量提升、结构调整、空间布局和经营模式改变等路径影响农村土地资源利用功能的实现，从而加强农村区域农业生产、工业生产、居住就业、人居环境、乡土文化、公共服务等多功能的供给。

（二）乡村振兴的实施对农村土地资源的功能需求

乡村振兴战略实施的目标在于实现乡村地域社会、经济、环境等要素之间的协调发展，需要通过优化区域土地资源的利用结构和合理配置，加强农村土地资源的多功能输入和协调。以生产功能承载产业发展、增加农民收入、推进乡村经济发展，基于生态文明约束，发展绿色经济，保持区域生态环境稳定，实现产业兴旺和生活富裕；以生活功能实现和谐发展推进生活富裕和乡风文明、促进社会和谐、提升文化内涵；以生态功能促进区域生态稳定，提升乡村人居环境，促进社会和谐，实现生态宜居。

四、农村土地整治推进乡村振兴实施的效益分析应紧密对接乡村振兴战略的主要指标

基于碳达峰、碳中和目标下的农村土地整治推进乡村振兴战略效益评价，总体上，以乡村振兴战略的主要指标为基础，以农村土地整治项目实施对乡村振兴战略各指标实现的程度为方向，以农村土地整治项目和乡村振兴战略对区域温室气体减排作用为约束，建构分析评价的指标和方法，根据不同指标的作用大小设置权重值，开展效益作用的综合评价。

五、农村土地整治推进乡村振兴战略实施应因地制宜发挥区域优势和特色

在国家大力推进生态文明建设和努力实现碳达峰、碳中和目标的背景下，为有序、有效开展农村土地整治，并与乡村振兴建设目标有机融合，农村土地整治推进乡村振兴战略实施的策略应当以农村土地整治推进乡村振兴实施的效益分析思路为基本方向，以推进农村土地整治、构建"山水林田湖草"生命共同体、推进西南山区乡村振兴战略实施的效益为目标，坚持因地制宜、充分挖掘区域特色，贯彻低碳减排理念，坚持政府主导、国土空间规划约束和乡村高质量发展，制定适宜的路径和措施。

第二节 研究特色

本研究以推进生态文明建设为引领，秉持农村土地整治是乡村振兴的平台抓手，肩负着为乡村人口集聚、产业发展提供资源支撑的基础作用理念，阐释了农村土地整治与乡村振兴的内涵外延、内在作用机理，西南山区农村土地整治推进乡村振兴的困境、诉求和双碳目标下的实施路径等内容。本研究遵循"问题提出—问题分析—问题解决"的逻辑，理论联系实际，是适于土地资源管理专业学生学习参考及从事土地整治规划、乡村建设、土地管理人员的业务参考读物。

一、阐释了农村土地整治推进乡村振兴的作用机理

研究基于生态学、地理学、资源学等学科理论，从农村土地整治和乡村振兴的使命、功能、内容及内在逻辑联系，以"山水林田湖草"为对象，以实现乡村"要素→结构→功能"的转型为目标，通过农用地整治、农村建设用地整治、农村生态环境整治及生态修复等形式，实现对乡村资源—环境—生态的全面综合性治理和生产、生活、生态空间的重构，提升和增强了乡村的生产功能、生态功能和生活功能，契合了乡村振兴的需求，解决了乡村振兴面临的问题。

二、厘清了基于双碳目标的农村土地整治推进乡村振兴效益评价分析的基本思路

研究分析了农村土地整治和乡村振兴战略的主要目标及各自效益分析的思路，然后以乡村振兴五大目标为效益评价分析基本维度，结合国家乡村振兴战略规划提出的乡村振兴发展指标建立的分析思路，提出了以农村土地整治在乡村振兴目标下实现"生产空间集约高效、生活空间宜居适度、生态空间山清水秀"的主要功能以及通过农村土地整治实现低碳减排成效，构建农村土地整治推进乡村振兴的效益评价指标体系的整体构思。

三、设计了双碳目标下农村土地整治推进乡村振兴效益提升的逻辑进路

基于农村土地整治推进乡村振兴效益评价总体思路，贯彻低碳减排理念，坚持政府主导、国土空间规划引领推进全域土地整治，推进乡村振兴高质量发展的逻辑进路：一是坚持规划引导空间结构，提升区域碳汇能力；二是强化顶层制度设计，完善项目准入制度和验收标准；三是因地制宜开展规划设计，优化配置山区土地要素；四是完善农村土地整治市场，引入多元资金支撑乡村发展；五是破解土地破碎化难题，促进农业产业规模经营；六是提升公众建设参与度，推进乡村治理体系建设；七是致力于区域生态环境治理，建设宜居宜业和美乡村；八是聚焦完善区域配套设施，引回乡村建设人才。

第三节 未来方向

自乡村振兴战略实施以来，学术界对农村土地整治和乡村振兴战略都开展了较为系统的研究和探索，取得了丰硕的研究成果。主要内容包括农村土地整治模式、土地整治潜力评价、土地整治工程设计、存在的问题、助推城乡融合发展与乡村振兴等，及乡村振兴的内涵要义、实施路径与巩固脱贫攻坚成果的衔接等诸多内容。

本研究以推进生态文明建设为引领，以西南山区为宏观研究对象，秉持农村土地整治是乡村振兴的平台抓手，肩负着为乡村人口集聚、产业发展提供资

源支撑的基础作用理念，阐释农村土地整治与乡村振兴的内涵外延、内在作用机理，西南山区农村土地整治推进乡村振兴的困境、诉求和双碳目标下的实施路径等内容，为农村土地整治的推进和乡村振兴战略的实施探索一条有机融合、相互促进的有效路径。丰富和创新了农村土地整治与乡村振兴研究的理论体系，弥补了现有研究的缺失；研究为进一步完善农村土地整治和乡村振兴规划的技术方法，制定农村土地整治和乡村振兴实施的决策提供科学依据。

但是，农村土地整治推进乡村振兴战略实施的效益评价应如何建立具体的评价指标？评价指标如何结合并体现区域特色？应当如何构建如分别针对山区、平原、高原或者东部、中部、西部地区的差异化的评价测度指标？建构的评价指标如何体现其动态性并适应于乡村发展的不同阶段需求？如何根据评价结果动态地调整农村土地整治推进乡村振兴战略的实施路径？这些问题的解决需要后续进一步研究并通过具体区域开展实践检验以使建立的评价指标体系真实可靠。